가상자산법

안현수

박영사

　　가상자산은 중앙화된 금융시스템에 대한 안티테제의 사상을 갖는다. 따라서 기존 제도와의 충돌은 불가피한 것이었다. 중앙의 통제를 받지 않는 의사결정 체계는 법인 중심의 법체계로 포섭할 수 없었고, 가상자산시장이 형성되면서 투자자 피해를 양산했지만 규제할 방법이 없었다. 근본적으로 가상자산이 규제 또는 보호할 대상인지에 대한 고민의 시간이 필요하였다.

　　가상자산법은 이러한 고민의 결과물이다. 가상자산법은 가상자산시장의 이용자 보호와 불공정거래 규제에 방점을 두고 있다. 특히 증권시장과의 유사성을 고려하여 자본시장법의 규제체계를 반영하였다는 특징을 갖는다.

　　저자는 「자본시장 불공정거래」 제2판을 통해 가상자산 불공정거래 규제를 소개하였고, 이를 바탕으로 가상자산법 전체 조문을 해설한 「가상자산법」을 출간하게 되었다. 이 책은 피상적 논의를 뛰어넘어 규제 실무를 설명한 최초의 가상자산 전문서라는 강점을 갖는다. 가상자산의 개념을 쉽게 이해할 수 있도록 분량을 할애하고, 미국, EU, 일본의 가상자산 규제를 소개하는 한편 이용자 보호제도, 불공정거래 규제, 감독·행정제재, 과징금 및 부당이득 산정방법을 구체적으로 설명하여 실무적으로 활용할 수 있도록 하였다. 또한 최신의 가상자산 관련 판례와 기존 자본시장법 판례를 소개하였다.

　　「자본시장 불공정거래」 제2판 자문을 통해 이 책 출간의 기틀을 마련해 준 최민혁 사무관님(금융위원회)과 이재호 선임연구위원님(한국거래소), 그리고 이 책 발간 과정에서 자문과 조언을 아끼지 않은 이국형 팀장님,

정명주 차장님(이상 한국거래소)에게 감사드린다. 그리고 책 출간을 성원해 준 딸 현진과 가족에게 고마움을 전한다.

2024년 10월

안현수

제1편 총론

제2편 이용자 자산의 보호

제3편 불공정거래의 규제

제4편 감독 및 처분

제5편 불공정거래에 대한 형사 및 민사책임

제 1 편

총론

제 1 장

가상자산의 이해

가상자산의 개념

I. 가상자산이란 무엇인가

　가상자산은 "가상화폐" 또는 "암호화폐"로도 불린다. 실물이 없는 전자적 표시로서 거래정보가 암호화된 지불수단이라는 의미이다. 비트코인 같은 가상자산은 맥도날드나 스타벅스 같은 곳에서 결제수단으로 사용되고, 심지어 엘살바도르는 비트코인을 법정 통화로 사용하기도 한다. 하지만 아직 화폐와 같은 보편적 지급수단에 이르지 못하고, 주로 해당 블록체인 네트워크에 국한된 교환수단으로 사용되는 것이 일반적이다.

　국내외 규제체계는 한때 가상자산에 대하여 화폐 성격을 갖는 것으로 보기도 했지만, 지금은 자산성(asset)을 강조한다.[1] 특히 가상자산이 투자자산으로 주목받아 시장에서 실시간으로 거래되면서 자산성이 부각되고 있다.

　기존의 화폐가 있음에도 가상자산은 왜 필요한 걸까. 네이버페이 머니 같은 전자화폐와는 무슨 차이가 있는 것인가. 투기적 광풍의 시각으로 바라보면 가상자산의 존재의 의미를 이해하기 어렵다. 비트코인이 탄생한 배경과 기존의 금융거래 방식을 탈피한 탈중앙화 거래, 그리고 이

---

[1] 과거 국제자금세탁방지기구(FATF)는 가상화폐(virtual currency)로 명명하기도 했지만, 현재는 가상자산(Virtual Asset)으로 용어를 통일하고 있다.

를 구현하기 위한 분산원장 기술을 알아야 가상자산이 갖는 차별성을 이해할 수 있다.

II. 비트코인의 탄생

비트코인이 출현한 2008년으로 가보자. 당시 미국 금융기관들은 신용 등급이 낮은 서브프라임 모기지 대출을 남발하였고, 이후 부동산 가격 급락으로 인해 채무 불이행과 금융기관의 부실사태로 이어져 세계 금융위기를 촉발했다. 미국 등 주요국은 금융기관의 붕괴를 막기 위해 발권력을 동원한 양적완화를 실시했고, 이로 인해 통화 가치가 추락하는 등 금융시스템에 대한 불신이 팽배했던 시기였다.

비트코인의 탄생은 이러한 중앙화된 금융시스템의 문제의식에서 출발한다. 사토시 나카모토는 "법정 통화의 역사는 통화 가치의 신뢰 위반으로 가득하다"고 비판하면서, 9쪽짜리 논문을 통해 금융기관의 개입 없이 거래하는 전자화폐인 비트코인을 제안했다.[2] 그는 2009년 블록체인 네트워크를 만드는 노드 프로그램과 지갑으로 구성된 비트코인 코어를 배포함으로써 노드가 참여하는 블록체인 네트워크가 구축되기 시작했다.

비트코인은 수십 년간 축적된 암호학과 네트워크 기술의 결과물이다. 1982년 데이비드 차움이 개발한 최초의 상업용 암호화폐인 이 캐시(E-cash), 1997년 아담 백이 개발한 작업증명 방식의 해시캐시(Hashcash), 비트코인의 원형으로서 1994년 닉 자보가 논문을 통해 제안한 비트골드(Bit Gold)는 비트코인 탄생의 토대가 되었다.

---

2) Satoshi Nakamoto, Bitcoin: A Peer-to-Peer Electronic Cash System, (2008.11.1.). 〈http://bitcoin.org/bitcoin.pdf〉.

Bitcoin: A Peer-to-Peer Electronic Cash System

Satoshi Nakamoto
satoshin@gmx.com
www.bitcoin.org

Abstract. A purely peer-to-peer version of electronic cash would allow online payments to be sent directly from one party to another without going through a financial institution. Digital signatures provide part of the solution, but the main benefits are lost if a trusted third party is still required to prevent double-spending.

중앙화된 금융거래의 문제점을 지적하고 P2P 거래의 검증을 위한 기술적 방법을 설명하고 있다. 이후 다른 가상자산들도 출시할 때 이러한 내용의 백서를 공표한다.

Ⅲ. 분산원장 기술의 이해

비트코인과 같은 가상자산은 금융기관을 거치지 않고 거래 당사자 간 직접 거래하는 P2P 온라인 거래를 구현한다. 기존의 금융거래는 금융기관이 돈의 이동과 거래내역을 보증해주는 반면, 탈중앙화 거래는 네트워크 참여자들의 합의를 통해 거래내역을 증명한다.

그런데 금융기관의 거래검증이 없는 P2P 거래는 거래 안전성을 담보할 수 없다는 문제가 있다. 예를 들어 악의의 이용자가 가상자산을 동시에 두 명에게 사용하는 '이중지불'을 할 경우 이를 차단하기 위한 검증 시스템이 필요하다. 여기서 사용되는 것이 여러 노드들이 거래를 검증하고 합의를 통해 거래를 승인하는 시스템인 블록체인 네트워크이다.

1. 블록체인 네트워크

(1) 블록체인과 노드

블록체인 네트워크는 여러 노드가 연결되어 구성된 네트워크이다. 노드는 거래기록을 보관하고 거래를 검증하는 컴퓨터 서버를 말한다. 전

세계의 개인들이 노드로 참여하여 네트워크를 구성하는 것이다. 비트코인의 경우 비트코인 홈페이지(bitcoin.org/bitcoin-core)에서 비트코인 코어라는 소프트웨어를 컴퓨터에 설치하면 노드로 참여할 수 있다.

블록체인 네트워크는 거래기록이 저장된 블록을 체인 형태로 연결하여 여러 노드에 각각 저장한다. 이러한 거래기록을 분산원장이라고 부른다. 그런데 여러 노드가 모든 거래기록을 각각 저장하고 있으므로, 엄밀히 말하면 중복원장이라고 말할 수 있다. 거래기록은 소유권(address)과 거래정보(transaction)로 구성된다.

블록체인은 거래 시 노드가 거래를 검증 및 저장하여 위변조·해킹을 막는다. 노드가 중앙화된 금융기관의 역할을 대체한다고 보면 된다. 노드는 거래정보의 저장과 검증의 역할을 하므로, 노드가 많을수록 위변조·해킹의 위험이 감소된다. 이러한 노드들의 참여 유인을 위해서는 경제적 보상은 필수적이다. 그 보상으로 사용하는 것이 비트코인과 같은 가상자산이다. 보상은 블록 보조금과 거래수수료로 구성된다. 블록 보조금은 채굴을 통해 발행되는 가상자산이고, 거래수수료는 거래자가 검증을 위해 지불하는 비용이다. 예를 들어 비트코인 노드가 작업증명을 통해 거래를 검증하면 새롭게 발행된 비트코인(블록 보조금)과 거래자가 지불한 비용(거래수수료) 두 가지가 해당 노드에게 지급된다. 따라서 블록체인의 운영과 가상자산의 발행은 불가분의 관계라 할 수 있다.

블록체인은 탈중앙화된 파일 공유 방법인 토렌트와 비교하면 이해가 쉽다. 피어(Peer)들은 동영상 파일 조각들을 각각 저장하고 공유하며, 그 보상으로 동영상 파일을 다운로드할 수 있다. 토렌트 피어가 많아지면 저장 가능한 서버가 늘어나는 효과가 생기는데, 이는 블록체인의 노드의 경우도 동일하다.[3]

(2) 가상자산 발행한도

비트코인은 발행한도가 2,100만 개로 정해져 있다. 비트코인은 4년

---

3) 코인 트레이너, 「비트코인에 가려진 세상 이더리움」, 지식오름(2022), 75면.

주기로 채굴량이 절반으로 줄어드는데 이를 반감기라고 한다. 2140년이면 2,100만 개를 끝으로 발행이 끝난다. 발행 종료 후 거래 검증에 따른 보상은 거래자가 지불하는 거래 수수료만 지급된다.[4) 한편 이더리움 같은 알트코인(비트코인을 제외한 가상자산의 통칭)은 통상 발행량을 제한하지 않는다.

(3) 개인지갑과 암호화 기술

가상자산은 현물이 존재하지 않고 블록체인상 기록으로 소유권이 표시된다. 가상자산 소유자가 타인에게 가상자산을 이전하려면 블록체인상 타인의 주소로 가상자산을 전송해야 한다. 전송을 위해서는 소유권이 기록된 블록체인에 접근할 수 있는 연결장치(User Interface)가 있어야 한다. 이를 지갑(wallet)이라고 한다. 이용자가 가상자산을 소유·이전하기 위해서는 지갑을 보유해야 한다. 지갑은 ⅰ) 블록체인상 주소를 생성하는 기능과 ⅱ) 타인의 주소로 전송할 때 공인인증서와 같은 인증기능을 제공한다. 가상자산 지갑을 사용해 블록체인에 접속해서 가상자산을 이전하는 것은 공인인증서로 인터넷 뱅킹앱에 접속해 거래하는 것과 유사하다.

가상자산의 이전을 위한 전자서명 절차

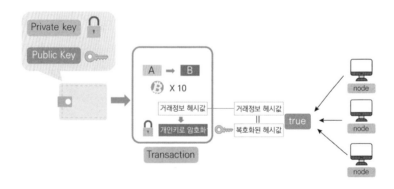

---

4) Satoshi Nakamoto, 앞의 논문.

지갑을 통해 블록체인에 주소를 생성할 때는 이용자의 전자서명(비밀번호)에 해당하는 개인키와 전자서명의 검증 및 블록체인 내 주소로 사용되는 공개키 두 개가 생성된다.

지갑을 통해 타인에게 가상자산을 전송할 때는 전자서명 절차를 거친다. 예를 들어 ① 지갑 앱을 사용하여 지갑의 주소(공개키)와 보낼 가상자산 수량을 입력하면 ② 동 정보는 16진수의 해시 값으로 변환하고, ③ 이를 개인키로 암호화한다(전자서명). ④ 이러한 거래 정보(트랜잭션)는 블록체인에 연결된 노드들에게 전파하고, ⑤ 각 노드들은 이 트랜잭션이 정상적인지 검증하는데, ②의 해시 값과 ③의 암호화한 정보를 공개키로 복호화한 해시 값이 서로 동일한 경우 정상적으로 송신인이 생성한 거래이고 위변조되지 않은 것임이 검증된다. 이러한 암호화 기술이 가상자산 거래의 보안성을 강화하는 기능을 갖는다.

2. 가상자산의 거래검증 방법

(1) 비트코인의 작업증명

블록체인을 통한 거래과정[5]

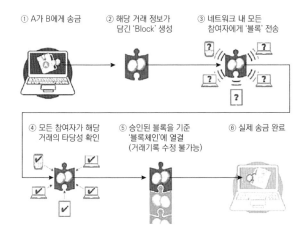

① A가 B에게 송금
② 해당 거래 정보가 담긴 'Block' 생성
③ 네트워크 내 모든 참여자에게 '블록' 전송
④ 모든 참여자가 해당 거래의 타당성 확인
⑤ 승인된 블록을 기준 '블록체인'에 열결 (거래기록 수정 불가능)
⑥ 실제 송금 완료

---

5) 출처: KB금융지주 경영연구소.

가상자산의 거래검증은 합의(consensus)라고 하며, 거래검증의 방법에는 작업증명, 지분증명 등이 있다. 거래검증은 노드가 가상자산의 거래내역을 확인하고 승인하는 컴퓨터 작업을 통해 새로운 블록이 생성되고 그 보상으로 가상자산을 지급받는 것을 말한다. 따라서 노드가 거래검증을 성공하면 새로운 가상자산이 발행되는 것이다. 이러한 노드의 거래검증 중 비트코인의 작업증명(Proof of Work; PoW)은 금 채굴자가 금 유통을 추가하기 위해 채굴하는 활동과 같다는 의미로 채굴이라고 부른다.

위 그림은 비트코인의 작업증명 방식을 설명하고 있다. ① A가 B에게 비트코인을 송금하면, ② 각 노드가 작업증명(채굴)을 시도하고, 그 중 작업증명을 성공한 노드가 거래기록들이 담긴 블록을 생성한다. ③ 해당 블록은 모든 노드에게 전송되어, ④ 각 노드들의 상호 검증을 거치고, ⑤ 과반의 승인을 통해 검증이 완료된 블록은 체인에 연결되며 ⑥ 송금이 완료된다.

비트코인 네트워크는 해시함수를 반복적으로 대입하여 연산에 먼저 성공하는 채굴자에게 비트코인 보상이 돌아간다. 채굴의 성공은 전산 인프라 수준과 상관관계가 있으므로, 과도한 기계 운영비용과 전력비용이 수반되는 단점이 있다.

(2) 이더리움 등 알트코인의 지분증명

이더리움 등 대다수의 블록체인 네트워크는 코인 수량에 비례한 지분증명(Proof of Shares) 방법으로 거래정보를 검증한다. 원래 이더리움도 작업증명을 통한 채굴방식으로 발행했으나, 2019년 작업증명과 지분증명이 일정 비율로 함께 진행되는 하드포크가 진행되었고, 지금은 지분증명 방식만 사용하고 있다.

이더리움 네크워크의 경우 지분증명 권한을 이더리움을 예치한 노드에게 랜덤으로 부여하고, 해당 노드(밸리데이터)가 검증을 하면 이더리움을 보상으로 제공한다. 이렇게 이더리움을 예치하고 밸리데이터가 되어 이익을 얻어가는 것을 스테이킹(staking)이라고 부른다.

지분증명은 작업증명과 같은 채굴 경쟁이 필요 없다는 장점이 있다. 다만 다수가 코인을 독점할 경우 의사결정의 독점 문제가 생길 수 있다. 비트코인의 경우 거래의 검증·저장이 주 기능이므로 블록체인의 업데이트 수요가 없고, 만약 합의 알고리즘 변경이 있는 경우 채굴자들의 손해 우려로 인한 반대에 부딪힐 수 있다. 그러나 이더리움과 같은 플랫폼 블록체인은 지속적인 업데이트가 필요하고, 지속적 보상을 위한 가상자산의 추가 발행이 필요하므로 작업증명 방식이 적합하지 않다. 비트코인, 도지코인 외의 대부분의 네트워크는 지분증명 방식이 대세를 이룬다.

비트코인 vs. 이더리움 비교

구 분	비트코인	이더리움
발행주체	불명확	이더리움 재단
발행량	2,100만 개	제한 없음
기능	지급결제수단	블록체인 기반 플랫폼(DApp)을 통한 스마트계약 가능
거래증명	채굴자의 작업증명	밸리데이터의 지분증명
보상체계	채굴자의 컴퓨팅 파워를 통한 검증을 통해 블록을 생성하고 비트코인을 보상받음	밸리데이터는 이더리움을 스테이킹하고 검증을 통해 블록을 생성하고 이더리움을 보상받음
장점	탈중앙화 금융을 통한 지급수단 가능성	- DApp과 스마트 계약을 통한 용도 확장성 - 지분증명을 통한 에너지 효율성
단점	- 높은 에너지 소비 - 네트워크 확장성 한계	- 플랫폼 유지를 위한 업그레이드 필요 - 증권성 문제

3. 블록체인 네트워크의 장점과 단점

(1) 장점

블록체인 네트워크의 장점은 제3자의 개입 없이 거래의 신뢰를 확보한다는 점에서 찾을 수 있다. 블록체인 네트워크상 모든 거래기록은 모든 노드에 배포되고 분산되어 관리되므로, 거래기록에 대한 특정인의 위변조나 해킹을 막을 수 있다. 중앙화된 금융기관의 서비스는 다수의 인력과 설비를 요구하지만, 블록체인을 활용하면 중개인 없이도 거래가 가능하므로 중개비용을 절감할 수 있다. 은행은 예금·대출의 양, 계좌개설 조건 등을 직접 결정하지만, 이더리움 등 블록체인상 금융서비스는 사용자의 수요·공급에 따른 알고리즘에 의해 코인 대출의 양과 이자율을 결정한다.[6] 이러한 금융거래를 탈중앙화 금융(Decentralized Finance: DeFi)이라 부른다.

(2) 단점

블록체인 네트워크는 여러 노드의 검증과정을 거치는 분산원장의 작동원리상 중앙화된 거래보다 처리 속도가 늦다는 단점이 있다. 예를 들어 노드가 많아지면 보안성과 탈중앙성을 높이지만 블록체인이 비효율적일 수밖에 없다. 반대로 노드가 적으면 속도는 빠르나 일부 세력의 노드 독점 가능성이 높아지는 문제가 있다. 이렇게 블록체인의 탈중앙성, 보안성 및 확장성 모두를 충족하지 못하는 것을 블록체인 트릴레마라고 부른다. 이를 보완하기 위해 기존 메인넷의 합의 알고리즘 방식의 개선이나 롤업(Roll-up)·샤딩(Sharding)과 같은 데이터 압축·분할기술을 반영하기도 하고(layer 1), 보조 네트워크의 병렬 처리를 통해 처리 속도를 개선하고 블록체인을 확장하는 방법(layer 2)을 채택하기도 한다.

Ⅳ. 탈중앙화 조직

1. 분산형 자율조직

블록체인 네트워크는 중앙화된 조직 없이 거래 참여자를 중심으로 운영하므로, 전통적인 회사법제의 권리·책임 구조에서 이들을 어떻게 수

---

6) 가상자산 예금·대출 서비스인 Compound, 가상자산의 해킹이나 거래정지 관련 보험인 Nexus Mutual, 탈중앙화 거래소인 Uniswap을 예로 들 수 있다.

용할지가 문제가 된다. 여기서 거론되는 것이 분산형 자율조직이다.

분산형 자율조직(Decentralized Autonomous Organizations: DAO)은 기존의 법인체와 다르게 블록체인의 탈중앙화를 기반으로 가상자산을 보유한 구성원들의 의결로 운영되는 자율조직을 말한다. 소프트웨어 개발자인 댄 라리머(Dan Larimer)는 소스코드가 규칙을 정의하는 회사를 최초로 제안했다.[7] 이러한 제안은 비탈릭 부테린(Vitalik Buterin)이 개발한 이더리움을 통해 자율조직인 DAO로 실현되었다.[8]

DAO는 중앙화된 조직과 달리 모든 참여자(member)가 프로젝트 내용을 확인하고 아이디어를 제안하며 조직을 구성할 기회를 갖는다. DAO의 규칙은 스마트 콘트랙트로 구현되며, 이는 블록체인에 기록된다. 의사결정은 토큰의 개수나 기여도에 비례한 투표권 행사로 결정한다.

2. 법적 성질

DAO는 구성원 모두가 업무에 참여할 권한을 갖고, 과반수의 의결을 거치며, 조직의 재산을 공동소유하고 별도의 유한책임 법리가 적용되지 않는다는 점에서 민법상 조합과 유사하다는 견해가 있다.[9] 이 경우 DAO 구성원은 DAO 채무에 무한책임을 져야 하고, 법인격이 없는 단체로서 독자적인 권리능력이 인정되지 않는다는 한계가 있다.

미국의 경우 버몬트, 와이오밍 및 테네시주가 DAO에 대해 유한책임회사(LLC)로 인정하는 입법을 한 바 있다. 버몬트주법의 경우 2018년 블록체인에 기반한 유한책임회사(Blockchain-Based Limited Liability Companies: BBLLC) 설립 근거를 신설하여[10] 조직 정관에 BBLLC임을 명시하고 운영계약을 정하도록 하고 있다(§4172).

---

7) Dan Larimer, Overpaying for Security, LTB NETWORK(Sept. 7, 2013).
8) https://ethereum.org/en/whitepaper
9) 노혁준, "블록체인과 회사법 – DAO를 중심으로 한 시론적 고찰 –",「상사법연구」제41권 제3호(2022), 95면.
10) Vt. Stat. tit. 11 §4171~4176.

다만 DAO의 법적 성격을 명확화하더라도 수평적 의사구조의 비효율성 문제는 여전히 남아 있다. 만약 법인화 과정에서 중앙화된 기관이 설치될 경우 탈중앙화의 기본 취지가 퇴색될 우려도 있다.

비트코인과 같이 발행자가 불명확하고 일부 개발자 그룹만 존재하는 경우 MiCA나 우리 가상자산법상 발행자 규제가 어렵다. 다만 30억 파운드 상당의 비트코인 개인키 삭제와 관련하여 비트코인 개발자 그룹 · 개인에 대해 신인의무 위반으로 제기한 소송에서 영국 항소법원은 개발자가 수탁자로서 비트코인을 이전하기 위한 코드를 도입할 신탁 의무를 진다고 판단한 바 있다.[11] 식별 불가능한 발행자 규제와 관련한 주목할 만한 판결이다.

2 절　가상자산의 종류

가상자산에 대해 국제적으로 통일된 분류체계는 없다. 우리의 가상자산법은 가상자산을 포괄적으로 정의하고 제외대상을 열거하는 반면(§2), EU의 암호자산시장규칙은 전자화폐토큰, 자산준거토큰, 그 외의 토큰으로 구분한다(§3). 증권토큰의 경우 주요 국가들은 증권으로 보아 기존의 증권법규로 규제한다.

그보다는 시중의 분류체계가 더 명확해 보인다. 통상 자체 블록체인 네트워크 사용 여부에 따라 코인과 토큰으로 대별하고, 가상자산의 기능에 따라 스테이블 코인, 유틸리티 토큰 또는 증권토큰으로 분류한다.

---

11) Tulip Trading Limited (A Seychelles Company) v Bitcoin Association For BSV & Ors (2023) EWCA Civ 83 (03 February 2023).

Ⅰ. 코인 vs. 토큰

　가상자산은 크게 코인과 토큰으로 대별된다. 코인(Coin)은 블록체인 네트워크에서 거래에 필요한 비용(거래수수료)으로 사용되는 가상자산을 말한다. 이더리움 네트워크에서는 거래수수료를 가스비(Gas Fee)라고 부른다. 금융기관에서 이체할 때 지불하는 수수료와 같은 개념이다. 가스비는 블록체인 네트워크 성능에 영향을 미치는 무분별한 거래남용을 막고, 사용자의 의사에 따라 가스비를 많이 지불할 경우 거래 우선순위를 높이기 위해 채택하고 있는 방법이다. 코인은 자체 블록체인 네트워크(메인넷)를 사용한다. 비트코인, 이더리움, 퀀텀 및 이오스 등이 코인에 해당한다.

　반면 토큰(Token)은 코인과 달리 블록체인 네트워크 내 특정 애플리케이션(디앱; DApp)에서 사용되는 가상자산을 말한다. 쉽게 설명하면 특정한 서비스를 이용하기 위한 입장권에 해당하는 가상자산이다. 독립된 네트워크가 아닌 이더리움과 같은 기존 블록체인 네트워크를 사용하고, 해당 애플리케이션에서 특정 서비스를 위한 교환수단으로 활용된다는 점에서 코인과 구분된다. 이러한 토큰은 유틸리티 토큰이라고 부른다. 예를 들어 샌드박스 토큰은 더 샌드박스의 메타버스 애플리케이션(DApp) 안에서 NFT 형태의 부동산 거래에 사용하는데, 폴리곤(Polygon) 네트워크상 계약(스마트 콘트랙트)을 통해 거래가 이루어진다.

Ⅱ. 스테이블 코인(stable coin)

달러와 같은 기존 화폐나 자산에 준거하여 안정적 가치를 유지하는 것을 목표로 하는 토큰 또는 코인을 말한다. 스테이블 코인은 실물 자산 가치에 연동하므로 가격 변동성이 낮아 일상 거래의 활용성이 높다. 화폐준거토큰 중 대표적인 것은 달러에 페깅하는 테더(USDT)와 USDC를 들 수 있다. 테더의 경우 테더 1개에 1달러의 가치를 갖는데 예치된 달러를 단기 국채, 기업어음, 회사채 등에 투자하여 수익을 가져가는 수익모델의 비즈니스를 한다. 테더와 USDC는 이더리움 등 기존 블록체인 네트워크를 사용한다.

자산준거토큰으로는 다른 가상자산에 페깅하는 DAI, EOSDT가 있다. 그 외에 알고리즘 기반으로 수급을 조절하는 스테이블 코인으로는 테라를 들 수 있다.[12]

---

12) 한국산 암호화폐로 주목받던 테라와 루나는 가치하락을 방지하기 위해 한쪽의 가상자산을 매입하거나 판매하는 방식으로 가치를 조정하는 스테이블 코인인데, 테라 가치 폭락으로 루나의 대규모 발행이 이루어지자 루나의 시세 역시 급락하는 현상이 발생하여 2022.5.12. 테라와 루나의 가격이 99% 폭락하는 사태가 발생하였다.

Ⅲ. 증권토큰

　금융위원회가 정하는 증권토큰(Security Token)은 분산원장 기술을 기반으로 하여 디지털화된 증권을 말한다. 증권토큰은 가상자산의 개념에 부합하지만, 증권의 권리·의무관계를 고려한 별도의 규제가 존재하므로 이를 적용하는 것이 타당하다. 금융위원회는 증권에 해당하면 자본시장법의 규율을 받고, 그 외의 가상자산은 가상자산법의 규율을 받도록 하였다.[13] 증권토큰에 대한 규제 입장은 미국, EU 및 일본 등 주요국도 동일하다.

　비트코인 이후 수많은 알트코인이 출시되었는데 그 중 상당수는 증권성 여부에 대한 문제가 제기된다. 예를 들어 네트워크 개발성과에 따른 가상자산의 수익 가능성을 광고하거나, 가상자산을 받은 보유자에게 배당하는 경우이다. 가상자산은 개념이 명확한 지분증권이나 채권 등과 같은 전형적인 특징을 따르지 않으므로 증권성 여부에 대한 개별적인 판단이 필요하다. 가상자산의 증권성 여부는 포괄적 증권 개념인 투자계약증권 해당 여부로 판단하게 된다.

1. 투자계약증권

　투자계약증권은 투자자가 ⅰ) 이익획득 목적으로 금전 등을 투자하여, ⅱ) 주로 타인이 수행한 공동사업의 결과에 따른 손익을 귀속받는 ⅲ) 계약상의 권리가 표시된 것을 말한다(자본시장법 §4⑥). 예를 들어 뮤직카우가 발행한 음악 저작권료 참여청구권은 뮤직카우의 사업으로 생성된 청구권을 투자자들이 저작권료 수입 또는 매매차익을 목적으로 매수한 것으로서 투자계약증권에 해당한다.[14]

　투자계약증권의 증권성 판단과 STO를 통한 유통의 규제는 우리나라

---

13) 금융위원회 등, "토큰 증권 발행·유통 규율체계 정비방안", (2023.2), 2면.
14) 금융위원회, "저작권료 참여청구권의 증권성 여부 판단 및 ㈜뮤직카우에 대한 조치", (2022.4.20.), 보도자료.

뿐 아니라 주요국 증권토큰 규제의 핵심문제라 할 수 있다. 블록체인은 그 운영에 기여한 노드들에게 코인으로 보상함으로써 그 체계를 유지한다. 그런데 타인의 노력에 따른 대가를 받는 경우에는 증권성 여부가 문제된다. 예를 들어 투자자에게 스테이킹(지분증명) 대행 서비스를 제공하고 이에 따른 이익을 약속하거나 이익을 제공한 경우에는 투자계약증권에 해당할 수 있다.[15]

투자계약증권은 다른 증권 유형에 해당하지 않는 경우를 대비하여 보충적·포괄적으로 정할 목적을 갖는다. 자본시장법상 거래소의 유통대상에 포함하지 않은 것도 이러한 비정형성 때문인 것으로 보인다.

투자계약증권은 제3자가 투자한 손익을 귀속 받는다는 점에서 투자자로부터 모은 자금을 자산운용회사가 투자하여 운용결과를 투자자에게 돌려주는 집합투자기구(펀드)와 유사하다. 집합투자기구는 자본시장법상 설립방법과 행위규제를 구체적으로 정하고 있다는 점을 볼 때 투자자 보호와 법적 안정성 측면에서 집합투자기구 규제가 우선 적용되고, 이에 해당하지 않는 경우에 한하여 투자계약증권은 보충적으로 적용되는 것이 타당하다.[16]

2. 비금전신탁 수익증권

증권토큰은 신탁방식을 통해서도 발행이 가능하다. 신탁방식은 뮤직카우와 같은 투자계약증권과 달리 도산절연 및 권리유동화가 용이하다는 장점이 있어 조각투자에 활용되고 있다.

자본시장법상 신탁업자는 금전신탁계약에 의한 수익권이 표시된 수익증권을 발행할 수 있다(§110①). 따라서 금전 외의 자산의 신탁계약에 의한 수익증권은 발행할 수 없다는 문제가 있다. 비금전신탁 수익증권의 경우 혁신금융서비스 지정을 통해 자본시장법 제110조의 특례 적용을 받

---

15) SEC는 2023년 2월 가상자산거래소인 크라켄의 스테이킹 서비스에 대해 증권법 위반혐의로 기소하고 스테이킹 서비스 중단 및 민사제재금 부과에 합의한 바 있다.

16) 임재연, 「자본시장법」, 박영사(2018), 53면.

아야 한다. 예를 들어 카사코리아는 부동산 신탁을 통한 수익증권을 발행하고 유통시키는 플랫폼에 대해 혁신금융서비스 지정을 받아 운영하고 있다.

금융위원회는 2023년 12월 15일 사업자의 예측가능성 제고를 위하여 비금전신탁 수익증권의 기초자산 요건 등에 관한 가이드라인을 마련하였다.[17] 가이드라인은 기초자산이 객관적인 가치측정 및 평가가 가능해야 하며, 단일 종류의 재산으로 구성된 신탁만 허용하고 있다. 따라서 가치평가가 용이한 부동산의 경우는 문제가 없으나, 미술품과 같은 자산의 비금전신탁 수익증권 발행은 용이하지 않을 것이다.

3. 증권토큰의 발행 및 유통

현행법상 증권은 실물 증권 또는 「주식·사채 등의 전자등록에 관한 법률」(이하 '전자증권법')에 따라 전자증권으로 등록해야 한다. 이 경우 분산원장에 기록되는 증권토큰의 발행 형태가 문제가 된다. 이와 관련하여 금융위원회는 전자증권법 개정을 통하여 분산원장에 따른 증권토큰의 발행을 허용하기로 하였다.[18] 다만 전자증권법 개정 이전에는 분산원장과 전자증권을 연동(미러링)하여 발행·유통하여야 한다.

3 절　가상자산의 발행절차(ICO)

Ⅰ. ICO의 의의

가상자산 공개(Initial Coin Offerings; ICO)는 증권시장의 기업공개(IPO)와 유사한 개념으로서, 가상자산 발행자가 백서를 공개하고 투자자

---

17) 금융위원회, "신탁수익증권의 기초자산 요건 등에 대한 가이드라인을 마련합니다", (2023.12.15.) 보도자료.
18) 금융위원회 등, 앞의 자료, 6면.

들에게 판매하여 자금을 조달하는 것을 말한다. IPO의 경우 증권회사인 주관회사가 공개업무를 총괄하고, 증권신고서 제출과 같은 투자자 보호를 위한 공시의무가 부과된다. 그러나 ICO의 경우 현행법상 법적 규제 근거가 마련되어 있지 않다. 별다른 이용자 보호 장치가 없다보니 ICO 과정에서 자금을 모집한 뒤 자취를 감추는 사례가 빈번하였다. 우리나라의 경우 ICO를 금지하고 위반 시 처벌하겠다는 방침이 현재까지 유지되고 있다.[19]

한편 STO(Security Token Offering)는 증권토큰 발행자가 해당 토큰 증권을 투자자들에게 판매하는 것을 말한다. 증권토큰의 경우 자본시장법상 공모 요건을 충족해야 한다.

ICO 절차는 ⅰ) 재단 설립, ⅱ) 백서의 공개, ⅲ) 가상자산 판매, ⅳ) 가상자산거래업자 지원 심의 및 유통 단계로 구분된다.

ICO 정보

Ubex ICO
Token Crowdsale Info

Ubex is a global decentralized advertising exchange where companies advertis

::::: Ubex	
Channels	🐦 ✈ ▶ 🔲 in Ⓜ Ƀ f
ICO Dates	May 21st 2018 To August 13th 2018
Platform	Ethereum
Country	Switzerland
Restricted Countries	United States
Total Tokens	4,000,000,000
Initial Token Price	$0.0070
Have Prototype?	Yes
Funds in Escrow?	No
Accepted Currencies	BTC, ETH, LTC

이더리움 플랫폼을 사용하는 유틸리티 토큰인 Ubex ICO 정보이다. 토큰 매수를 위해는 비트코인이나 이더리움 입금이 필요하다.

---

19) 국무조정실 등 정부 합동, "정부 가상통화 관련 긴급 대책 수립", (2017.12.13.) 보도자료.

Ⅱ. ICO 절차

1. 재단 설립

가상자산 발행자는 비영리재단을 설립하여 초기 투자자에게 기부 형태로 자금을 조달한다. 비영리재단을 선택하는 것은 가상자산 회계처리나 법적 규제에서 상대적으로 자유롭기 때문이다. 공개 전에 개괄적인 계획을 자체 홈페이지와 SNS를 통해 공개하여 홍보를 진행한다.

2. 백서 공개

가상자산 발행자는 가상자산의 서비스 내용 및 네트워크 기술 등을 담은 백서를 작성하여 일반에 공개한다. 증권시장의 증권신고서와 유사한 기능이라 할 수 있지만, 규제기관의 심사를 받는 것이 아니므로 객관성을 담보하기는 어렵다. 이러한 문제점으로 인해 경우에 따라 교수 등 전문가를 자문인으로 섭외하여 신뢰성을 확보하기도 한다. 백서는 발행자의 홈페이지나 오픈소스 커뮤니티인 Github에 공개하는데 전체 가상자산 백서의 70%가량이 Github에서 업로드되고 있다.

3. 가상자산 판매

가상자산의 판매는 통상 단계별로 ⅰ) 프라이빗 세일, ⅱ) 프리 세일 및 ⅲ) 메인 세일로 진행된다. 프라이빗 세일은 비공개 사모 방식으로 진행되며, 최소 투자금 요건이 높아 일반인의 참여가 어려운 대신 참여자에게 큰 인센티브를 제공한다. 프리 세일은 공개전 선판매로서 금액구간별 인센티브를 제공하면서 일반에 ICO 홍보효과를 극대화할 목적을 갖는다. 메인 세일은 공개 모집으로서 크라우드 세일 또는 퍼블릭 세일로 불린다. 문제는 모집 자금에 대한 에스크로 장치가 없다보니, 실패한 ICO의 경우 정상적인 환불이 이루어지지 않는 경우가 많다는 점이다.

Ⅲ. 가상자산 거래지원 및 종료

1. 의의

가상자산의 거래 지원은 가상자산거래업자가 해당 가상자산시장에 유통할 수 있도록 지원하는 것으로서 증권시장의 상장과 같은 개념이다. 가상자산 발행자가 거래지원을 희망하는 경우 가상자산거래업자의 심사를 받아야 한다.

거래지원과 종료에 관한 권리·의무는 가상자산거래업자와 발행자 간 계약인 약관에 따른다. 만약 거래지원의 종료의 위법성을 다투게 된다면 약관의 준수 여부 또는 불공정 약관인지 여부를 판단해야 한다. 가상자산거래업자는 시장관리와 이용자 보호책임을 부담하므로 심사를 통해 가상자산 거래지원 유지 여부를 결정해야 하며,[20] 거래지원 종료 결정에 재량권의 일탈·남용이 있어서는 안 된다.[21] 만약 발행자의 유통량 허위공시와 관련하여 거래업자가 심사를 거쳐 사전 공지 및 출금기회를 부여한 후 거래지원을 종료한 경우 이는 신의성실 원칙에 반하여 공정성을 잃은 약관에 해당하지 않는다.[22]

2. 거래지원 및 종료 요건

심사요건은 크게 ① 발행주체의 신뢰성, ② 이용자 보호 장치, ③ 기술·보안, ④ 법규 준수 항목으로 나뉘며, 분기별로 유지심사를 하여 거래지원 유지 여부를 결정한다.[23] 가상자산거래업자는 거래지원 심의·의결기구를 설치하여 최초 거래지원 개시, 거래 유의종목 지정 및 거래지원 종료 등 주요 의사결정을 거쳐야 한다.

---

20) 서울중앙지방법원 2021.8.9. 선고 2021카합20936 결정(피카의 유통량 허위공시 관련 업비트의 거래지원종료 효력금지가처분).

21) 대법원 2020.8.13. 선고 2020다225565 판결(감마누의 한국거래소 상장폐지결정 무효확인의 소).

22) 서울중앙지방법원, 앞의 결정; 서울중앙지방법원 2022.12.7. 자 2022카합21703 결정(위믹스 부정유통 관련 거래지원종료 결정 효력 가처분).

23) DAXA, "가상자산거래소, 신규·기존 가상자산 거래지원관련 모범사례 마련 및 시행", (2024.7.2.).

가상자산 거래지원 요건

항목	심사내용
발행주체의 신뢰성	– 총발행량, 유통량 계획, 사업계획 등 중요사항의 미공시 또는 임의변경 – 주요 지갑정보가 확인되지 아니한 경우
이용자 보호장치	– 중요사항에 관한 자료(백서)가 확인되지 않는 경우 – 분산원장 거래확인을 위한 감시수단(블록익스플로러) 미존재
기술·보안	– 지갑·분산원장의 해킹 등 보안사고의 발생 – 스마트컨트랙트 소스코드가 확인되지 않거나 발행·소각, 권한자 변경, 계정 비활성화 등 중요사건에 대한 이벤트 함수의 적절성
법규준수	– 가상자산사업자·특수관계인 발행 가상자산 여부 – 가상자산사업자가 전송기록을 확인할 수 없는 가상자산인 경우 – 가상자산법에 따른 가상자산이 아닌 경우 – 자금세탁, 테러자금조달, 법규 우회 등 위법행위 이용 여부

제 2 장

가상자산 법률체계

가상자산은 블록체인 네트워크에서 지불수단으로 사용되지만, 법률의 규제를 받는 전자화폐는 아니다. 기존의 법체계로 규율하기 어렵다는 의미이다. 가상자산 거래는 탈중앙화된 블록체인을 기반으로 운영된다. 따라서 모든 시스템, 데이터 및 의사결정이 중앙화된 법인에 대한 규제체계를 그대로 적용하기 어렵다. 암호화된 거래의 익명성은 자금세탁의 수단으로 악용되기도 하지만, 금융거래정보요구권 같은 조사·통제수단을 사용할 수도 없다. 가상자산시장은 어떤가. 자본시장에 견줄 규모와 높은 변동성을 갖고 있지만, 자본시장법과 같은 규제 장치가 없으므로「전자상거래법」상 통신판매업자로 등록하여 규제할 수밖에 없었다.

따라서 가상자산의 개념을 명확화하고, 발행자나 가상자산사업자의 규제, 이용자 보호를 위한 공시의무 및 불공정거래 규제, 자금세탁 방지를 위한 신고 의무 등 제반의 규제사항을 새로 정할 필요가 있다. 문제는 날로 변화하는 가상자산에 대한 성격을 명확히 규정하고 규제하기가 쉽지 않다는 점이다. 이러한 문제로 인해 우리나라의 가상자산 규제는 이용자 보호를 위한 규제사항에 머물고 있다.

현재 가상자산을 규제하는 법률은「가상자산 이용자 보호 등에 관한 법률」(이하 "가상자산법") 및「특정 금융거래정보의 보고 및 이용 등에 관한 법률」(이하 "특정금융정보법")이다. 가상자산법은 이용자 자산 보호를 위한 가상자산사업자의 의무, 불공정거래 규제 및 감독 의무를 규율하고, 특정금융정보법은 가상자산사업자의 신고, 자금세탁방지를 위한 보고 등 의무를 규율한다.

1절 가상자산법

2023년 7월 18일 제정된 가상자산법은 가상자산 이용자 보호와 불공정거래 규제에 관한 사항을 명시함으로써, 가상자산시장의 건전한 거래질서를 확보하고 이용자의 권익을 보호하는 데 목적이 있다.

가상자산법은 ⅰ) 예치금 보호 등 이용자 보호와 ⅱ) 불공정거래 규제 및 감독을 핵심내용으로 한다. 우선 가상자산 이용자 보호를 위한 가상자산사업자의 의무가 강화되었다(제2장). 가상자산사업자는 이용자의 예치금을 고유재산과 분리하여 은행에 예치·신탁하여 관리하고, 이용자의 가상자산을 자기소유 가상자산과 분리하여 보관하여야 한다. 가상자산사업자는 위탁한 가상자산과 동종·동량의 가상자산을 실질적으로 보유하여 이행을 보증하되, 일정 비율 이상은 인터넷(핫월렛)과 분리하여 보관해야 한다(콜드월렛 보관 의무). 또한 사고에 따른 책임 이행을 위해 보험·공제에 가입하거나 준비금 적립의무가 부과된다. 가상자산 거래기록은 15년간 보관해야 한다.

불공정거래 규제의 경우 자본시장법상 미공개중요정보 이용행위 등 3대 불공정거래 규제가 상당 부분 반영되었다(제3장). 가상자산사업자는 자기발행 가상자산의 거래가 제한되고, 가상자산 관련 입출금의 임의적 차단이 금지된다. 또한 가상자산사업자는 이상거래 감시 및 금융당국 보고 의무가 부과된다. 금융위원회는 가상자산사업자에 대한 감독·조사 및 조치 권한을 갖는다(제4장).

가상자산법 조항의 대부분은 이용자 보호를 위한 가상자산사업자의 행위규제에 집중되어 있다. 애초 국회에 발의된 19개의 가상자산법안들은 가상자산사업자 진입규제, 공시의무, 가상자산 육성 및 협회 설립에 관한 사항도 담았으나, 2022년 루나 사태 및 FTX 사태로 인해 가상자산 이용자 보호와 불공정거래 규제사항 중심으로 대안을 마련하여 우선 제정하고, 나머지는 향후 추가입법을 통해 반영하기로 하였다.[24]

2 절　특정금융정보법 및 행정규칙

Ⅰ. 특정금융정보법

특정금융정보법은 금융거래를 이용한 자금세탁행위와 공중협박자금조달행위를 규제하기 위한 목적의 법률이다. 특정금융정보법은 금융기관이 파악한 자금세탁·탈세목적 의심거래를 금융정보분석원에 보고하도록 하고, 금융정보분석원은 이를 분석하여 관련 법집행기관(수사기관, 국세청, 금융위 등)에 통보하는 것을 주 내용으로 한다.

2020년 개정 특정금융정보법은 가상자산을 이용한 자금세탁방지 등을 위한 보고·관리체계 마련과 함께 가상자산사업자 신고제를 도입하였다. 이는 FAFT가 2019년 채택한 가상자산에 관한 국제기준[25]에 대한 회원국의 준수의무를 이행하는 것으로서, 법적 규제가 없는 상황에서 자금세탁과 가상자산거래업자 난립에 따른 투자자 피해를 막기 위한 긴급처방 성격을 갖는다. 이후 제정된 가상자산법은 불공정거래의 대응, 감독 및 이용자 피해구제 등 구체적 사항을 담고 있으며, 향후 2차 입법이 이루어지면 가상자산사업자에 대한 인가사항 등은 가상자산법에 반영될 것이다.

---

24) 국회 정무위원회, "가상자산 이용자 보호 등에 관한 법률안(대안)", (2023.6., 의안번호: 22983), 11면.

25) 가상자산취급업자에 대한 인허가 또는 신고·등록, 감독당국의 자금세탁 방지 관련 규제·감독 및 가상자산취급업자의 자금세탁방지의무 준수 등이 반영되었다; FATF, International Standards on Combating Money Laundering and the Financing of Terrorism & Proliferation, The FATF Recommendations(2012-2019).

1. 가상자산사업자의 보고의무

2020년 특정금융정보법 개정으로 '가상자산사업자'는 특정금융정보법의 규제를 받는 '금융회사등'의 범위에 포함하였다(§2조1호하목). 또한 가상자산사업자의 매매·교환·이전 등 업무는 '금융거래등'에 해당한다(§2조2호라목). 이에 따라 가상자산사업자는 자금세탁 방지 등을 위해 금융회사에 부과되는 금융정보분석원 보고의무를 부담한다. 구체적으로는 ⅰ) 불법재산 또는 자금세탁이 의심되는 거래에 대한 '의심거래보고 의무'(STR, §4), ⅱ) 1천만원 이상의 현금거래를 보고하는 '고액현금거래보고'(CTR, §4의2), 금융회사등의 고객 확인의무(CDD, §5의2), 가상자산이전 시 정보제공(트래블룰, §6③, 영 §10의10)[26] 및 금융거래등 정보 보유기간(§5의4)을 준수해야 한다.

2. 가상자산사업자의 신고

가상자산사업자는 금융정보분석원장에게 신고하도록 의무를 부과한다(§7①). 신고가 수리되기 위해서는 ⅰ) 정보보호 관리체계 인증, ⅱ) 실명확인이 가능한 입출금 계정, ⅲ) 범죄경력의 유무(형 집행 5년 경과) 및 ⅳ) 신고 말소 후 5년 경과 요건을 충족해야 한다(§7③). 만약 가상자산사업자가 신고하지 않고 영업한 경우 5년 이하의 징역 또는 5천만원 이하의 벌금에 처한다(§17①).

---

26) 트래블룰: 자금세탁 방지를 위해 송금자 정보 등을 기록하는 제도이다. 가상자산사업자 간 100만 원 이상의 가상자산을 이전하는 경우, 이를 송신하는 가상자산사업자는 송금 요청인의 정보(성명, 주민번호, 가상자산 주소 등)를 이전받는 가상자산사업자에게 제공하고, 금융정보분석원 또는 이전받는 가상자산사업자가 요청하는 경우에는 요청일로부터 3영업일 이내에 가상자산을 보내는 고객의 주민번호 등을 제공할 의무가 있다(영 §10의10).

Ⅱ. 가상자산업감독규정

「가상자산업감독규정」(이하 "감독규정")은 이용자 자산의 보호 및 가상자산업 감독과 관련한 세부사항을 정한 규정이다.

감독규정은 예치금의 운용기관과 운용방법(§3), 예치금이용료(§5), 예치금 상계·압류 등 금지의 예외(§6) 등 예치금 관리에 관한 세부사항을 정한다. 또한 가상자산의 콜드월렛 보관 비율을 80%로 정하고(§9), 전산사고에 따른 책임 이행을 위한 보험의 보상한도 등에 관한 사항을 규정하고 있다(§10).

가상자산사업자의 검사 방법 및 조치에 관한 사항은 기존의 「금융기관검사및제재에관한규정」을 준용한다(§11). 따라서 금융감독원은 가상자산사업자의 업무에 관한 검사를 실시하여 위법사항이 발견되는 경우 가상자산사업자 또는 그 임직원에 대한 행정조치를 취할 수 있다.

Ⅲ. 가상자산시장조사업무규정

「가상자산시장조사업무규정」(이하 "조사업무규정")은 금융위원회가 가상자산법상 불공정거래 금지 위반행위를 조사·조치함에 있어 필요한 세부사항을 정한 행정규칙이다. 이 규정은 불공정거래 조사 절차 및 조사 방법, 조사결과에 대한 심의 등 처리 절차, 조사결과에 따른 고발, 과징금부과 등 행정조치 사항, 그리고 불공정거래 조사결과 심의기구인 가상자산시장조사심의위원회의 운영에 관한 사항 등을 정하고 있다. 또한 불공정거래행위와 관련한 과징금 및 과태료 부과에 관한 세부기준도 마련하고 있다.

가상자산법 규정체계

구 분	조 문	내 용
총칙	제2조	가상자산, 가상자산사업자 등 정의
	제3조	국외행위의 적용
이용자 자산의 보호	제6조	예치금의 분리 예치 등 보호
	제7조	가상자산의 분리 보관
불공정거래의 규제	제10조	불공정거래행위 금지 (미공개중요정보 이용행위, 시세조종, 부정거래행위, 자기발행 가상자산 거래제한)
	제11조	임의적 입출금 차단 금지
	제12조	가상자산시장의 이상거래 감시
감독 및 처분	제13조	금융위의 감독 · 검사
	제14조	금융위의 불공정거래 조사권한
	제15조	가상자산사업자에 대한 조치
	제17조	불공정거래 과징금
벌칙	제19조	불공정거래 처벌
	제20조	몰수 · 추징
	제22조	과태료

제 3 장

주요국의 가상자산 규제

미국

Ⅰ. 규제체계

미국은 가상자산에 관한 별도의 법률 규제가 없고 현행 증권·상품시장 규제를 사용한다. 증권에 해당하는 가상자산은 증권법 및 증권거래법에 따르고, 상품 또는 파생상품에 해당하는 가상자산은 상품거래법의 규제를 받는다.

예를 들어 증권형 가상자산을 거래하는 거래소는 증권거래법에 따라 전국증권거래소로 등록하거나, 대체거래소(Alternative Trading System: ATS)에 대하여 적용되는 Regulation ATS를 준수해야 한다.[27] 일례로 SEC는 2023년 6월 바이낸스에 대하여 미등록 거래소, 브로커-딜러, 청산기관 운영 및 미등록 증권 판매 혐의로 연방법원에 소를 제기한 바 있다.

CFTC는 비트코인을 비롯한 비증권형 가상자산을 상품거래법의 규제대상인 상품(commodity)으로 보고 규제한다.[28] 뉴욕연방법원은 2018년 8월 비트코인 등 가상자산 거래를 미끼로 고객의 현금과 가상자산을 가로

---

27) Securities and Exchange Commission, Statement on Potentially Unlawful Online Platforms for Trading Digital Assets, (2018.3.7.).

28) CFTC, Testimony of CFTC Chairman Timothy Massad before the U.S. Senate Committee on Agriculture, Nutrition and Forestry, (2014.12.10.).

챈 CDM사에 대하여 상품거래법상 불공정거래 포괄 금지규정(§9①)을 적용하여 민사제재금 및 손해배상금 110만 달러를 부과한 바 있다.

미국은 기존 법제로 규율하다 보니 가상자산의 증권 또는 상품 해당 여부 등 관할권에 대한 혼란이 있다. 이로 인해 미 의회는 디지털상품거래법(The Digital Commodity Exchange Act, DCEA) 등 감독권한과 관련한 주요 4개 법안을 상정한 상태이다. 현재 비트코인과 같은 탈중앙화된 가상자산 규제는 상품(commodity) 개념의 포괄적 성격으로 인해 CFTC가 주도적 위치에 있다. 다만 대부분의 플랫폼 블록체인은 ICO를 통해 투자자를 모집하고, 코인 보유자에 대한 보상이 있다는 점에서 증권성 여부가 문제가 된다. 증권토큰 규제의 경우 리플 사건과 같이 SEC가 코인의 공모 과정에서 투자계약증권으로 판단하여 규제하는 사례가 반복되고 있다.[29]

Ⅱ. 디지털자산의 증권성 판단기준

증권성 판단기준인 Howey 기준은 판례를 통해 확립된 투자계약에 대한 판단기준이다.[30] 연방대법원은 ⅰ) 금전의 투자, ⅱ) 공동의 사업, 그리고 ⅲ) 오로지 타인의 노력으로 창출되는 ⅳ) 투자 수익의 기대를 투자계약 여부의 판단 요건으로 제시하였다.

SEC는 2019년 「디지털자산에 대한 투자계약 분석을 위한 프레임 워크」라는 투자계약 여부 판단을 위한 가이드라인을 발표하였는데,[31] 기존의 Howey 기준 중 문제가 되는 ⅲ), ⅳ) 요건에 대한 판단기준을 제시하였다. 가이드라인에 따르면 타인 노력의 의존(Reliance on the Effort of

---

29) 리플은 자금이체·결제에 활용되는 분산원장 기반 가상자산인데, SEC는 증권법상 투자계약을 판매한 혐의로 소송을 제기하였다. 그 외에 SEC의 2018년 Airfox 및 Paragon Coin, 2019년 Block.one에 대한 민사제재금 조치 역시 미등록증권 공모 금지규정 위반이 문제가 되었다.

30) SEC v. W.J. Howey Co., 328 U.S. 293(1946); Howey사가 감귤 농장 일부를 일반인에게 판매하면서 감귤재배, 관리 및 판매를 Howey사가 수행한 사건이다.

31) SEC, Framework for "Investment Contract" Analysis of Digital Assets, (2019).

Others)의 경우 개발자(third party: AP)의 개발, 운영, 의사결정, 자금분배 등에서의 역할이 많을수록 타인의 노력에 의존하는 것으로 볼 수 있다. 투자이익의 기대(Reasonable Expectation of Profits)는 디지털자산 보유자에게 배당·분배를 통해 이익을 공유하거나, 유통시장의 거래를 통해 평가이익을 실현할 수 있는 경우 등에 해당하면 투자이익의 기대가 있는 것으로 볼 수 있다.

다만 탈중앙화 네트워크와 디지털자산이 이미 다 개발되어 기능하고 있거나, 디지털자산이 네트워크에서만 사용할 수 있거나, 가상화폐로서 결제에 사용 가능한 경우에는 증권으로 볼 가능성이 낮다.

2절   EU: 암호자산시장규칙

EU의 가상자산 규제는 2023년 6월 29일 발효된 암호자산시장규칙 (Regulation on Markets in Crypto-Assets: MiCA)에 따른다. MiCA는 EU가 2020년 9월 발표한 「디지털 금융 패키지」(Digital Finance Package)[32] 중 하나로서 암호자산에 대한 규제뿐 아니라 법적 지원체계의 구축을 목표로 한다. MiCA는 가상자산 관련 최초의 통합 법률로서 암호자산의 매매거래, 암호자산발행 및 암호자산서비스에 관한 통일된 요건을 정하는 데 목적이 있다.

MiCA는 암호자산의 정의, 발행규제, 불공정거래 규제 및 감독 체계 등을 상세히 정하고 있다. MiCA의 가장 큰 특징은 암호자산의 종류를 구체적으로 정하고, 암호자산별 차등적인 규제를 채택했다는 점이다.

---

32) 디지털 금융 패키지는 ⅰ) 디지털 금융 전략, ⅱ) MiCA, ⅲ) 금융부문 디지털 운영 탄력성 규칙(Digital Operational Resilience Act: DORA) 및 ⅳ) 분산원장의 금융시장 인프라 시범 적용 규칙(DLT Pilot Regime)으로 구성된다. 이 패키지는 EU가 암호자산의 국제적 표준을 선도하기 위한 목적을 갖는다.

Ⅰ. 암호자산의 정의

암호자산은 "분산원장이나 이와 유사한 기술을 사용하여 전자적으로 이전·저장될 수 있는 가치나 권리에 대한 디지털표시"로 정의하며, 암호자산을 ⅰ) 자산준거토큰, ⅱ) 전자화폐토큰, ⅲ) 자산준거토큰이나 전자화폐토큰이 아닌 암호자산으로 구분한다(§3).

NFT와 금융상품에 해당하는 암호자산은 적용대상에서 제외된다(§2③·④(a)). 따라서 금융상품인 증권토큰은 MiCA 규제대상이 아니며, 기존 자본시장에서 적용되는 제2차 금융상품시장지침(MiFID Ⅱ)과 시장남용규칙(MAR)이 적용된다.

암호자산의 종류

구분	정의
자산준거토큰	전자화폐토큰이 아니면서 하나 이상의 공식 통화, 다른 가치나 권리 또는 그 조합물을 준거하여 안정적 가치를 유지하는 암호자산
전자화폐토큰	단일 공식 화폐의 가치를 준거하여 안정적 가치를 유지하는 암호자산
자산준거토큰이나 전자화폐토큰이 아닌 암호자산	예: 유틸리티 토큰(발행자가 제공하는 상품 또는 서비스에 대한 디지털 접근권만을 제공하는 암호자산)

Ⅱ. 발행자 규제

1. 규제내용

자산준거토큰이나 전자화폐토큰에 해당하지 않는 암호자산(예: 유틸리티 토큰)은 암호자산 발행자가 백서를 공개하면 암호자산의 발행이 가능하게 하여 규제를 최소화하였다(§5). 그러나 자산준거토큰이나 전자화폐토큰과 같은 스테이블 코인은 지급결제나 교환수단으로 사용될 수 있으므로 발행인에 대한 규제를 엄격하게 적용한다. 자산준거토큰 발행인은

EU 내 설립 법인으로서 회원국의 인가가 요구되며(§16), 전자화폐토큰은 은행 및 전자화폐기관만 발행하도록 제한하였다(§48).

또한 자산준거토큰, 전자화폐토큰 발행인은 자기자본요건, 지배구조 체계, 정직·공정의무, 이해상충 관련 의무, 정보공시, 투자자 보호절차 등 금융상품시장지침(MiFID)상 금융회사 진입규제 수준의 규제를 적용받는다.

2. 규제 제외

암호자산 발행자는 암호자산의 생성에 대해 통제권을 갖는 업체(entity)이어야 하며(전문 20), 식별 가능한 발행자(identifiable issuer)가 없는 암호자산은 발행자 규제 범위에 속하지 않는다(전문 22). 또한 자산준거토큰이나 전자화폐토큰에 해당하지 않는 암호자산 중 분산원장 또는 거래검증에 대한 보상으로 자동으로 생성되는 암호자산은 발행자 규제대상에서 제외된다(§4③(b)). 상기 요건에 따르면 비트코인은 발행자 규제대상에서 제외되는 결과가 된다. 다만 식별 가능한 발행자가 없는 암호자산이더라도 동 암호자산에 대한 서비스를 제공하는 암호자산서비스제공자에 대한 규제는 동일하게 적용된다(전문 22).

Ⅲ. 암호자산서비스제공자

암호자산서비스제공자(crypto-asset service provider)는 암호자산의 보관·관리, 교환, 거래플랫폼의 운영, 주문집행, 모집주선, 자문, 포트폴리오 운용 서비스를 사업으로 하는 자이다(§3①16). 암호자산서비스제공자는 유럽연합 내에 소재한 회원국 인가를 받아야 한다(§53). 암호자산서비스제공자는 유럽증권시장감독청(ESMA)의 등록 의무가 있으며, 행위규제, 공시, 이해상충 방지, 지배구조, 준비금 관리 등 금융회사에 준하는 규제가 적용된다.

Ⅳ. 불공정거래 규제

시장남용행위(market abuse) 규제는 ⅰ) 내부자거래와 ⅱ) 시세조종이나 부정거래에 해당하는 시장조작행위를 금지한다. 내부자거래는 암호자산 발행자뿐 아니라 거래참여자 또는 암호자산과 직간접적으로 관련된 정보를 규제대상으로 한다(§87①). 따라서 암호자산의 가격에 영향을 미칠 수 있는 외부정보까지 포섭할 수 있다.

시장조작행위 중 시세조종 규제는 암호자산의 수급·가격에 대해 오해를 주거나, 암호자산의 가격을 인위적 수준으로 형성하는 행위를 금지한다(§91②(a)). 부정거래행위 규제는 부정한 수단 또는 기망이나 계책을 사용하는 행위를 금지한다(§91②(c)). 그 외에 시장지배력 확보행위, 허수성호가, 그리고 알고리즘 거래에서 사용되는 모멘텀 촉발행위도 금지한다(§91③).

Ⅴ. 가상자산 감독

MiCA는 회원국, 유럽은행감독청(EBA), 유럽증권시장감독청(ESMA) 등의 감독권한과 기관 간 협력의무를 규정하고 있다(제7편). MiCA는 별도의 규제기관을 만드는 것이 아닌 기존의 금융당국의 인프라를 활용하는 방식을 채택하였다.

기본적으로 회원국은 발행인 및 암호자산업자에 대한 인가, 검사, 제재 등의 감독권한을 가진다. 다만 전자화폐토큰 발행인의 인가권은 유럽중앙은행이 보유한다. 유럽증권시장감독청은 중요자산준거토큰 발행인 및 중요암호자산업자의 검사, 제재를 수행하고, 유럽은행감독청은 중요전자화폐토큰의 회원국과 공동 감독업무를 수행하여 기관 간 업무를 분배한다.

Ⅰ. 자금결제법에 따른 규제

1. 개관

일본은 유가증권에 해당하는 암호자산은 「금융상품거래법」(이하 "금상법")의 규제대상이고, 그 외의 암호자산은 「자금결제에 관한 법률」(이하 "자금결제법")이 규제한다. 다만 불공정거래 규제의 경우 모두 금상법의 규제 관할에 둠으로써 규제의 효율성을 도모하고 있다.

일본은 2014년 일본 동경에 소재한 세계 최대 가상자산 거래소인 마운트곡스가 거액의 해킹사고로 파산하면서 투자자 보호 이슈가 발생하였고, 이에 대응하여 2016년 자금결제법 개정으로 가상통화의 매매나 교환, 그 중개나 주선 또는 대리, 가상통화의 관리업무 등을 '가상통화교환업(現 암호자산교환업)'으로 규정하고 이들에게 금융청 등록의무를 부과함으로써 암호자산의 규제가 도입되었다(§2⑮, §63의2). 그리고 「범죄에 의한 수익 이전방지에 관한 법률」 개정으로 암호자산 교환업자의 자금세탁 및 테러자금 방지를 의무화하고 벌칙을 신설하였다.

자금결제법상 암호자산은 물품·서비스의 대가로 사용하거나 매매, 이전이 가능한 전자적으로 기록된 재산적 가치로 정의한다.[33] 다만 금융상품거래법상 증권토큰에 해당하는 '전자기록이전권리'는 제외한다.

---

33) 자금결제법 제2조 ⑭ 이 법률에서 "암호자산"이란 다음에 열거하는 것을 말한다. 단, 「금융상품거래법」 제29조의2제1항제8호에서 규정하는 권리를 표시하는 것을 제외한다.
  1. 물품 등을 구입하거나 임차하거나 서비스를 제공받는 경우, 이러한 대가의 변제를 위하여 불특정한 자에 대하여 사용할 수 있고 불특정한 자를 상대방으로 하여 구입 및 매각할 수 있는 재산적 가치(전자기기 및 그 밖의 물건에 전자적 방법으로 기록되어 있는 것에 한하여, 일본통화 및 외국통화, 통화건물자산 및 전자결제수단(통화건물자산에 해당하는 것을 제외한다)을 제외한다. 다음 호에서 같다)이며 전자정보처리조직을 이용해 이전할 수 있는 것
  2. 불특정한 자를 상대방으로 하여 전호에 열거된 것과 상호 교환할 수 있는 재산적 가치로서 전자정보 처리조직을 이용하여 이전할 수 있는 것

2. 암호자산교환업자 규제

암호자산교환업은 ⅰ) 암호자산의 매매 또는 다른 암호자산과의 교환, ⅱ) ⅰ)의 주선, 중개 또는 대리, ⅲ) ⅰ)·ⅱ)의 행위 관련 이용자의 금전 관리, 또는 ⅳ) 타인을 위하여 암호자산의 관리를 하는 것을 업으로 하는 것을 말한다(법 §2⑮). 암호자산교환업을 하기 위해서는 등록의무가 있다(법 §63의2). 암호자산교환업 등록을 위해서는 1천만 엔 이상의 자본금 요건을 충족해야 한다(영 §9①).

암호자산교환업자는 이용자 자금과 자기 자금을 분리 관리하고, 신탁회사 등에 신탁해야 하며(법 §63의11), 이행보증을 위하여 동종·동량의 암호자산의 관리 의무가 있고(법 §63의11의2), 지정 분쟁해결기관이 있는 경우 동 기관과 절차실시 계약 체결의무가 있다(법 §63의12).

자금결제법은 암호자산교환업자가 설립한 협회의 설립을 허용한다(제5장). 현재 일본암호자산거래업협회가 설립되어 운영 중이며, 자금결제법 제88조가 정하는 업무인 규칙의 제정, 회원 검사 및 지도, 권고·처분과 같은 자율규제 업무와 민원, 정보제공 및 통계조사 업무를 수행한다.

Ⅱ. 금융상품거래법상 증권토큰 규제

1. 발행규제

(1) 증권토큰의 분류

금상법상 증권토큰을 이해하기 위해서는 일본의 유가증권의 분류체계를 이해할 필요가 있다. 금상법상 유가증권은 1종 유가증권(주식, 채권, 투자신탁 등)과 2종 유가증권(집단투자기구지분,[34] 신탁수익권 등)으로 분류된다. 1종 유가증권은 유통성이 높으므로 유가증권 모집을 하는 경우 유가증권신고서 제출의무(법 §2③, §4①) 및 사업연도별 유가증권보고서의

---

[34] 투자자가 조합이나 사단법인에 출자하여 출자 대상사업에서 발생하는 이익의 배당이나 재산의 분배를 갖는 권리를 말한다(금상법 §2②5).

제출의무(법 §24①4)가 부과된다.

증권토큰은 주로 2종 유가증권인 집단투자기구지분(자본시장법상 투자계약증권에 해당) 또는 신탁수익권의 토큰화를 통한 STO가 이루어질 것이므로, 이에 대한 발행규제가 문제가 된다. 따라서 2종 유가증권의 권리를 토큰화하는 경우 '전자기록이전권리'로서 1종 유가증권으로 분류하여 STO에 따른 발행 및 유통 규제가 이루어진다(법 §2③).

금상법상 증권토큰에는 전자기록 이전권리 외에도 적용제외 전자기록 이전권리 및 전자기록 이전 유가증권 표시권리가 있다. 적용제외 전자기록이전권리는 전자기록 이전권리 요건은 충족하나 유통성을 제한하는 조치를 하는 경우[35]에는 1종 유가증권에 대한 규제가 이루어지지 않는다.

전자기록 이전 유가증권 표시권리는 주식, 채권과 같은 제1종 유가증권으로 보는 권리 중 전자정보처리조직을 이용하여 이전할 수 있는 것을 말한다(금상법 §2②). 따라서 주식·채권의 증권토큰화도 가능하다.

유가증권의 종류 및 규제내용

구분	유가증권	증권토큰화할 경우
1종 유가증권	주식, 채권 등	전자기록 이전 유가증권 표시권리
2종 유가증권	신탁수익권, 집단투자기구지분, 합동회사 사원권 등	– 전자기록 이전권리(1종 유가증권으로서 공모규제) – 적용제외 전자기록 이전권리(전자기록 이전권리에 해당하나 유통성 제한조치를 한 경우)

(2) 토큰증권의 권리 효력 발생 및 제3자 대항요건

증권의 양도 또는 행사는 원칙적으로 증권의 인도 및 보유를 요건으로 한다. 다만 상장증권의 경우 증권예탁회사나 증권사에서 전자증권으

---

35) 은행, 금융상품거래업자 등 적격기관투자자 외의 자에게 취득·이전할 수 없게 하는 기술적 조치를 취하거나(취득자 제한), 발행자의 승낙이 없으면 양도할 수 없게 기술적 조치가 취해지고 있는 경우(양도제한)를 말한다(영 §9의3).

로 관리되어 이전과 권리행사가 이루어진다. 그런데 증권토큰은 블록체인상에서 권리이전이 이루어지므로, 이를 법률상 인정하지 않으면 권리이전에 따른 효력 발생과 유통성에 문제가 생긴다. 예를 들어 신탁수익권의 양도는 확정일자 있는 증서에 의하지 않으면 제3자에게 대항할 수 없는데(신탁법 §94), 이 경우 기초자산을 유동화한 신탁수익권의 유통은 사실상 불가능하다.

2021년 개정된 「산업경쟁력강화법」은 집단투자계획지분과 신탁수익권 등에 대한 권리이전 효력발생요건 및 제3자 대항요건을 정하였다. 동 법에 따른 인정사업자의 정보시스템을 통해 양도통지 또는 양도승낙을 하는 경우 민법상 확정일자가 있는 증서에 의한 통지 또는 승낙으로 본다(§11의2). 이에 따라 토큰화된 집단투자계획지분 또는 신탁수익권의 이전에 관하여 제3자 대항요건이 구비된다. 만약 해당 통지 또는 승낙을 블록체인상에서의 토큰의 이전과 연동시키는 경우에도 대항요건을 갖출 수 있다.

2. 업자규제

(1) 발행자

일본은 STO를 위한 발행자의 요건을 엄격히 규제한다. 전자기록이전권리 발행자가 직접 취득권유를 하는 경우(자기모집) 원래 권리(예: 집단투자기구지분)인 2종 금융상품거래업의 등록의무가 있다(금상법 §28②). 만약 발행자가 전자기록이전권리 발행에 따라 투자자로부터 출자를 받아 유가증권 투자사업을 하는 경우(자기운용) 투자운용업 등록을 해야 한다(법 §28④).

(2) 모집의 중개 등

전자기록이전권리의 STO를 위하여 모집·사모의 취급 등을 실시하기 위해서는 1종 금융상품거래업 등록이 필요하다(금상법 §28①1). 전자기록이전권리는 1종 유가증권이므로 가상자산거래소가 당해 매매 시장을 개설하기 위해서는 금융상품거래소 면허를 취득해야 한다(법 §80①). 다만 실제로는 일본경제에서 차지하는 비중이 낮은 점을 고려할 때 거래소 규제를 가할 필요성은 없어 1종 금융상품거래업 등록을 요구하는 것으로 알려져 있다.[36]

Ⅲ. 불공정거래 규제

암호자산(암호자산 관련 파생상품 포함)의 불공정거래는 금융상품거래법에서 규제한다. 부정거래행위(§185의22, §185의23), 시세조종 금지(§185의24)는 기존의 금융상품에 대한 불공정거래 금지규정과 큰 차이가 없다. 내부자거래는 별도의 규제가 없는데, 가상자산의 내부자와 미공개중요정보를 특정하기 어려워 제외하였다.

---

36) 金融庁パブコメ回答, 33頁 126番等[令2.4.3]; 안수현, "암호자산 규제법제 정비를 위한 검토", 「경제법연구」 제21권 제1호(2022), 157면.

제 4 장

총칙

1절 정 의

Ⅰ. 가상자산

제2조(정의) 1. "가상자산"이란 경제적 가치를 지닌 것으로서 전자적으로 거래 또는
이전될 수 있는 전자적 증표(그에 관한 일체의 권리를 포함한다)를 말한다. 다만,
다음 각 목의 어느 하나에 해당하는 것은 제외한다.

가상자산은 "경제적 가치를 지닌 것으로서 전자적으로 거래 또는 이
전될 수 있는 전자적 증표"를 말한다. 이러한 정의는 2019년 FATF의
국제기준에 따라 마련한 특정금융정보법상 정의를 사용한 것이다.

가상자산법은 가상자산을 포괄적으로 정의하는 대신, 제외대상을 구
체적으로 나열하는 방식을 취한다. 제외대상을 보면 ⅰ) NFT, 게임 아
이템과 같이 교환, 거래·이전이 제한적인 것, ⅱ) 네이버 페이나 교통카
드와 같은 선불전자지급수단이나 전자화폐, 전자등록주식, 전자어음, 전
자선하증권, 한국은행이 발행하는 디지털 화폐(CBDC)와 같이 전자적으로
거래·이전되는 전자적 증표에 해당하나 분산원장에 기반한 가상자산도
아니고 개별 법령에서 별도로 정하는 것은 제외한다.

1. 가상자산의 요건

(1) 경제적 가치

가상자산은 "경제적 가치를 지닌 것"이어야 한다. 법상 경제적 가치에 대한 별도의 언급은 없다. 다만 가상자산 용어 자체가 '자산'임을 명시하였으므로 유무형의 물품, 재화나 권리와 같은 가치의 구체적인 실체가 있어야 한다.

비트코인의 법적 성격에 관한 판례는 비트코인이 재산적 가치를 가지는 무형의 재산에 해당한다고 본다.[37] 비트코인의 경우 가상자산거래업자를 통해 일정한 교환비율에 따라 법정화폐로 환전이 가능하고, 블록체인에 의해 그 생성·보관·거래가 공인되며, 발행량이 정해져 있어 무한정 생성·복제·거래될 수 있는 디지털 데이터와는 차별된다는 점에서 재산성이 인정된다.[38] 만약 화폐, 재화 또는 용역 등으로 교환될 가능성이 없다면 가상자산으로 인정되기 어려울 것이다.

가상자산은 무형적 재산으로서 몰수의 대상[39] 또는 사기죄의 객체[40]인 재산상 이익에 해당한다. 그러나 유체물 또는 기타 관리할 수 있는 자연력에 해당하지 않으므로 민법 제98조에 따른 물건이 아니라고 보는 것이 대체적인 견해이다.[41] 이 경우 횡령죄의 객체인 재물에 해당하지 않는다.

(2) 전자적 거래·이전

가상자산은 "전자적으로 거래 또는 이전"될 수 있어야 한다. 가상자산은 분산원장 네트워크상에서 노드들의 합의를 통해 생성되거나 이전된다. 따라서 전자적인 것 이외의 방법을 통한 거래 또는 이전은 생각하기

---

37) 대법원 2018.5.30. 선고 2018도3619 판결.

38) 수원지방법원 2018.1.30. 선고 2017노7120 판결(위 판례의 원심 판결임).

39) 대법원 앞의 판결.

40) 대법원 2021.11.11. 선고 2021도9855 판결.

41) 서울고등법원 2020.7.2. 선고 2020노171 판결; 서울남부지방법원 2020.9.3. 선고 2019가합112183 판결; 기노성, "디지털 자산(가상자산)의 신탁", 「금융법연구」제19권 제2호(2022), 174면.

어렵다. MiCA(§3①5)나 일본 자금결제법(§2⑭) 역시 가상자산이 전자적으로 이전할 수 있을 것을 요건으로 한다. 분산원장에서 다른 곳으로 암호자산이 이전하는 것도 포함한다.

MiCA의 암호자산 정의는 "분산원장이나 유사한 기술"을 사용할 것을 요건으로 하나, 가상자산법은 특정기술과의 결부를 요구하지 않는다. 향후 출현 가능한 체계를 염두에 둔 것으로 보인다.

2. 가상자산 제외 대상

(1) 화폐·재화·용역 등으로 교환될 수 없는 것(법 §2조1호가목)

만약 화폐·재화·용역 등으로 교환될 수 없다면 블록체인상 표시된 증표 외의 기능을 기대할 수 없으므로 규제대상 가상자산에서 제외된다. 비트코인은 스타벅스 등 일부 프랜차이즈에서 결제수단으로 사용되며, 이더리움은 디앱 서비스 이용을 위한 결제수단으로 사용된다. 이더리움, USDC나 테더를 비롯한 가상자산은 ICO 대상 가상자산 매수에 사용할 수 있다.

(2) 게임물 이용을 통하여 획득한 유·무형의 결과물(법 §2조1호나목)

전자오락 게임을 통해 획득한 게임머니 또는 게임아이템을 말한다. 게임머니 등의 사적인 거래는 가능하나, 게임머니 등을 환전 또는 환전 알선하거나 재매입을 업으로 하는 행위는 금지된다(게임산업법 §32①7). 게임이라는 제한된 범위 내에서 교환수단으로 사용되는 등 유통성이 제한되고, 분산원장을 사용하는 것도 아니므로 가상자산에 포함되지 않는다.

(3) 선불전자지급수단 및 전자화폐(법 §2조1호다목)

선불전자지급수단은 이전 가능한 금전적 가치가 전자적 방법으로 저장되어 발행된 증표로서 재화 또는 용역을 구입하고 그 대가를 지급하는 데 사용되는 것을 말한다(전자금융거래법 §2조14호). 전자화폐는 이전 가능한 금전적 가치가 전자적으로 저장되어 발행된 증표로서 재화나 용역을 구입하는 데 사용된다는 점에서 선불전자지급수단과 같으나, 발행자에 의하여 현금 또는 예금으로 교환이 보장된다는 점에서 다르다(전자금융거래법 §2조15호). 예를 들어 보자. 네이버페이 머니는 미리 충전된 금액을 사용하여 결제수단으로 사용하며, 출금이 가능하므로 선불전자지급수단 및 전자화폐에 해당한다. 네이버페이 포인트는 상품구매나 이벤트 등을 통해 적립받은 비현금성 포인트로서 결제수단으로 사용 가능하나, 출금이 불가능하므로 선불전자지급수단에만 해당한다.

선불전자지급수단이나 전자화폐는 경제적 가치를 지닌 것으로서 전자적으로 거래·이전이 가능하나, 지급수단으로서 별도의 법률을 통해 규제하므로 가상자산법의 규제 필요성이 없다.

(4) 전자등록주식등(법 §2조1호라목)

전자등록주식등은 전자등록계좌부에 전자등록된 주식 등을 말한다. 전자등록주식 등은 전자증권법에 따라 한국예탁결제원과 같은 전자등록업자를 통하여 권리를 전자적으로 등록하므로, 분산원장으로 관리하는 가상자산과는 구분할 필요가 있다.

증권토큰은 증권으로서 전자등록주식 형태로 발행되어야 하므로 가상자산에서 제외한다. 따라서 증권에 해당하는 가상자산은 자본시장법의 규제를 받는다. 금융위원회는 2023년 2월 6일 「토큰 증권 가이드라인」을 제정하고, 「주식·사채 등의 전자등록에 관한 법률」상 증권발행 형태로 수용하는 한편, 장외거래 플랫폼을 허용하였다. 장내거래의 경우 자본시장법 시행령상 상장 가능한 금융투자상품의 범위에 투자계약증권이 포함되지 않으므로(영 §354의3②), 한국거래소의 디지털증권시장을 통한 투자계약증권의 상장을 규제 샌드박스를 통해 허용하였다.[42]

(5) 전자어음, 전자선하증권(법 §2조1호마목·바목)

「전자어음법」상 전자어음이나 「상법」상 전자선하증권은 경제적 가치를

---

[42] 금융위원회, "토큰 증권(Security Token) 발행·유통 규율체계 정비방안", (2023.2.), 6면.

지닌 것으로서 전자적으로 거래 또는 이전이 가능하나, 실물어음이나 선하증권을 디지털 환경에 적합한 결제 등의 수단으로 사용하기 위한 것으로서 가상자산법의 규제 대상에서 제외된다.

(6) 한국은행이 발행하는 CBDC(법 §2조1호사목)

CBDC(Central Bank Digital Currency)는 중앙은행이 발행한 디지털 화폐로서 기존 화폐를 대체하는 기능을 갖는 것을 말한다. 가상자산의 출현과 온라인 결제 증가 추세에 발맞춰 각국의 중앙은행들은 CBDC 도입을 추진하고 있다. 한국은행의 경우 분산원장 네트워크를 기반으로 참여 금융기관들이 노드를 구성하여 합의하는 방식의 지급결제시스템을 개발하고 있다.[43]

CBDC는 분산원장 기술을 사용하여 전자적으로 거래된다는 점에서 가상자산과 유사하나, 중앙화된 폐쇄형 블록체인을 기반으로 화폐의 기능을 그대로 수행하므로 탈중앙화와 익명성에 기반한 가상자산과 구분할 필요가 있다.

(7) 거래형태와 특성을 고려하여 대통령령으로 정하는 것

1) 전자채권, 모바일 상품권(영 §2조1호·2호)

전자채권이란 어음의 위변조, 연쇄부도 등 어음제도의 단점을 보완하기 위한 결제수단으로 구매기업이 판매기업을 채권자로 지정하여 일정한 시기에 지급하겠다고 약속하고 은행을 통해 발행하는 전자적 지급수단을 말한다.

모바일 상품권은 백화점, 편의점 등이 발행한 상품권 중 휴대폰 등 모바일기기에 저장하여 사용되는 상품권을 말한다. 전자채권이나 모바일 상품권은 선불전자지급수단의 경우와 같이 지급결제의 편의성 도모를 위하여 전자적으로 거래되는 것으로 가상자산법상 규제 필요성이 없다.

---

43) 한국은행, 「CBDC 모의시스템 금융기관 연계실험」 결과", (2023.5.8.) 보도자료.

2) 예금토큰(영 §2조3호)

예금토큰은 한국은행의 CBDC 네트워크상에서 은행이 전자적으로 발행하는 토큰화된 예금을 말한다. 예금토큰은 그 실질이 예금에 해당하여 「예금자보호법」 등 관련 법률의 규제를 받게 될 것이므로 제외한다.

3) NFT(영 §2조4호)

NFT(Non-Fungible Token)는 블록체인을 사용하여 디지털자산의 소유주를 증명하는 대체불가 토큰이다. 그림 등 디지털 파일 주소를 토큰에 담아 소유권을 나타내는 용도로 사용된다. NFT는 주로 수집 목적으로 거래되어 보유자 및 금융시스템에 미치는 리스크가 제한적이므로 가상자산법상 가상자산에서 제외된다. 다만 명칭이 NFT라고 하더라도 대량으로 발행되어 상호간에 대체가 가능한 방식으로 거래되거나, 특정 재화나 서비스의 지급수단으로 사용이 가능한 경우에는 가상자산의 범위에 포함된다.[44]

Ⅱ. 가상자산사업자

제2조(정의) 2. "가상자산사업자"란 가상자산과 관련하여 다음 각 목의 어느 하나에 해당하는 행위를 영업으로 하는 자를 말한다.
가. 가상자산을 매도·매수(이하 "매매"라 한다)하는 행위
나. 가상자산을 다른 가상자산과 교환하는 행위
다. 가상자산을 이전하는 행위 중 대통령령으로 정하는 행위
라. 가상자산을 보관 또는 관리하는 행위
마. 가목 및 나목의 행위를 중개·알선하거나 대행하는 행위

"가상자산사업자"란 가상자산의 매매, 교환, 이전 또는 보관·관리하는 행위(동 행위를 중개·알선·대행하는 행위를 포함)를 영업으로 하는 자를

---

44) 금융위원회, "「가상자산 이용자 보호 등에 관한 법률」의 시행령 및 감독규정 제정안 입법예고 실시", (2023.12.11.) 보도자료.

말한다. 이는 2019년 FATF 권고안을 바탕으로 반영한 특정금융법상 정의를 그대로 가져온 것이다. 가상자산사업자는 고객을 대신하여 매매 등을 영업으로 하는 자이므로, 본인을 위한 가상자산 거래행위나, 일회성 행위, 수수료 없이 플랫폼만 제공하는 행위 등을 제외되는 것으로 본다.[45]

가상자산사업자는 가상자산거래업자, 가상자산 보관관리업자 또는 가상자산 지갑서비스업자가 이에 해당한다. 가상자산거래업자는 일반적으로 가상자산의 매매 및 가상자산 간 교환을 중개·알선·대행하거나, 가상자산 이전을 수행하는 곳으로서 거래소로 통용되는 업체가 여기에 해당한다.

가상자산 보관관리업자는 가상자산 커스터디, 수탁사업 등을 말하며, 가상자산 지갑서비스업자는 중앙화 지갑서비스, 수탁형 지갑서비스 또는 월렛 서비스 등을 말한다.

이러한 가상자산사업 서비스 중 ⅰ) 게시판 운영자와 같이 매수·매도 제안을 게시할 수 있는 장(場)만을 제공하거나, ⅱ) 거래 조언, 기술 서비스를 제공하는 경우, ⅲ) 개인 암호키 등의 보관·저장 프로그램만 제공할 뿐 독립적인 통제권을 갖지 않아 매도·매수·교환 등에 관여하지 않는 경우 또는 ⅳ) 콜드월렛 등 하드웨어 지갑서비스 제조자 등은 제외될 수 있다.[46]

Ⅲ. 이용자

제2조(정의) 3. "이용자"란 가상자산사업자를 통하여 가상자산을 매매, 교환, 이전 또는 보관·관리하는 자를 말한다.

이용자는 가상자산사업자를 통하여 매매 등을 하는 자를 말한다. 특정금융정보법상 가상자산사업자의 고객과 같은 개념이다. 자본시장법상

---

45) 금융정보분석원, 금융감독원, 「가상자산사업자 신고 매뉴얼」, (2021.2.), 2면.
46) 금융정보분석원 외, 위의 자료, 3면.

"투자자"에 대응되는 개념이라 할 수 있다. 특히 가상자산법은 가상자산 이용자 보호에 방점을 두고 제정된 것이므로 이용자에 대한 별도의 정의 규정을 둔 것으로 보인다.

Ⅳ. 가상자산시장

제2조(정의) 4. "가상자산시장"이란 가상자산의 매매 또는 가상자산 간 교환을 할 수 있는 시장을 말한다.

가상자산시장은 가상자산사업자 중 가상자산거래업자가 개설·운영하는 시장을 말한다. 소위 거래소라 불리는 가상자산거래업자가 운영하는 시장이 이에 해당한다.

가상자산시장은 자본시장법상 "금융투자상품시장"과 대응되는 개념이다. 금융투자상품시장이란 증권 또는 장내파생상품의 매매를 하는 시장을 말하고, 금융위원회의 허가를 받은 거래소가 금융투자상품시장을 개설할 수 있다(자본시장법 §8의2). 가상자산법은 아직 가상자산시장을 운영하는 가상자산거래업자에 대한 별도의 요건을 두지 않으므로 가상자산시장의 범위가 명확하지 않다는 문제가 있다.

2 절　국외행위에 대한 적용

제3조(국외행위에 대한 적용) 이 법은 국외에서 이루어진 행위로서 그 효과가 국내에 미치는 경우에도 적용한다.

이 조항은 가상자산법이 규율하는 이용자 자산의 보호, 불공정거래의 규제 등 각종 의무 위반 행위가 국외에서 이루어진 경우에도 그 효과가

국내에 미칠 경우 적용됨을 명시한 것이다. 자본시장법 제2조와 내용이 동일하다. 형법상 국내에서 이루어진 행위에 대해 적용하는 속지주의(§2)나 대한민국 영역 외에서 내국인의 행위에 적용하는 속인주의(§3)와 달리 위반행위가 국내에 미치는 효과를 중심으로 적용한다. 예를 들어 외국의 가상자산 발행자가 발표한 발행 물량보다 더 많은 물량을 외국 가상자산시장에서 유통시킨 경우에는 어떠한가. 그 행위는 국외에서 이루어졌지만 국내 가상자산시장에서 해당 가상자산의 가격에 중대한 영향을 미칠 것이므로 부정거래행위 금지 규정을 적용할 수 있다.

그렇다면 국내에 미치는 "효과"는 어떻게 판단하는가. 대법원은 유사한 규정인 공정거래법 제2조의2의 "국내시장에 영향을 미치는 경우"에 대해 "국외행위로 인하여 국내시장에 직접적이고 상당하며 합리적으로 예측 가능한 영향을 미치는 경우로 제한 해석해야 한다"라고 판시하고 있다.[47] 판례를 따른다면 그 행위로 인해 국내 가상자산 가격에 미치는 영향이나 이용자 피해가 미미한 경우에는 적용되기 어려울 것이다.

다양한 국가의 발행자가 출시한 가상자산이 여러 국가의 시장에서 거래되고 있으므로 역외적용의 필요성은 높다. 예를 들어 외국 가상자산시장에서 시세조종이 있는 경우, 그 가격을 참조하는 국내 가상자산시장의 시세에 영향을 미칠 것이다. 이 경우 외국에서 발생한 시세조종행위에 대해 가상자산법을 적용할 수 있을지는 의문이다. 통상 외국인이 소재하는 국가의 법률에 따라 처벌하겠지만, 국가 간 범죄인 인도조약 등에 따라 처벌 국가가 정해질 것이다. 역외적용의 실효성을 높이기 위해서는 구체적인 적용범위에 관한 규정과 사례의 축적, 그리고 국제증권관리위원회(IOSCO)와 같은 감독당국 간 국제협력체계의 구축이 필요하다.

---

47) 대법원 2014.12.24. 선고 2012두6216 판결.

제 2 편

이용자 자산의 보호

제1장

예치금과 가상자산의 보호

예치금의 보호

제6조(예치금의 보호) ① 가상자산사업자는 이용자의 예치금(이용자로부터 가상자산의 매매, 매매의 중개, 그 밖의 영업행위와 관련하여 예치받은 금전을 말한다. 이하 같다)을 고유재산과 분리하여 「은행법」에 따른 은행 등 대통령령으로 정하는 공신력 있는 기관(이하 "관리기관"이라 한다)에 대통령령으로 정하는 방법에 따라 예치 또는 신탁하여 관리하여야 한다.

Ⅰ. 개관

1. 의의

가상자산사업자는 이용자로부터 가상자산의 매매 등과 관련한 예치금을 은행에 예치 또는 신탁해야 한다. 예치금의 보호 규정은 자본시장법상 금융투자업자의 투자자예탁금 별도 예치 규정과 유사하다(§74). 원래 특정금융정보법에서는 예치금과 고유재산간 구분 관리 원칙만 정하였으나(법 §5의2①3마, §8, 영 §10의20), 가상자산법을 통해 구체적인 관리 방법을 상세한 것이다.

예치금 보호 의무는 가상자산사업자가 도산하는 경우 가상자산사업자의 채권자로부터 이용자 재산을 보호하고, 가상자산사업자의 예치금의 횡령 등 유용에 따른 위험으로부터 안전하게 관리하는 데 목적이 있다.[1] 이용자의 예치금을 적법하게 관리하지 않은 자에 대해서는 금융위원회가 1억 원 이하의 과태료를 부과한다(법 §22①1).

2. 예치금의 성격

예치금은 가상자산사업자가 이용자로부터 가상자산의 매매, 매매의 중개, 그 밖의 영업행위와 관련하여 예치받은 금전을 말한다. 증권거래 시 증권사에 입금하는 고객예탁금(투자자예탁금)과 같은 개념이다. 예를 들어 이용자가 가상자산 매매를 위하여 가상자산거래업자에게 입금한 자금은 예치금에 해당한다. 예치금은 향후 가상자산의 매수 등을 위해 사용하거나 인출할 수 있으므로 일시적인 대기자금의 성격을 갖는다. 가상자산사업자가 마케팅 목적으로 지급한 원화 포인트 역시 반환·출금이 가능한 경우 예치금에 포함된다.[2]

예치금의 관리기관 예치 방법은 예치와 신탁방식으로 나뉜다. 예치방식은 민법상 소비임치의 성격을 갖는다(민법 §702).[3] 소비임치는 당사자 간의 계약으로 수치인이 임치물을 소비하고 그와 같은 종류의 것으로 반환하는 것을 말한다. 주로 금전을 대상으로 하며 은행의 예금이 소비임치에 해당한다. 임치인은 언제든지 반환을 청구할 수 있다(민법 §702). 예치계약의 당사자는 가상자산사업자(임치인)와 관리기관(수치인)이므로, 예치금의 반환청구권은 가상자산사업자에게 있다.

신탁방식은 신탁법상 신탁의 성격을 갖는데, 예치방식과 마찬가지로 신탁계약의 당사자는 가상자산사업자(위탁자)와 관리기관(수탁자)이다. 따라서 예치방식이나 신탁방식은 이용자가 관리기관에 대해 직접적인 권리

1) 서울남부지방법원 2022.11.10. 선고 2022고단1276 판결(가상자산사업자의 예치금 유용에 관한 업무상배임죄 판결).
2) 금융위원회, "내일(7.19일)부터 가상자산이용자보호법이 시행됩니다", (2024.7.18.), 보도자료, 5면.
3) 김건식·정순섭, 「자본시장법」, 박영사(2023), 863면.

가 없다고 본다.[4] 다만 가상자산법은 이러한 문제를 보완하기 위해 가상자산사업자의 파산 또는 사업자 신고가 말소되는 경우 관리기관이 직접 이용자에게 예치금을 지급하도록 별도로 규정한다(법 §6④).

3. 주요국의 예치금 보호의무

MiCA는 암호자산서비스제공자들이 고객의 소유권을 보호하고 고객 자금을 자기 계산을 위해 사용하는 행위를 방지하기 위한 적정한 장치를 갖추도록 하고 있다(§70②). 고객 자금은 받은 날 다음 영업일까지 여신기관 또는 중앙은행에 예치해야 하고, 해당 자금이 자기자금과 별도로 식별되는 계좌에 보관되도록 해야 한다(§70③).

일본 자금결제법의 경우 암호자산교환업자에게 이용자의 금전과 자기 금전을 분리하여 관리하고, 신탁회사 등에 신탁하도록 정하고 있다(§63의11).

II. 요건

1. 가상자산사업자의 예치 의무

가상자산사업자는 이용자의 예치금을 고유재산과 분리하여 관리기관에 예치 또는 신탁해야 한다(법 §6①). 예치·신탁해야 할 금액은 이용자의 예치금액(예치금 이용료 등 가상자산사업자가 이용자에게 지급한 금액 포함)에서 수수료 등 비용을 차감한 금액 이상이어야 한다(영 §8③). 가상자산사업자의 예치 방법은 예치금을 영업일 단위로 산정하고, 다음 영업일까지 관리기관에 예치 또는 신탁하여야 한다(감독규정 §4). 가상자산사업자의 영업이 매일 이루어지더라도 가상자산법상 영업일 산정은 국내 법체계상 일관된 적용을 위해 주말(토요일·일요일), 공휴일은 제외한다.[5]

가상자산사업자는 관리기관과 관리·운용 방법을 정한 계약을 체결해

---

4) 황현일·허준범, "가상자산법의 법적 쟁점", 「BFL」 제122호(2023), 65면.
5) 금융위원회, 앞의 보도자료, 6면.

야 한다(영 §8②). 가상자산사업자는 예치금을 예치·신탁하는 경우 예치금이 이용자 재산임을 명기하여 예치해야 한다(법 §6②).

2. 관리기관의 관리·운용

예치·신탁 관리기관은 「은행법」에 따른 은행, 농협은행, 수협은행, 중소기업은행이다(영 §8①).

관리기관은 국채증권 또는 지방채증권의 매수, 정부·지방자치단체 또는 금융위원회가 정하여 고시하는 금융기관이 지급을 보증한 채무증권의 매수, 그 밖에 금융위원회가 정하여 고시하는 방법으로 예치금을 운용해야 한다(영 §8②).

3. 예치금의 지급 방법

관리기관은 가상자산사업자가 신고 말소되거나, 해산·합병의 결의를 한 경우 또는 파산선고를 받은 경우에는 이용자에게 예치금을 우선 지급할 의무가 있다(법 §6④). 예치금의 우선 지급액의 산정은 신고 말소 등 우선지급 사유 해당 일을 기준으로 관리기관에 예치·신탁된 예치금 총액을 한도로 하여 아래와 같이 산정한다(영 §10①1). 다만 예치·신탁된 예치금 총액이 이용자별 예치금 총액보다 크거나 같은 경우에는 이용자별 예치금 전액으로 한다.

$$우선지급액 = \frac{예치\ 신탁된\ 예치금\ 총액}{이용자별\ 예치금\ 총액} \times 이용자별\ 예치금$$

이렇게 산정된 우선지급액의 지급은 이용자 및 가상자산사업자로부터 예치금에 관한 자료·정보를 확인하고, 둘 이상의 일간신문과 관리기관의 인터넷 홈페이지 등에 공고하는 절차를 거쳐야 한다(영 §10①2). 금융정보분석원은 가상자산사업자의 신고 말소 시 그 사실을 관리기관에 통지하여야 한다(영 §10②).

4. 예치금의 상계 · 담보제공 등의 금지

누구든지 예치금을 상계 · 압류(가압류 포함)하지 못한다. 또한 가상자산사업자는 예치금을 양도하거나 담보로 제공하여서는 아니된다(법 §6③). 다만 가상자산사업자의 합병, 영업의 전부 · 일부 양도로 인해 합병회사나 영업양수인에게 예치금을 양도하는 것은 허용된다(영 §9).

2 절	가상자산의 보관

제7조(가상자산의 보관) ① 가상자산사업자가 이용자로부터 위탁을 받아 가상자산을 보관하는 경우 다음 각 호의 사항을 기재한 이용자명부를 작성 · 비치하여야 한다.
1. 이용자의 주소 및 성명
2. 이용자가 위탁하는 가상자산의 종류 및 수량
3. 이용자의 가상자산주소(가상자산의 전송 기록 및 보관 내역의 관리를 위하여 전자적으로 생성시킨 고유식별번호를 말한다)
② 가상자산사업자는 자기의 가상자산과 이용자의 가상자산을 분리하여 보관하여야 하며, 이용자로부터 위탁받은 가상자산과 동일한 종류와 수량의 가상자산을 실질적으로 보유하여야 한다.
③ 가상자산사업자는 제1항에 따라 보관하는 이용자의 가상자산 중 대통령령으로 정하는 비율 이상의 가상자산을 인터넷과 분리하여 안전하게 보관하여야 한다.
④ 가상자산사업자는 이용자의 가상자산을 대통령령으로 정하는 보안기준을 충족하는 기관에 위탁하여 보관할 수 있다.

Ⅰ. 개관

1. 의의

이 규정은 가상자산사업자가 이용자의 가상자산을 보관하는 경우 구체적인 보관 방법을 정한 것이다. 이러한 보관 의무는 가상자산 보관관리업자에만 국한되지 않고 가상자산거래업자에게도 적용된다. 이용자가 가상자산을 가상자산시장에서 거래하기 위해서는 블록체인상 가상자산거래업자의 주소로 가상자산을 전송해야 한다. 가상자산거래업자의 지갑에는 엄청난 수량의 가상자산이 보관되어 있으므로, 해킹으로 인한 탈취·소실의 위험이 존재한다. 가상자산사업자의 횡령 등 유용의 위험도 있다. 이러한 이유로 가상자산의 분리보관 및 실질적 보유의무를 부과한 것이다. 이용자의 가상자산을 적법하게 보관하지 않은 자에 대해서는 금융위원회가 1억 원 이하의 과태료를 부과한다(법 §22①2).

2. 가상자산거래업자의 가상자산 보관 실태

(1) 탈중앙화 거래업자

가상자산거래업자는 탈중앙화된 거래업자와 중앙화된 거래업자로 나뉜다. 탈중앙화 거래업자(Decentralized exchange)는 중앙 서버를 통하지 않고 거래 상대방간 거래(P2P)를 지원한다. 예를 들어 대표적인 탈중앙화 거래업자인 Uniswap은 이더리움 네트워크를 사용하여 스마트 컨트랙트를 통해 중개자 없이 거래를 완료할 수 있다. Uniswap을 통한 거래기록은 이더리움 블록체인에 기록되므로(on-chain) 해킹으로 인한 피해에서 자유롭다.

(2) 중앙화 거래업자

일반적으로 알려진 업비트나 바이낸스와 같은 거래업자는 중앙화된 거래업자에 해당한다. 중앙화 거래업자는 증권시장의 거래소와 같이 거래업자의 중앙서버를 통해 이용자 간 거래를 중개하는 방식으로 운영한다. 이 경우 가상자산 거래기록은 블록체인에 기록되지 않고, 거래업자의 중앙화된 데이터베이스에 장부형태로 저장된다(off-chain). 지갑의 개인 서명(비밀번호)에 해당하는 개인 키는 중앙화 거래업자의 서버에 저장하고 있으므로(핫월렛), 거래업자에 대한 해킹이 있는 경우 가상자산 도난의 위험에 노출된다. 대표적인 사례가 2014년 발생한 마운트곡스 해킹으로 인한 비트코인 도난 사건이다. 중앙화 거래업자가 이러한 보관방식을 취하는 것은 블록체인 기록에 따른 시간소요와 수수료(가스비)로 인해 실시간 거래중개에 따른 수수료를 수익원으로 하는 거래업자에게 적합하지 않기 때문이다.

이러한 문제점으로 인해 거액의 가상자산 보유자는 별도의 외부의 오프라인 개인지갑(콜드월렛)을 사용하여 개인키를 생성·보관하며, 개인키와 연계된 주소에서 다른 특정 주소로 비트코인을 보낼 수 있다. 중앙화 거래업자에게 위탁한 가상자산 역시 이러한 방법으로 전송받아 보관한다. 이러한 거래(트랜잭션)는 블록이 블록체인에 추가됨으로써 기록된다. 콜드월렛은 그 특성상 개인키와 주소의 온라인 해킹이 불가능하다.

콜드월렛

콜드월렛인 나노엣지. USB와 유사한 모양이다. 공인인증서와 유사하게 가상자산 이전을 위한 개인키를 보관할 뿐 실제 가상자산이 들어있는 것은 아니다.

3. 주요국의 가상자산 보관의무

MiCA는 암호자산서비스제공자에게 파산 시 고객의 소유권을 안전하게 보호하고 자기 계산으로 사용하는 것을 방지하기 위한 장치 마련 의무를 부과하고 있다(§70①). 다만 별도의 분리보관 의무를 부과하지는 않는다. 대신 암호자산 위탁보관 및 관리업자의 경우 고객의 암호자산과 자기 보유분을 분리하고, 분산원장에서 구분 보관하여야 한다(§75⑦).

일본 자금결제법의 가상자산 보관의무는 우리나라와 유사하다. 암호자산교환업자는 이용자의 암호자산을 자기 암호자산과 분별하여 관리해야 하는데(법 §63조의11의2), 구체적으로는 이용자의 암호자산을 콜드월렛에 95% 이상 보관하고, 매년 1회 이상 분별관리감사를 받도록 하고 있다(암호자산교환업자에 관한 내각부령 §27).

Ⅱ. 요건

1. 이용자명부의 작성 · 비치

가상자산사업자가 이용자로부터 위탁을 받아 가상자산을 보관하는 경우 이용자명부를 작성 · 비치하여야 한다(법 §7①). 이는 이용자별 가상자산을 판별할 수 있는 상태로 관리하여 소유관계를 명확하게 하기 위함이다. 이용자명부에는 ⅰ) 이용자의 주소 및 성명, ⅱ) 이용자가 위탁하는 가상자산의 종류 및 수량, ⅲ) 이용자의 가상자산주소(가상자산의 전송 기록 및 보관 내역의 관리를 위하여 전자적으로 생성시킨 고유식별번호)가 기재된다.

이용자명부 비치의무 이행 방법은 가상자산사업자의 내부시스템에서 이용자명부를 작성 · 관리하면서 별도의 이용자명부 테이블(검색화면 등)을 만들어 두고 이용자명부를 상시 확인 · 출력할 수 있는 경우이면 비치 의무를 이행한 것으로 본다.[6] 상법 시행령상 전자주주명부 등의 경우 그 내용을 서면으로 인쇄할 수 있으면 비치 의무를 이행한 것으로 간주한다(§11①).

증권시장은 가상자산법과 유사하게 예탁증권에 대한 관리장부 작성의

---

6) 금융위원회, 앞의 보도자료, 8면.

무를 부과한다. 투자매매업자 또는 투자중개업자는 투자자 소유의 증권을 예탁결제원에 예탁해야 하고(자본시장법 §75①), 예탁결제원은 ⅰ) 투자자의 성명·주소, ⅱ) 예탁증권의 종류·수와 발행인 명칭, ⅲ) 그 밖에 수량 증감원인, 질권자의 성명·주소, 신탁재산 표시, 처분제한 사항을 기재한 투자자계좌부를 작성·비치해야 한다(동법 §310①, 시행규칙 §29). 증권시장은 증권관리의 안정성을 위해 예탁결제원이라는 별도의 보관기관을 지정하고, 증권의 질권, 신탁, 처분제한 사항 등 권리관계를 명확히 기재한다는 점에서 차이가 있다.

2. 가상자산의 분리보관 및 실질보유 의무

가상자산사업자는 자기의 가상자산과 이용자의 가상자산을 분리하여 보관하여야 한다(법 §7②). 분리 관리를 통해 이용자 자산을 구분관리하고 사적 유용을 방지하는 데 목적이 있다.

가상자산사업자는 이용자로부터 위탁받은 가상자산과 동일한 종류와 수량의 가상자산을 실질적으로 보유하여야 한다(법 §7②). 가상자산은 실물을 보유하는 것이 아니라 블록체인 네트워크의 가상자산 주소에 접근할 수 있는 개인키를 보유하는 것이 실질적으로 가상자산을 보유하는 것이다. 따라서 "실질적" 보유의 의미는 가상자산사업자가 가상자산에 대한 통제권한을 보유하고 있는 것을 의미한다.[7]

가상자산사업자가 위탁받은 가상자산을 예치·운용하는 것은 금지되지 않지만, 가상자산사업자가 제3자에게 이용자의 가상자산을 위탁하여 운용하는 형태의 예치·운용업은 불가능하다.[8] 제3자에게 위탁하여 운용하기 위해서는 가상자산의 개인키를 제3자에게 이전해야 하기 때문이다. 따라서 가상자산을 운용하기 위해서는 위탁받은 가상자산사업자가 직접 운용해야 한다.

---

[7] 황현일·허준범, "가상자산법의 법적 쟁점", 「BFL」 제122호(2023), 69면.

[8] 금융위원회, "「가상자산 이용자 보호 등에 관한 법률」의 시행령 및 감독규정 제정안 입법예고 실시", (2023.12.11.), 19면.

스테이킹 역시 제3자에게 가상자산을 이전하는 형태의 스테이킹은 금지된다.[9] 대신 위탁받은 가상자산사업자가 직접 블록체인 네트워크의 밸리데이터로 참여하는 스테이킹 대행업을 하는 것은 가능하다.

3. 콜드월렛 보관의무

가상자산사업자는 이용자로부터 위탁을 받아 가상자산을 보관하는 경우 그 가상자산 중 80% 이상의 가상자산(개인키)을 인터넷과 분리하여 안전하게 보관해야 한다(법 §7③, 영 §11①, 감독규정 §9①). 원래 특정금융정보법 시행령상 가상자산사업자 신고 시 정보보호 관리체계 인증 획득 요건상 70% 이상의 콜드월렛 보관의무를 부과하였는데(§10의11①3), 가상자산법은 이를 80%로 상향한 것이다. 온라인상의 핫월렛에 보관하는 경우 해킹으로 인한 가상자산 개인키와 주소의 도난 우려가 있으므로 오프라인 지갑(콜드월렛) 보관을 통해 가상자산을 안전하게 보관하기 위한 것이다. 구체적으로는 가상자산사업자는 이용자 자산의 경제적 가치(가상자산 수량 × 최근 1년간 일평균 원화환산액)를 월말 기준으로 매월 산정하여 그 중 80% 이상을 콜드월렛에 보관하여야 한다(감독규정 §9① · ②).

4. 제3자 위탁보관

가상자산사업자는 이용자의 가상자산을 대통령령으로 정하는 보안기준을 충족하는 기관에 위탁하여 보관할 수 있다(법 §7④). 이 경우 가상자산의 이전이 발생하므로, 법 제7조 제2항에 따른 가상자산의 실질 보유의무와의 상충 문제가 제기될 수 있다. 이에 대하여 '실질 보유'를 해당 전자지갑을 소유한 자에게 반환청구권을 행사할 수 있는 경우로 넓게 해석하는 것이 타당하다는 견해가 있다.[10]

---

9) 금융위원회, "가상자산이용자보호법 시행령" 입법예고 관련 추가QA", (2023.12.11.).
10) 황현일 · 허준범, 앞의 논문, 69면.

제2장

보험의 가입과 거래기록의 관리

보험의 가입 등

제8조(보험의 가입 등) 가상자산사업자는 해킹·전산장애 등 대통령령으로 정하는 사고에 따른 책임을 이행하기 위하여 금융위원회가 정하여 고시하는 기준에 따라 보험 또는 공제에 가입하거나 준비금을 적립하는 등 필요한 조치를 하여야 한다.

I. 개관

1. 의의

가상자산사업자는 해킹·전산장애 등 사고가 발생한 경우에는 이에 대한 책임을 이행하기 위하여 보험 또는 공제에 가입하거나 준비금을 적립해야 한다. 원래 권은희 의원안 등 2개 법률안은 해킹·전산장애 등에 대한 가상자산사업자의 손해배상책임과 함께 책임 이행을 위한 보험·공제에 가입하거나 준비금을 적립하는 의무를 부과하였으나, 제정 법률은 가상자산사업자의 손해배상책임은 반영하지 않았다.

반면 「전자금융거래법」의 경우 해킹·전산장애 등에 대한 금융회사 또는 전자금융업자의 과실 여부에 상관없이 손해배상책임을 부과하고, 그 책임을 이행하기 위하여 보험·공제에 가입하거나 준비금을 적립하도록 정하고 있다(§9). 이용자의 고의·중과실로서 이용자가 그 책임을 부담하는 약정을 체결을 한 경우가 아니라면 금융회사는 전산사고에 대한 책임을 부담한다(§9②1). 이는 원인 규명이 어려운 전자금융사고의 복잡하고 전문적인 특성을 감안하여 금융회사의 책임부담 원칙을 정한 것이다.[11]

가상자산사업자에 대한 책임부담 원칙을 정하지 않았으므로, 민법상 손해배상청구에 관한 법리에 따라 이용자가 전산사고에 따른 손해 사실에 대한 입증책임을 진다. 보험 또는 공제에 가입하거나 준비금을 적립하는 등 필요한 조치를 하지 아니한 자는 1억 원 이하의 과태료를 부과한다(법 §22①3).

2. 주요국의 보험 가입의무

MiCA는 암호자산서비스제공자에 대해 보험증권 또는 이에 상응하는 보증을 두도록 하고 있다(§67④). 보험사고의 범위는 문서의 분실, 법규상 의무 위반, 이해상충 방지 절차의 미이행, 업무중단·시스템 장애로 인한 손실, 또는 고객 암호자산의 접근수단 분실 사고에 따른 책임 등이 포함된다(§67⑥).

Ⅱ. 요건

1. 보험사고의 범위

(1) 접근매체의 위조·변조로 발생한 사고(영 §12조1호)

접근매체는 가상자산거래를 할 때 필요한 인증수단을 말한다. 접근매체의 종류로는 ⅰ) 전자식 카드 및 이에 준하는 전자적 정보, ⅱ)「전자서명법」에 따른 전자서명생성정보 및 인증서, ⅲ) 이용자번호, ⅳ) 이용자 생체정보 또는 ⅴ) ⅰ)·ⅱ)의 수단이나 정보를 사용하는 데 필요한 비밀번호가 있다(영 §12조1호, 전자금융거래법 §2조10호).

---

11) 국회 재정경제위원회, "전자금융거래법안 심사보고서", (2006.4), 3면.

ⅰ)의 '전자식 카드'는 예를 들어 금융거래를 위한 현금카드, 신용카드 같은 전자식 카드를 말하고, '이에 준하는 전자적 정보'란 전자식 카드의 전자적 정보가 스마트폰과 같은 저장 매체에 저장된 것을 말한다. 물론 여기서는 가상자산거래에 필요한 전자식 카드이어야 할 것이다. ⅱ)의 전자서명생성정보는 개인의 전자서명을 위한 개인키를 말하고, 인증서는 금융거래에 사용되는 공개키와 소유자 정보가 담긴 인증서를 말한다. 가상자산거래를 위한 전자지갑이 이에 해당한다. ⅲ)은 예를 들어 가상자산사업자의 인터넷 사이트에 로그인하기 위한 아이디나 패스워드가 이에 해당하고,[12] ⅳ)는 홍채나 지문 같은 생체 특징을 이용한 정보를 말한다. ⅴ)는 전자식 카드나 인증서를 사용할 때 입력하는 비밀번호를 말한다.

이러한 접근매체를 위조 · 변조하여 발생한 사고가 보험사고에 해당한다. 예를 들어 타인이 이용자의 인증서를 재발급 받아 거래를 한 경우 접근매체를 위조한 경우에 해당한다.[13]

(2) 거래지시 등 처리 과정에서 발생한 사고(영 §12조2호)

가상자산의 매매, 교환, 이전 또는 보관 · 관리의 계약 체결 또는 지시 등에 관한 정보의 전자적 전송이나 처리 과정에서 발생한 사고를 말한다. 예를 들어 예치금이 가상자산 가격보다 적은데도 가상자산사업자 거래시스템의 오류로 매수주문을 접수받는 경우가 해당한다.[14]

(3) 해킹 등으로 획득한 접근매체를 이용하여 발생한 사고(영 §12조3호)

정보통신망이나 컴퓨터 등 전자적 장치에 침입하여 권한 없이 획득한 접근매체를 이용하여 발생한 사고를 말한다. 마운트곡스를 해킹하여 개

---

12) 금융위원회 유권해석(일련번호: 140189).
13) 서울중앙지방법원 2012.8.22. 선고 2011가단468047 판결.
14) 대법원 2015.5.14. 선고 2013다6989, 69996 판결(증권거래시 고객예탁금이 적음에도 주문을 접수받은 사건이다. 다만 대법원은 이용자가 본래 의도한 대로 거래가 이행된 경우에는 손해배상 책임을 지는 사고에 해당하지 않는다고 판시).

인키와 주소를 획득하여 비트코인을 탈취한 사건이 이에 해당한다.

(4) 정보통신망·가상자산 네트워크 공격으로 발생한 사고(영 §12조4호)

해킹 등을 통해 시스템을 마비시키거나, 백도어 설치로 가상자산거래 또는 가상자산 발행·관리 네트워크를 공격하는 행위로 인하여 발생한 사고를 말한다. 이 조항은 「정보통신망 이용촉진 및 정보보호 등에 관한 법률」 제2조 제1항 제7호의 "침해사고"의 정의를 사용한 것이다.

시행령상 열거한 해킹, 컴퓨터바이러스, 논리폭탄, 메일폭탄, 서비스거부 또는 고출력 전자기파 등의 방법의 경우 네트워크 등 시스템을 마비시키는 수단으로 이용된다. 논리폭탄(logic bomb)은 특정 날짜·시간 등 조건이 충족되었을 때 악의적 기능을 유발하는 프로그램을 말한다. 메일폭탄(mail bombing)은 상대방 컴퓨터의 처리용량을 초과하는 많은 양의 전자우편이나 큰 파일을 첨부한 메일을 한꺼번에 보내서 시스템을 마비시키는 것을 말한다. 서비스거부 공격(denial-of-service attack; Dos attack)은 대량의 데이터 전송과 수많은 접속시도를 통해 다른 이용자가 서비스 이용을 못하게 하는 공격이다. 고출력 전자기파(electromagnetic pulse; EMP)는 강력한 전자기를 노출시켜 네트워크, 컴퓨터 등의 작동을 마비시키는 것을 말한다.

백도어 설치는 정보통신망의 정상적인 보호·인증 절차를 우회하여 접근할 수 있도록 하는 프로그램을 정보통신망 시스템에 설치하여 시스템상 정보를 유출하는 행위이다.

2. 보험의 가입 등

가상자산사업자가 보험 또는 공제에 가입하거나 준비금을 적립하는 경우 보상한도 또는 적립액은 핫월렛에 보관 중인 가상자산의 경제적 가치(최근 1년간 일평균 원화환산액을 곱한 금액의 총합)의 5%와 30억 원(코인마켓 거래소, 지갑·보관업자 등은 5억 원) 중 많은 금액 이상으로 한다(감독규정 §10②). 핫월렛의 경제적 가치를 기준으로 한 것은 인터넷에 연결되어

해킹 등 위험에 노출되기 때문이다.15)

보상한도 또는 적립액은 매월 산정하여 다음 달 10일까지 보상한도 상향 또는 추가적립 등 필요한 조치를 위하여야 한다(감독규정 §10③).

2 절 거래기록의 생성·보존 및 파기

제9조(거래기록의 생성·보존 및 파기) ① 가상자산사업자는 매매 등 가상자산거래의 내용을 추적·검색하거나 그 내용에 오류가 발생할 경우 이를 확인하거나 정정할 수 있는 기록(이하 "가상자산거래기록"이라 한다)을 그 거래관계가 종료한 때부터 15년간 보존하여야 한다.
② 가상자산사업자가 보존하여야 하는 가상자산거래기록의 종류, 보관방법, 파기절차·방법 등에 관하여는 대통령령으로 정한다.

I. 의의

가상자산사업자는 가상자산거래기록을 그 거래관계가 종료한 때부터 15년간 보존하여야 한다. 가상자산거래기록의 보존 의무는 가상자산거래 관련 분쟁 시 책임소재 규명, 손해배상 입증과 가상자산 관련 불공정거래, 자금세탁 관련 위법행위 규명을 위한 목적을 갖는다. 과거 가상자산 거래업자의 불공정거래 사건의 수사 과정에서 가상자산 거래 관련 매매장, 주문장이 자료 용량을 이유로 삭제되거나, 기록의 내용이 부실하고 거래업자 간 거래기록이 통일되지 않아 거래내용을 확인하기 어려운 문제점이 있었다. 이 조항을 위반하여 가상자산거래기록을 생성·보존 또는 파기하지 아니한 자는 1억 원 이하의 과태료를 부과한다(법 §22①4).

---

15) 금융위원회, 앞의 보도자료, 5면.

Ⅱ. 요건

1. 가상자산거래기록의 보관방법

가상자산거래기록의 보관 방법은 「전자금융거래법 시행령」 제12조 제3항 및 제4항을 준용한다(영 §14①). 가상자산사업자는 가상자산거래기록을 서면, 마이크로필름, 디스크 또는 자기테이프, 그 밖의 전산정보처리조직을 이용한 방법으로 보존해야 한다. 가상자산사업자의 서버에 보관하는 방법이 일반적일 것이다.

2. 가상자산거래기록의 종류

가상자산거래기록의 종류는 크게 ⅰ) 가상자산거래 내역에 관한 기록과 ⅱ) 입출금의 차단, 이상거래 감시 등 법령상 의무 이행과 관련한 기록으로 대별된다(영 §13). ⅰ)의 기록은 거래 이용자의 정보와 거래 및 주문정보로서, 증권시장의 계좌주 기본정보와 매매장·주문장에 기재되는 정보와 큰 차이가 없다. ⅱ)의 기록은 입출금 차단의 통지·보고 의무(법 §11②), 이상거래의 감시 및 심리결과 통보 의무(법 §11) 등의 이행에 관한 기록에 해당한다.

가상자산거래기록의 종류

구 분	거래기록의 종류
가상자산거래 내역에 관한 기록	- 거래 이용자 및 거래 상대방 - 거래 일시·종류·수량·금액 - 주문정보 - 거래지시 변경 내역 - 거래가 이루어진 가상자산주소 - 식별정보(예: IP, MAC 주소)
법령상 의무 이행 등과 관련한 기록	- 입출금 차단 사실 및 사유 - 이상거래 감시·조치결과 - 불공정거래 통보·신고·보고 기록 - 거래수수료

3. 가상자산거래기록의 파기절차와 방법

가상자산거래기록의 파기절차와 방법은「개인정보 보호법 시행령」제 16조를 준용한다(영 §14②). 전자적 파일 형태인 경우 복원이 불가능한 방법으로 영구 삭제해야 한다. 그 외의 기록물, 인쇄물, 서면, 그 밖의 기록매체인 경우에는 파쇄 또는 소각해야 한다.

제 3 편

불공정거래의 규제

제1장

총론

1절 **불공정거래 규제는 왜 필요한가**

가상자산시장은 불특정다수 간 거래가 이루어지는 시장(market)이다. 가상자산시장은 다수의 이용자가 실시간으로 공표되는 시세와 정보를 바탕으로 거래하도록 지원하여 가상자산 유통의 원활화에 기여한다.

반면 실시간 경쟁매매 시장은 주문정보나 시중의 정보에 민감하게 반응하므로 가격 왜곡행위에 따른 위험이 상존한다. 만약 일부 시장참여자가 공정한 가격형성을 저해하는 행위를 반복한다면 그 시장은 신뢰를 잃고 존재 의미를 상실할 것이다. 따라서 시장의 거래 규칙을 정하고 이를 위반한 자를 제재하여 시장을 보호할 필요가 있다.

가상자산법은 "가상자산 이용자의 권익을 보호"하고, 가상자산시장의 "투명하고 건전한 거래질서를 확립하는 것"을 기본 목적으로 한다(법 §1). 불공정거래는 "투명하고 건전한 거래"를 저해하는 행위를 말한다. 불공정거래 규제는 가상자산시장의 건전한 거래를 저해하는 행위를 금지함으로써 이용자를 보호하는 데 목적이 있다.

헌법재판소의 결정이나 대법원의 판례는 내부자거래 등 불공정거래 규제의 보호법익은 "투자자를 보호하고 증권시장의 공정성을 확립하여 투자자에게 그 신뢰감을 갖게 하려는"것에 목적을 두고 있다고 판단하고, "개개인의 재산적 법익은 직접적 보호법익"이 아니라고 보고 있다.[1]

불공정거래의 규제가 시장의 공정성에 대한 이용자의 신뢰라는 초개인적 법익을 갖는다는 점에서 미국, 영국, 독일이나 일본 등의 관점도 우리나라의 학설, 판례와 크게 다르지 않다.

2 절 가상자산시장 불공정거래 규제의 특징

I. 가상자산시장의 특징

1. 공시체계의 부재

주식과 같은 금융투자상품은 발행회사의 내재가치를 평가할 지표가 있다. 자본시장법은 증권의 발행·유통 과정에서 증권신고서, 사업보고서 등의 공시의무를 부과한다. 일반 투자자는 공시된 재무제표나 실적 등을 기초로 주식의 내재가치와 현재가를 비교하여 투자여부를 결정할 수 있다.

비트코인과 같은 가상자산은 금융투자상품과 같은 방법으로 내재가치를 평가하기 어렵다. 가상자산이 ICO를 하는 경우 오로지 발행사가 공개한 백서에 의존할 수밖에 없는데, 그 백서의 내용은 대체로 해당 가상자산의 블록체인 기술이나 보안성에 관한 설명이 주를 이룬다.

만약 발행자가 가상자산 유통량을 임의로 증가시킬 경우 현재 가상자산시장은 가상자산의 발행·유통에 대한 법정 공시의무가 없으므로, 이를 모르는 이용자는 유통물량 증가에 따른 가격하락에 무방비 상태에 놓이게 된다.[2]

---

1) 헌법재판소 1997.3.27. 94헌바24 결정, 대법원 2002.6.14. 선고 2002도1256 판결.
2) 상장법인인 위메이드는 자회사 위메이드트리를 통해 발행한 '위믹스' 코인을 2021년 대량 매도하면서 수천억 원의 현금을 조달하여 이를 애니팡 개발사 '선데이토즈' 등을 사들이는 M&A 자금으로 사용한 바 있다. 이후 위메이드가 아무런 언급 없이 위믹스 코인을 팔았다는 사실이 알려지면서 불안감을 느낀 개인 투자자들이 위믹스 코인을 투매했고 이는 곧 가격 급락으로 이어지기도 했다. 하지만 가상자산시장은 대량 처분과 관련한 공시의무가 없다는 점에서 규제 공백에 따른 투자자 피해 문제가 제기되었다.

2. 가격 변동성

가상자산은 내재가치의 평가가 어렵고 투자판단을 위한 공시규제가 없다. 금융투자상품은 시세가 내재가치 이상으로 상승하면 투자자는 더 이상의 매수를 꺼릴 것이지만, 가상자산 투자는 수급 상황과 정책정보에 의존하여 투자판단을 하는 경향이 있다. 이러한 가상자산시장의 특징은 인위적 수급조정을 통해 가상자산의 가격 급변을 일으키는 환경을 제공한다.

한편 증권시장은 해당 증권의 본질가치와 무관한 외부요인으로 인한 가격 급등락을 완화하는 장치를 갖추고 있다. 한국거래소의 주식시장의 경우 하루 동안 가격이 변동할 수 있는 폭을 기준가격 대비 상하 30%로 제한하는 가격제한폭을 설정하고 있다. 또한 주가가 비이성적으로 급등하면 이를 냉각시키기 위하여 주식시장의 일시 매매중단 제도인 서킷브레이커 제도를 운영하고 있다.

반면 가상자산시장은 주식시장과 같은 가격제한폭이나 서킷브레이커와 같은 가격안정화 장치가 없으며, 24시간 동안 세계 각국의 가상자산거래업자의 가상자산 시세와 연동하여 등락을 반복한다.

3. 가상자산거래업자의 문제점

가상자산거래업자는 증권시장과 달리 이용자가 직접 거래업자에게 매매주문을 내는 방식(Direct Market Access: DMA)으로 거래하므로, 시장의 중개자, 시장조성자, 모니터링, 가상자산의 보관 등 유통시장의 모든 업무를 수행한다. 업무가 분화된 증권시장과 달리 가상자산거래업자는 모든 업무를 수행하다 보니 시장질서의 공정성, 고객자산의 안전성, 시스템 안정성 등에서 문제점을 노출하고 있다.[3] 거래업자가 시장조성을 이유로 직접 장내거래의 참여 주체가 되기도 하고, 거래업자가 직접 가상자산 발행주체가 되는 등 이해상충의 문제가 발생한다.

---

3) 국무조정실, "가상자산사업자 현장컨설팅 결과", (2021.8.16.), 보도자료.

가상자산거래업자 입장에서는 거래량의 증가가 수익에 직결되므로 가상자산의 사업 전망이나 기술력을 보기보다는 시가총액이 작은 소위 '잡코인'을 다수 상장시켜 변동성을 일으키려는 유인이 강하다. 위믹스는 실제 공지된 유통량보다 더 많은 수량을 유통시켜 2022년 디지털자산거래소공동협의체(DAXA) 차원에서 상장폐지를 결정했지만, 그 이후 특별한 명분 없이 거래업자들이 위믹스를 재상장시켜 거래하고 있다.

Ⅱ. 불공정거래 규제의 특징

1. 가상자산법 제정 이전

가상자산법 제정 이전에는 불공정거래에 대하여 일반 형법 조항을 적용할 수밖에 없었다. 가상자산 잔고를 전산적으로 부풀리는 경우 사전자기록등위작죄(형법 §232의2)를 적용하고, 가상자산거래업자가 직접 가장매매 등 시세조종을 하여 거래가 성황을 이루는 것처럼 가장하는 경우에는 위작사전자기록등행사죄(§234)나 사기죄(§347)를 적용하였다.[4] 그러나 사전자기록의 위작이나 행사의 경우 자본시장법보다 그 처벌 수준이 미약하고, 사기죄가 포섭하지 못하는 다양한 유형의 불공정거래를 규제하기 어렵다. 과거 불공정거래 양태를 보면 가상자산거래업자가 개입한 가장매매가 주종을 이루었는데, 가상자산사업자에 대한 법령상 의무가 없는 상태에서 금융투자업자나 한국거래소 수준의 책임을 부과하기는 쉽지 않았다.

한편 과거에는 가상자산 발행자가 자본시장법상 불공정거래 규제를 피하기 위하여 해당 가상자산이 증권이 아님을 주장하는 경우가 많았다.

---

[4] 대법원 2020.8.27. 선고 2019도11294 판결, 대법원 2021.6.24. 선고 2020도10533 판결, 대법원 2021.6.30. 선고 2020도3014 판결(사전자기록위작·행사죄와 사기죄를 인정한 판례); 반면, 업비트가 허위의 가상자산 잔고를 입력하고, 이를 이용해 가장매매 등 시세조종을 한 사건의 경우 법원은 검찰이 압수한 거래내역이 위법수집증거에 해당한다고 하여 무죄 판결을 한 바 있다(서울고등법원 2022.12.7. 선고 2020노367 판결, 대법원 2023.11.9. 선고 2022도16718 판결로 확정).

그러나 자본시장법과 유사한 체계인 가상자산법상 불공정거래 규제가 도입되었으므로 이러한 주장이나 법률의견서를 제출하는 수요는 줄어들 것이다.

⚖️ **가상자산거래업자의 시장관리의무 여부**

(서울남부지방법원 2020.1.31. 선고 2018고합618 판결)

> 한국거래소와 달리 가상화폐 거래소를 규율하는 특별한 규정이 없는 상황에서는 유사한 외관을 형성하였음을 들어 한국거래소와 가상화폐 거래소를 같은 기준으로 판단할 수는 없다. 가상화폐 거래소의 거래참여 여부에 대한 적절성, 비난가능성에 대한 판단은 별론으로 하더라도, 현행 법령상 가상화폐 거래소의 거래참여 자체가 금지된다거나 신의성실의 원칙상 가상화폐 거래소가 거래에 참여하지 않을 것이라 당연히 기대된다고 보기는 어렵다.

2. 가상자산법상 불공정거래 규제 특징

가상자산법상 불공정거래 금지 규정의 특징을 보면 자본시장법상 3대 불공정거래 규제 중 실효적으로 작동하는 규정만 반영하여 적용의 불명확성을 제거하려 했다는 점을 들 수 있다. 시장질서 교란행위를 반영하지 않은 것도 그러한 이유인 것으로 보인다. 두 번째로 가상자산사업자의 자기발행 가상자산 거래금지나 임의적 입출금 차단 제한이 도입되었는데, 그간 문제된 가상자산거래업자의 이해상충행위를 차단하기 위한 목적이다. 그리고 가상자산거래업자에게 이상거래의 상시감시 의무를 부과함으로써 시장관리에 관한 책임을 부여했다는 특징을 갖는다.

3. 증권성 판단

조사·행정조치 또는 수사·기소 단계에서 가상자산 또는 증권 여부 판단은 적용 법조를 결정하는 중요한 요소이다. 금융위원회가 제시한 「토큰 증권 가이드라인」을 보자.[5] 증권에 해당하는지 여부는 분산원장 활용 여부와 관계없이 그 권리의 실질적 내용을 기준으로 판단한다. 구체적으로는 명시적 계약·약관·백서 내용 외에도 묵시적 계약, 스마트 계약에 구현된 계약의 체결 및 집행, 수익배분 내용, 투자를 받기 위해 제시한 광고·권유의 내용, 기타 약정 등 제반 사정을 감안하여 사안별로 판단한다.

증권인 경우를 보자. 발행인이 투자자에게 사업수익을 직접 분배할 것을 명시적·묵시적으로 약속한 경우에는 투자계약증권에 해당할 수 있고, 사업 운영에 대한 지분권을 갖거나 사업의 운영성과에 따른 배당권 및 잔여재산 분배청구권을 갖게 되는 경우에는 지분증권에 해당한다. 테라-루나 사건에서 검찰은 루나 코인 투자자는 테라 프로젝트라는 공동사업에 투자하고 주로 타인(테라폼랩스)이 수행한 공동사업(테라 블록체인 플랫폼 사업)의 결과(수수료 및 주조차익)에 따른 손익을 귀속받은 계약상 권리를 취득한 것이므로 투자계약증권이라고 판단했다.[6]

반면 발행인이 없거나, 투자자의 권리에 상응하는 의무를 이행해야 하는 자가 없는 경우, 지급결제 또는 교환매개로 활용되기 위해 안정적인 가치유지를 목적으로 발행되고 상환을 약속하지 않는 경우에는 증권에 해당할 가능성이 낮다. 비트코인의 경우 발행인이 불분명하고 지급결제 기능 이외의 다른 권리가 부여되지 않았으므로 증권으로 보기 어렵다.

3 절 주요국의 불공정거래 규제

I. EU의 암호자산시장규칙

EU MiCA의 시장남용행위(market abuse) 규제는 ⅰ) 내부자거래 규

---

5) 금융위원회, "토큰 증권(Security Token) 발행·유통 규율체계 정비방안", (2023.2.), [붙임] 토큰 증권 가이드라인 참조.
6) 서울남부지방검찰청, "'테라 프로젝트' 금융사기 사건 수사결과", (2023.4.25.) 보도자료.

제와 ⅱ) 시세조종이나 불공정거래행위를 규제하는 시장조작행위로 대별되는데, 자본시장 불공정거래 규제인 시장남용규칙(MAR)을 계수한 것이다. 암호자산 거래를 전문적으로 주선·실행하는 자(person professionally arranging or executing transactions)는 시장남용행위를 방지·적발하기 위한 체제, 시스템과 절차를 갖추고, 시장남용행위에 대해 회원국 주무당국에 지체 없이 보고할 의무를 갖는다(§92①).

1. 내부자거래

(1) 내부정보

내부정보는 "암호자산 발행자, 청약 권유자(offerer), 거래참여자(persons seeking admission to trading) 또는 암호자산과 직간접적으로 관련된 일반에 공개되지 않은 정확한 정보로서, 공개될 경우 해당 암호자산이나 관련 암호자산의 가격에 상당한 영향을 미칠 수 있는 정보"를 말한다(§87①). 발행자 외에도 청약권유자, 거래참여자 또는 암호자산과 직간접적으로 관련된 정보를 포함하므로 암호자산의 가격에 영향을 미칠 수 있는 시장정보 등 외부정보도 포섭할 수 있다.

(2) 내부정보의 공시

발행자, 청약권유자, 거래참여자(이하 "발행자 등")는 내부정보의 공시 의무가 있다(§88①). 다만 ⅰ) 해당 공시가 발행자 등의 정당한 이익을 침해할 우려가 있고, ⅱ) 공시 지연이 대중을 오도할 우려가 없으며, ⅲ) 발행자 등이 해당 정보의 기밀성을 보장할 수 있는 때에만 내부정보의 공시를 지연할 수 있다(§88②). 이 경우 발행자 등은 지연공시 후 주무당국에 지연사실을 통보해야 한다(§88③).

(3) 내부자거래

'누구든지' 암호자산에 대한 내부정보의 이용이 금지된다(§89②). 누구든지 규제대상이므로, 발행인 등 내부자뿐 아니라 정보 전득자, 시장정보(예: 대량거래정보)를 생성하거나 취득한 외부인도 규제대상이 된다. 누구든지 타인이 내부자거래에 관여하도록 추천하거나 권유하는 것도 금지하므로 정보제공행위도 금지대상이 된다.

2. 시장조작행위

시장조작행위(market manipulation) 금지규정은 시세조종과 부정거래행위 금지규정에 해당하는 조항이다. 시세조종 관련 금지규정은 누구든지 정당한 이유로 수행되었음을 입증하지 않는 한 다음과 같은 거래의 체결, 주문 또는 기타 행위를 하는 것을 금지한다. ⅰ) 암호자산의 수요, 공급 또는 가격에 대해 거짓 또는 오해를 주거나 줄 수 있는 행위, ⅱ) 하나 또는 여러 암호자산의 가격을 비정상적이나 인위적인 수준으로 형성하거나 형성할 가능성이 있는 행위이다(§91②(a)).

부정거래에 해당하는 규정은 ⅰ) 부정한 수단 또는 기망이나 계책을 사용하여 암호자산 가격에 영향을 미치거나 미칠 가능성이 있는 거래 · 주문 또는 그 밖의 행위, ⅱ) 인터넷을 포함한 매체나 기타 수단을 통해 허위 또는 오해를 주거나 줄 수 있고, 이로 인해 암호자산의 가격이 비정상적이거나 인위적인 수준으로 형성하거나 형성할 가능성이 있는 정보나 풍문을 전파하는 행위가 금지된다(§91②(c)).

그 외에 ⅰ) 직간접적으로 매도 · 매수 가격의 고정 또는 불공정거래 조건을 발생시킬 수 있는 암호자산의 수급에 관한 지배적 지위를 확보하는 행위,[7] ⅱ) 암호자산 거래플랫폼의 기능을 방해 또는 지연시키거나 이러한 영향을 미칠 가능성이 있는 행위, ⅲ) 진정한 주문인지 타인이 식별하기 어렵게 하거나 그럴 가능성이 있는 행위,[8] ⅳ) 일정한 추세를 조성하거나 가속화하는 주문을 통해 암호자산의 수급 또는 가격에 대한 허위 또는 오인을 하게 하는 행위,[9] ⅴ) 암호자산의 포지션을 갖고 있으

---

7) 시장지배력 확보행위를 말한다.
8) 허수성호가에 해당.
9) 모멘텀 촉발행위(Momentum Ignition)를 말한다.

면서도 이해상충을 공개하지 않은 상태에서 암호자산의 가격에 대한 의견 제시를 통해 가격에 미치는 영향력을 이용하여 이익을 얻는 행위[10]도 금지 대상이다(§91③).

3. 벌칙

회원국들은 불공정거래에 대하여 적절한 행정제재나 행정조치를 취할 수 있는 권한을 갖도록 각국 법률에 규정하도록 의무를 부과하고 있다(§111①). 다만 이러한 규정이 형사상 제재를 침해해서는 안 되며, 회원국은 불공정거래 금지규정이 국법상 형사제재 대상인 경우 행정제재에 대한 규정을 정하지 않기로 결정할 수 있도록 예외를 두고 있다.

유럽연합은 역사적으로 형법 영역은 권한이 없는 것으로 여겨 왔는데, 유럽연합 차원의 일괄적인 형벌 규제는 개별 국가의 주권에 대한 간섭이 될 수 있으므로 지침(directive)을 통한 간접규제 방식을 취해 왔기 때문이다. 예를 들어 EU는 자본시장 불공정거래에 대한 형사처벌지침(Directive on Criminal Sanctions for Market Abuse)이 있으나, 이는 형사범죄에 대한 최소한을 정한으로서 회원국은 이 지침을 채택하지 않을 수 있다. 향후 MiCA의 시행을 통해 암호자산에 대한 규제대응 결과를 검토한 이후에 형사처벌지침과 같은 암호자산의 형사제재 지침이 도입될 것으로 생각된다.

II. 일본의 불공정거래 규제

유가증권에 해당하는 암호자산은 금융투자상품에 관한 불공정거래 금지 규정의 적용을 받는다. 금융상품거래법은 회사관계자의 금지행위(미공개중요정보 이용행위에 해당, §166), 시세조종(§159), 그리고 불공정거래 포괄규제 규정인 부정거래행위(§157, §158) 금지규정을 두고 있다.

---

10) 애널리스트의 매수추천행위를 예로 들 수 있다.

그 외의 암호자산(암호자산 관련 파생상품 포함)의 불공정거래는 금융상품거래법 제6장의3에 별도로 규정한다. 부정거래행위(§185의22, §185의23), 시세조종 금지(§185의24)가 이에 해당한다. 동 조항들은 기존의 금융상품에 대한 불공정거래 금지규정과 내용상 큰 차이가 없다.

암호자산 불공정거래에 대한 조사·검사 권한은 증권거래등감시위원회가 담당한다(§194의7①·②, 영 §38①).

1. 부정거래행위

부정거래 금지규정은 암호자산 또는 관련 파생상품 거래 등에 대하여 ⅰ) 부정한 수단, 계획 또는 기교를 하는 행위, ⅱ) 중요사항에 대한 허위표시, ⅲ) 매매 기타 거래 유인 목적의 허위 시세 이용행위를 금지한다. 또한 시세 변동 목적의 풍설의 유포, 위계의 사용 또는 폭행 또는 협박을 금지한다(§185의23).

2. 시세조종행위

시세조종금지 규정은 가장매매, 통정매매, 현실거래에 의한 시세조종, 허위 표시에 의한 시세조종을 금지하고 있는데(§185의24), 금융투자상품에 대한 시세조종 금지규정과 비교 시 안정조작 금지(§159②4)가 없다는 점만 제외하면, 양 규정 간에 내용상 큰 차이가 없다. 안정조작 금지규정의 경우 모집·매출과 관련한 금융투자업자의 시장조성을 위한 안정조작의 예외 적용이 규제의 핵심이라 할 수 있는데, 암호자산의 경우 안정조작의 예외를 적용할 근거가 없고, 다른 시세조종 금지규정으로도 안정조작 행위의 규제가 가능하다는 점이 고려되었을 것이다.

한편 암호자산의 불공정거래 금지규정은 암호자산 관련 파생상품거래에 대해서는 적용을 배제하는 대신(§185의22② 등), 금융투자상품에 대한 불공정거래 규정을 적용한다(금상법 §2의2).

금융상품거래법은 암호자산에 대한 연계시세조종 금지규정이 없는데,

기존 금융투자상품에 대해서도 연계시세조종에 대한 규제가 없기는 마찬가지이다.

3. 내부자거래

암호자산에 대해서는 내부자거래에 대한 규제 근거가 없는데, 가상자산의 내부자의 특정이 어렵다는 것과 규제대상 정보인 미공개중요정보를 특정하기 어려워 제외한 것으로 알려져 있다.[11] 금융상품거래법상 회사관계자의 금지행위 규정은 우리 자본시장법과 달리 중요정보에 대한 열거주의를 채택하고 있으므로, 현행 법체계에 상응한 가상자산 관련 중요정보를 열거하기 어려웠을 것이다.

4. 벌칙

암호자산에 대한 불공정거래는 형사처벌 대상이나(§197①6 · ②2, §207①1), 과징금 부과 근거는 없다. 금융상품 불공정거래의 경우 부정거래행위는 산정의 어려움으로 인해 과징금 부과대상에서 제외하고 있으므로, 설령 암호자산에 대한 불공정거래 과징금을 도입하더라도 시세조종에만 과징금 부과가 가능하게 된다. 이러한 점이 과징금 도입을 주저하게 한 요인이었을 것으로 보인다.

---

11) 仮想通貨交換業等に關する研究會, "仮想通貨交換業等に關する研究會報告書", (2018.12.21.), 13頁.

제 2 장

미공개중요정보 이용행위

1절 개관

Ⅰ. 의의

사례 **미공개중요정보 이용행위의 전형적인 사례**

Q. 가상자산 발행사 임원인 甲은 임원회의에서 해당 가상자산의 가치 제고를 위한 분기별 장내매수 및 소각계획을 보고받았다. 해당 계획이 홈페이지에 공지되면 가상자산 가격은 상승할 것이다. 甲은 어떤 선택을 해야 할까?

A. 발행사 임직원은 미공개중요정보를 이용하여 가상자산 거래를 하지 않을 신분상 의무가 있다. 甲이 거래한다면 미공개중요정보 이용금지 위반이다.

미공개중요정보 이용행위는 내부자 등이 가상자산에 관한 미공개중요 정보를 가상자산의 매매 등에 이용하는 행위를 말한다. 위 사례에서 가 상자산 소각 정보는 가상자산에 관한 중요한 정보이다. 만약 갑이 정보 가 공개되기 전에 가상자산을 판다면 미공개중요정보 이용행위 금지 위 반이다.

가상자산에 관한 내부정보는 그 정보의 내용에 따라 공개 후 가상자 산 가격이 상승하거나 하락할 수 있다. 내부자는 그 정보가 일반에 공개 되기 이전에 알게 될 경우 사전에 매입하거나(호재성 정보), 매도하여(악재 성 정보) 이익을 실현하거나 손실을 회피할 경제적 유인이 생기게 된다.

내부자거래를 규제하는 것은 거래자 사이의 정보의 비대칭을 막는 데 목적이 있다. 가상자산에 관한 사업계획 또는 발행·유통 정보 등은 가상자산의 가격에 영향을 미치는 정보이므로, 내부자 등이 우월적 지위를 이용하여 해당 정보를 이용하는 행위를 규제함으로써 가상자산 이용자를 보호하고 거래의 공정성을 확보한다.

Ⅱ. 자본시장법과 비교

미공개중요정보 이용행위 규제대상자는 자본시장법 제174조 제1항의 신분범에 대한 규제체계를 따르면서도, 대상정보는 '가상자산에 관한 미공개중요정보'로 하여 정보의 범위를 포괄적으로 설정했다는 특징을 갖는다. 외부정보를 포섭할 목적으로 보이나 규제대상자를 내부자로 한정하므로, 외부인이 생성한 시장정보나 정책정보 등 외부정보를 포섭하기 어렵다. 비트코인 같은 가상자산은 내부정보보다는 수급상황과 정책정보가 투자판단에 영향을 미친다. 자본시장법상 정보이용형 교란행위(§178의2①)와 같은 외부 생성정보의 이용 규제를 도입하지 않은 것은 의외이다.

가상자산법은 자본시장법과 같은 공개매수정보, 대량취득·처분 정보 이용행위(자본시장법 §174② · ③) 규제가 없다. 이 정보들은 시장정보에 해당하나 경영권 취득과 관련한 공개매수제도(자본시장법 §133), 대량보유보고(자본시장법 §147)에 기반한 정보 이용행위를 규제하기 위함이다. 가상자산법에 공개매수나 대량보유보고 공시규제가 없는 이상 관련 불공정거래 규제 근거를 마련할 필요는 없다. 다만 이더리움 DAO와 같이 가상자산 보유자가 의결권을 갖거나, 중앙화된 지배구조를 갖게 된다면 블록체인 네트워크상의 경영권 분쟁 발생 가능성이 있으므로, 관련한 정보의 규제가 필요할 수도 있다.

규제대상자: 내부자·준내부자와 정보수령자

　미공개중요정보 이용행위는 가상자산사업자·가상자산발행자(이하 "발행자등")를 중심으로 임직원 등 일정한 신분(진정신분범)에 해당하면 규제대상자가 되는 체계이다.[12] 규제대상자는 크게 발행자등의 ⅰ) 임직원 등 내부자, ⅱ) 인허가권자 또는 계약체결자 등 준내부자, 그리고 ⅲ) 내부자 또는 준내부자로부터 해당 정보를 전달받는 1차 정보수령자로 분류된다.

미공개정보 이용행위 규제대상자

Ⅰ. 내부자

　내부자는 당해 가상자산사업자·가상자산발행자와 그 임직원·대리인, 주요주주(주요주주가 법인인 경우 임직원·대리인 포함)이다. 내부자는 가상자산사업자·가상자산발행자의 내부정보를 지득할 수 있는 지위에 있는 자로서 당해 정보를 지득할 경우 가상자산 거래를 회피할 의무를 부담한다. 내부자에게 이러한 의무를 부과하지 않는다면 우월적인 정보접근권을 이용하여 동 정보의 공개 전에 가상자산을 거래함으로써 일반이

---

12) 대법원 2002.1.25. 선고 2000도90 판결.

용자보다 월등한 차익을 거둘 수 있게 되고, 이는 '가상자산시장의 투명하고 건전한 거래질서 확립'이라는 가상자산법상 중심적인 보호법익을 침해하기 때문이다.

자본시장법상 내부자 범위와 비교할 때 상장법인이 가상자산사업자·가상자산발행자로 바뀐 것 외에는 유사한 구조이나, 가상자산사업자·가상자산발행자의 계열회사는 내부자에서 제외한다는 차이가 있다. 계열회사는 우월한 정보접근권을 갖고 중요 의사결정의 주체가 될 수 있다는 점에서 규제의 필요성이 있다. 추후 입법 시 포함해야 할 것이다.

내부자 · 준내부자의 범위

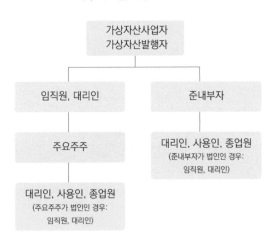

1. 가상자산사업자

제10조(불공정거래행위 등 금지) ① 1. 가상자산사업자, 가상자산을 발행하는 자(법인인 경우를 포함한다. 이하 이 조에서 같다) 및 그 임직원·대리인으로서 그 직무와 관련하여 미공개중요정보를 알게 된 자

"가상자산사업자"란 가상자산의 매매, 교환, 이전 또는 보관·관리하

는 행위(동 행위를 중개 · 알선 · 대행하는 행위를 포함)를 영업으로 하는 자를 말한다(법 §2).

　가상자산법은 법인의 대표자나 법인 또는 개인의 대리인, 사용인, 그 밖의 종업원이 그 법인 또는 개인의 업무에 관하여 불공정거래 금지 규정을 위반할 경우 그 행위자와 법인 · 개인 양자를 처벌하도록 양벌규정을 적용하므로(법 §21), 가상자산사업자 · 가상자산발행자의 업무에 관한 행위자인 대표자, 대리인, 사용인, 그 밖의 종업원도 처벌대상이 된다. 다만, 당해 법인 또는 개인이 그 위반행위를 방지하기 위하여 해당 업무에 관하여 상당한 주의와 감독을 게을리 하지 아니한 경우에는 적용하지 않는다(법 §21 단서).

2. 가상자산발행자

　가상자산을 발행하는 자는 법인인 경우를 포함한다(법 §10①1). 따라서 상법상 주식회사이거나 특별한 법인격을 요구하는 것은 아니다. 발행자의 조직 형태가 상법상 회사가 아닌 경우를 염두에 둔 것이다. 다만 비트코인과 같이 완전히 탈중앙화되어 발행자가 식별되지 않으면 현실적으로 발행자의 규제가 어렵다는 문제가 있다.

3. 임직원 · 대리인

　당해 가상자산사업자 · 가상자산발행자의 임직원 · 대리인은 내부자이다. 법원은 대체로 임직원 · 대리인의 범위를 폭넓게 인정하고 있다. 임직원의 범위는 정식의 고용계약을 체결한 자뿐 아니라 사실상 법인의 보조자로 사용하고 있으면서 직접 또는 간접으로 법인의 통제 · 감독하에 있는 자도 포함한다(예: 아르바이트 학생, 파견직원). 대법원 판례를 보면 증권사 고객이 투자상담 보조업무 등을 한 경우에도 임직원으로 인정한 경우도 있다.[13] 당해 법인과의 직접 고용계약이 존재하지 않은 경우에는

---

13) 대법원 1993.5.15. 선고 93도344 판결; 증권사 고객이 투자상담, 주식매도 등 업무를 보조하는

행위 당시에 수행한 업무 및 통제 · 감독 여부에 따라 판단하면 된다.

대리인은 법인으로부터 대리행위를 할 수 있는 자격(대리권)을 부여받은 자이다(예: 변호사, 지배인 등).

4. 주요주주

제10조(불공정거래행위 등 금지) ① 2. 제1호의 자가 법인인 경우 주요주주(「금융회사의 지배구조에 관한 법률」 제2조제6호나목에 따른 주요주주를 말한다. 이 경우 "금융회사"는 "법인"으로 본다)로서 그 권리를 행사하는 과정에서 미공개중요정보를 알게 된 자

---

(1) 주요주주의 범위

가상자산사업자 · 가상자산발행자 및 그 임직원 · 대리인의 주요주주는 내부자에 해당한다. 주요주주의 대리인, 사용인 그 밖의 종업원도 포함한다(법 §10①5, 주요주주가 법인인 경우에는 그 임직원 및 대리인).

주요주주의 범위는 ⅰ) 누구의 명의로 하든지 자기의 계산으로 금융회사의 의결권 있는 발행주식 총수의 100분의 10 이상의 주식(그 주식과 관련된 증권예탁증권을 포함)을 소유한 자, 또는 ⅱ) 임원의 임면 등의 방법으로 금융회사의 중요한 경영사항에 대하여 사실상의 영향력을 행사하는 주주로서 대통령령으로 정하는 자에 해당해야 한다(금융회사의 지배구조에 관한 법률 §2조6호나목). 금융회사의 지배구조에 관한 법률 시행령은 혼자서 또는 다른 주주와의 합의 · 계약 등에 따라 대표이사 또는 이사의 과반수를 선임한 주주 등을 주요주주로 본다(동법 §4).

10% 이상의 주식을 소유한 주요주주는 개별주주 1인의 소유주식만으로 산정한다. 최대주주등과 같이 친척 등 특별관계자를 합산하여 산정하는 것이 아니라는 점에 유의해야 한다.[14] 다만 차명계좌 등 자기 계산으

과정에서 일임매매제한규정(증권거래법 제107조제1항)을 위반한 사건으로서, 법인의 통제, 감독 하에 있는 경우 법인의 종업원에 포함된다고 판단한 판결이다.

14) 서울고등법원 2008.6.24. 선고 2007노653 판결.

로 소유한 주식은 포함한다.

(2) 권리의 행사

주요주주는 "그 권리를 행사하는 과정"에서 정보를 취득할 것을 요건으로 한다. 주요주주의 경우 일정한 '직무'라는 것이 없으므로 권리행사를 요건으로 한 것이다. 그렇다면 그 '권리'는 어떠한 권리를 의미하는가. 일본 금융상품거래법의 경우 "회계장부 열람청구권"을 갖는 주주는 그 권리의 행사에 관하여 지득하는 경우로 구체적으로 정하고 있다 (§166). 그러나 가상자산법은 그 권리행사의 내용이 어떤 것인지 명확하게 규정하고 있지 않다.

만약 상법상 주주권인 의결권, 주주제안권, 회계장부열람청구권 등으로 해석하면 권리행사의 범위가 너무 협소해지는 문제가 있다. 대부분의 경우 주요주주에 대하여 정보수령자의 책임을 물을 수밖에 없을 것이다.

실무적으로는 주요주주가 구체적인 주주권 행사를 통해 정보를 취득하는 경우는 사례를 찾아보기 힘들고, 주요주주의 지위로서 갖는 최대주주나 경영진과의 특별한 관계와 정보접근 가능성을 기반으로 정보를 취득하는 것이 일반적이다. 판례 역시 구체적인 주주권 행사가 아닌 주요주주의 지위를 통한 법인과의 특별한 관계에서 지득한 경우 정보수령자가 아닌 내부자의 책임을 묻고 있다.[15]

Ⅱ. 준내부자

준내부자는 ⅰ) 공무원 등 법령에 따른 인허가 등 권한을 갖는 자, ⅱ) 법인과의 계약체결자 등이 해당한다. 이들은 내부자는 아니지만 가

---

15) 대법원 1994.4.26. 선고 93도695 판결(주요주주가 상장법인 경영전반 정보를 보고받은 경우로서 부도발생 정보를 지득한 경우), 대법원 2000.11.24. 선고 2000도2827 판결(주요주주 사무실에서 상장법인과 계열사 간 지급보증 계약을 한 경우로서 연쇄부도를 알 수 있었던 경우), 서울동부지방법원 2006.8.18. 선고 2006고단1047 판결(주요주주의 임원이 상장법인 대표이사로부터 공장매각정보를 들은 경우).

상자산에 관한 중요정보를 지득하거나, 중요정보를 생성할 수 있는 지위에 있으므로 준내부자로서 규제대상이다. 또한 준내부자의 대리인, 사용인 그 밖의 종업원도 규제 대상자이다(법 §10①5, 준내부자가 법인인 경우에는 그 임직원 및 대리인).

1. 법령에 따른 인허가 등 권한을 갖는 자

제10조(불공정거래행위 등 금지) ① 3. 가상자산사업자 또는 가상자산을 발행하는 자에 대하여 법령에 따른 허가 · 인가 · 지도 · 감독, 그 밖의 권한을 가지는 자로서 그 권한을 행사하는 과정에서 미공개중요정보를 알게 된 자

발행자등에 대하여 법령에 따른 인허가 등 권한을 갖는 자는 발행자등의 외부자이지만, 그 권한을 행사하는 과정에서 해당 발행자등의 자료접근을 통하여 미공개중요정보를 지득할 수 있다. 또한 인허가 권한의 행사 결과에 따라 발행자등의 악재 · 호재성 미공개중요정보가 생성될 수 있다. 따라서 준내부자는 내부자 수준의 정보접근권을 갖는 지위에 있다.

준내부자가 정보를 지득하는 과정은 ⅰ) 권한을 행사하는 과정에서 수령한 자료를 통해 기존에 생성된 정보를 알게 되거나, ⅱ) 인가 등 권한의 행사를 통하여 정보가 생성되는 경우로 대별할 수 있다. ⅰ)의 경우는 행정기관이나 수사기관이 심의 · 조사 · 수사권한을 행사하는 과정에서 취득한 서류 · 진술 등을 통하여 해당 발행자등의 미공개중요정보를 지득하는 경우를 예로 들 수 있다. ⅱ)의 경우는 행정기관의 허가 · 심사 절차과정에서 허가 · 특허권 취득 여부에 대한 정보를 지득하는 경우가 될 것이다. 그 외에 기업회생절차, 경영진의 구속 등도 예가 될 수 있다.

법령에 따라 권한을 가지는 자이므로 일반적으로 공무원이 해당하나, 법령상 권한을 위임 또는 위탁받은 공공기관이나 민간기구도 해당한다고 보는 것이 타당하다.[16)]

---

16) 박순철, "미공개중요정보 이용행위의 규제에 관한 연구", 성균관대학교 박사학위논문(2009),

준내부자는 '그 권한을 행사하는 과정'에서 미공개중요정보를 알게 될 것을 요구한다. 따라서 해당 발행자등에 대하여 법령에 따른 권한을 행사하는 과정에서 정보를 지득해야 하며, 이와 상관없는 경로를 통하여 정보를 지득할 경우 정보수령자에 해당한다. 권한을 행사하는 과정에서 지득하는 정보이므로 행사하는 권한의 내용과 미공개중요정보의 내용이 일치할 필요는 없다. 앞서 설명한 조사·수사과정에서 취득한 서류 등을 통하여 발행자등의 내부정보를 알게 되는 경우가 해당한다.

2. 계약체결을 하고 있거나 교섭하고 있는 자

제10조(불공정거래행위 등 금지) ① 4. 가상자산사업자 또는 가상자산을 발행하는 자와 계약을 체결하고 있거나 체결을 교섭하고 있는 자로서 그 계약을 체결·교섭 또는 이행하는 과정에서 미공개중요정보를 알게 된 자

발행자등과 계약을 체결하고 있거나 체결을 교섭하고 있는 자 역시 동 계약 과정에서 발행자등의 중요정보를 알게 되거나, 중요정보를 생성할 수 있는 지위에 있으므로 준내부자로서 규제대상이 된다. 계약체결자 등의 규제는 발행자등과 일정한 관계에서 발생한 지위로 인하여 생기는 내부정보 접근권한을 이용하는 것을 규제하는 데 목적이 있다.[17]

'계약을 체결·교섭 또는 이행과정'에서 정보를 알게 되면 요건을 충족하므로, 그 계약의 내용과 정보의 내용이 일치할 필요가 없다. 또한 그 계약이 이행되지 않거나, 유효하지 않은 계약인 경우에도 적용이 가능하며,[18] 계약의 내용이나 종류, 계약형태, 이행시기, 계약기간의 장단을 불문한다. 예를 들어 구두계약이나, 가계약도 계약에 해당하며, 법적 구속력이 없는 양해각서(MOU), 잠정적인 구두합의와 같은 경우에는 '계

78면 참조.

17) 서울지방법원 2003.6.25. 선고 2002노9772 판결, 서울고등법원 2011.7.8. 선고 2011노441 판결.
18) 대법원 2010.5.13. 선고 2007도9769 판결.

약을 교섭하는' 단계에 해당하므로 규제 대상에 포함이 가능하다.[19]

Ⅲ. 정보수령자

제10조(불공정거래행위 등 금지) ① 6. 제1호부터 제5호까지의 어느 하나에 해당하는
자(제1호부터 제5호까지의 어느 하나의 자에 해당하지 아니하게 된 날부터 1년이
경과하지 아니한 자를 포함한다)로부터 미공개중요정보를 받은 자

1. 의의

내부자나 준내부자로부터 미공개중요정보를 받은 자(통상 '1차 정보수령
자'로 칭함)는 규제 대상자이다. "제1호부터 제5호까지의 어느 하나에 해
당하는 자"로부터 미공개중요정보를 받을 것을 요건으로 하므로, 각 호
별로 정해진 요건을 충족한 자로부터 정보를 수령할 것이 요구된다.

예를 들어 제1호에 따른 발행자등의 임직원으로부터 미공개중요정보
를 받은 경우에는 그 임직원은 ⅰ) "그 직무와 관련하여" ⅱ) "미공개중
요정보를 알게 되었을 것"이 요구된다. 만약 내부자가 그 직무와 무관하
게 정보를 알게 되었다면 그 내부자는 정보수령자가 된다.[20] 그 내부자
가 1차 정보수령자라면 그 내부자로부터 정보를 수령한 자는 2차 정보수
령자로서 규제대상이 아니다.

2. 정보수령행위

1차 정보수령자는 내부자 또는 준내부자로부터 정보를 "받을 것"을
요건으로 하므로, 내부자·준내부자의 정보의 제공행위 및 정보수령자의
수령행위가 있어야 한다. 1차 정보수령자는 내부자로부터 "정보를 받은
자"라고만 규정하므로(법 §10①), 내부자가 정보를 1차 정보수령자에게 이

---

19) 서울고등법원 2011.7.8. 선고 2011노441 판결(대법원 2014.2.27. 선고 2011도9457 판결로 확정).
20) 다만 후술하는 직무관련성과 관련하여 판례는 대체로 내부자의 직무관련성을 넓게 보고 있다.

용하게 하려는 의사와 상관없이 정보를 받아 매매, 그 밖의 거래를 하더라도 구성요건을 충족한다.[21] 내부자의 중요서류를 절취하여 정보를 취득한 경우는 정보수령행위를 인정할 수 없다.

만약 내부자가 정보를 제공했으나 1차 정보수령자가 거래하지 않은 경우에는 어떤가. 설령 내부자가 정보를 이용하게 할 의도가 있었다 하더라도 결과적으로 1차 정보수령자가 정보를 이용한 것이 아니므로 내부자가 정보를 이용하게 한 것으로 볼 수 없다.[22]

3. 2차 정보수령자

1차 정보수령자로부터 정보를 수령한 2차 정보수령자의 경우는 어떻게 적용하는가. 제10조 제1항은 내부자, 준내부자, 1차 정보수령자가 그 정보를 "타인에게 이용하게 하여서는 아니 된다"라고 규정한다. 타인인 2차 정보수령자가 매매하는 등 그 정보를 이용하게 되는 경우 정보제공자인 1차 정보수령자는 처벌대상이다. 2차 이상의 정보수령자를 형사처벌 대상으로 하지 않는 것은 규제대상자가 광범위해져 처벌범위가 불명확하게 되거나 법적안정성을 해치는 것을 막기 위하여 내부자와 특별한 관계에 있는 자로 제한하는 것이다.[23] 제10조 제1항의 금지규정은 편면적 대향범[24] 조항으로서 공범에 관한 형법총칙 규정이 적용되지 않는다.

---

21) 자본시장법상 정보이용형 교란행위와 관련하여 2차 정보수령자가 준내부자인 아들의 경영권 인수참여를 3차 정보수령자에게 자랑삼아 이야기한 사안에서 2차 정보수령자는 이용하게 하려는 의사가 없다고 보아 처분하지 않은 반면, 3차 정보수령자는 정보를 이용한 것으로 과징금 부과한 바 있다(증권선물위원회 의결 안건번호 2016-305호).

22) 김건식·정순섭, 앞의 책, 437면.

23) 대법원 2001.1.25. 선고 2000도90 판결.

24) 상호 대향된 행위의 존재를 필요로 하는 범죄를 대향범이라고 한다. 그 중 일방에 대해서만 처벌 규정이 있는 것을 편면적 대향범이라고 한다.

정보수령자의 정보이용(거래) 여부에 따른 처벌대상

이용여부	내부자	1차 정보수령자	2차 정보수령자
1차, 2차 정보수령자가 거래한 경우	처벌 →	처벌 →	처벌불가
1차 정보수령자는 거래하지 않고 2차 정보수령자만 거래*	처벌*	처벌	처벌불가

* 내부자가 2차 정보수령자의 정보이용에 대한 인식이 있는 경우 적용

Ⅳ. 그 밖의 자

제10조(불공정거래행위 등 금지) ① 7. 그 밖에 이에 준하는 자로서 대통령령으로 정하는 자

내부자, 준내부자 또는 1차 정보수령자에 준하는 자로서 대통령령으로 정하는 자도 규제대상이다. 가상자산시장의 특성을 고려하여 수범자를 탄력적으로 규제할 목적을 갖는다. 법률상 내부자 등에 준하는 자이어야 할 것이므로 그 범위를 무한대로 넓히는 것은 한계가 있다. 반면 MiCA의 내부자거래 규제는 '누구든지' 암호자산에 대한 내부정보의 이용을 금지하므로(§89②), 외부정보를 생성한 자나 정보의 전득자를 규제할 수 있다.

이의 보완책으로 시행령에 대량취득자나 대량보유자를 반영하자는 견해가 있으나,[25] 정책정보, 분석보고서 등 여타 시장정보를 생성·지득하는 자는 규제하기 어렵다. 현행 시행령상 별도로 정하는 자는 없다.

---

25) 정순섭, "가상자산입법의 제도적 의의와 과제", 「Bi-Weekly Hana Financial Focus」 제13권 제15호(2023.7.), 4면.

V. 직무관련성

  제10조 제1호 및 제5호 규정은 '그 직무와 관련하여' 미공개중요정보를 알 것을 요구하므로, 발행자등의 임직원 또는 대리인·사용인, 그 밖의 종업원은 직무관련성이 인정되어야 한다. 내부자 및 준내부자의 규제취지가 미공개 중요정보에 쉽게 접근할 수 있는 지위에 있는 자의 정보이용행위를 제한하는 데 목적이 있으므로, "발행자등의 미공개중요정보에 용이하게 접근하여 이를 이용할 수 있는 지위에 있다고 인정되는 자"로 인정된다면 적용하는 것이 타당하다.26) 따라서 "직무"의 범위는 미공개중요정보와 직접 관련된 직무가 아니더라도, 임직원으로서의 직무를 수행하는 과정에서 지득한 정보라면 적용 가능하다. 직무관련성과 관련한 하급심 판결을 보면 대체로 직무관련성의 범위를 넓게 인정하고 있다.27)

VI. 내부자 지위의 연장

  내부자 및 준내부자의 지위에 해당하지 아니하게 된 날부터 1년이 경과하지 않으면 내부자 및 준내부자의 지위가 유지된다(§10①6). 1년의 경과기간을 둔 것은 내부자 또는 준내부자의 지위상실 후에도 누릴 수 있는 반사이익을 고려한 것이다.

---

26) 대법원 2010.5.13. 선고 2007도9769 판결 참조.

27) 직무관련성을 인정한 판결: 생산본부장이 기술이전계약 담당 임원으로부터 기술이전계약 정보를 구내식당에서 들은 경우(수원지방법원 2007.8.10. 선고 2007고단2168 판결), 주식담당직원이 파기한 사업목적 추가 관련 이사회 결의안을 총무과 직원이 우연히 보게 된 경우(서울지방법원 2002.1.23. 선고 2001고단10894 판결), 경영정보팀 직원이 항암신약 권리이전 계약 파기 정보를 관련 보도자료 담당 직원으로부터 들은 경우(서울남부지방법원 2018.1.26. 선고 2017고정340 판결).

Ⅰ. 가상자산에 관한 정보

1. 업무관련성

규제대상 정보는 "가상자산에 관한 미공개중요정보"이어야 한다. EU MiCA의 내부자거래 금지 규정상 "암호자산에 관한 내부정보(inside information about crypto-assets)"와 유사하다(§78①). 자본시장법과 같은 발행인등의 업무관련성을 요구하지 않아 발행자등의 업무 등과 관련 없는 외부정보를 포함한다. 그러나 법문상 내부자의 범위를 제한하고 있으므로, 시장참여자의 거래정보 등 외부정보는 규제할 수 없다는 문제가 있다.

예를 들어 발행자등이 외부인과 가상자산 매각계약을 한 경우 그 외부인은 계약당사자인 정보생성자로서 직무와 관련하여 알게 된 정보도 아니고, 발행자등으로부터 정보를 받은 정보수령자에도 해당하지 않는다.[28] 사실상 내부자와 동일한 정보접근권이 있음에도 규제할 수 없는 불합리한 결과가 된다. 자본시장법의 경우 이러한 문제점을 보완하기 위해 주식등의 대량취득·처분정보 이용행위(§174③)와 정보이용형 교란행위(§178의2①)를 별도로 정한다.

다만 발행자등이 직무와 관련하여 제3자의 거래정보 등 외부정보를 알게 된 경우에는 적용 가능할 것이다.

규제 가능한 대상 정보로는 가상자산발행자의 가상자산 발행·유통정보나 사업계획, 가상자산사업자의 거래지원·종료(상장·폐지), 거래중단, 시장조성 또는 유동성 공급 정보를 예로 들 수 있다. 예를 들어 가상자산발행자가 에어드랍을 하거나 하드포크 결정하는 경우 또는 가상자산을 소각하는 경우도 가상자산 가격에 중대한 영향을 미치는 정보에 해당한다.

---

28) 대법원 2003.11.14. 선고 2003도686 판결(경영권양수자를 정보생성자로 판단).

- **에어드랍:** 가상자산을 출시하는 경우 이용자의 관심을 유도하거나, 하드포크가 있는 경우 이용자의 보상책으로 무료로 가상자산을 제공하는 것을 말한다.
- **하드포크:** 블록체인 프로토콜의 변경으로 블록체인이 나뉘는 것을 말한다. 예를 들어 2015년 이더리움 출시 이후 2016년 해킹사건이 발생하자 프로토콜을 업그레이드하면서 이에 대한 참여자 과반수의 지지로 생긴 새로운 갈래가 공식 이더리움 블록체인이 되고, 업그레이드에 동의하지 않은 그룹은 기존 갈래(이더리움 클래식: ETC)로 잔류했다.

Ⅱ. 중요한 정보

1. 투자판단에 중대한 영향을 미칠 수 있는 정보

자본시장법은 법인의 경영·재산 등에 관하여 중대한 영향을 미치는 사항에 대하여 주요사항보고서의 제출 및 공시의무를 부과한다(법 §161). 그러나 가상자산법은 발행자등에 대한 공시의무 부과 규정이 없다. 정보의 중요성을 판단할 예시 규정이 없으므로, 정보의 중요성 여부를 개별적으로 판단하여야 한다.

그렇다면 "이용자의 투자판단에 중대한 영향을 미칠 수 있는 정보"는 어떻게 판별해야 하는가? 자본시장법상 판례는 합리적인 투자자가 그 정보의 중대성 및 사실이 발생할 개연성을 비교 평가하여 판단할 경우 유가증권의 거래에 관한 의사결정에서 중요한 가치를 지닌다고 생각하는 정보를 가리킨다고 판시하고 있다.[29]

2. 합리적인 이용자가 중요한 가치를 지닌다고 생각하는 정보

합리적인 이용자가 거래의사결정에서 중요한 가치를 지니기 위해서는 합리적인 이용자가 가상자산 가격에 영향을 미치는 호재 또는 악재로 평

---

29) 대법원 2008.11.27. 선고 2008도6219 판결.

가할 수 있는 정보이어야 한다. 그런데 이전에 나온 추측성 보도 등이 유포되어 가격에 영향을 미치는 중요한 정보인지 여부가 불분명한 경우 법원의 판결은 대체로 정보의 중요성이 있다고 보는 것이 일반적이다.[30] 또한 해당 정보가 반드시 객관적으로 명확하고 확실할 것까지 요구하지 않는다.[31]

만약 정보의 중요성 여부 또는 호재성·악재성 여부가 명확하지 않은 사안의 경우에는 해당 정보와 관련한 산업상황, 시장상황, 발행자등의 상황, 해당 정보에 대한 일반적인 시장의 평가를 고려해서 중요성 여부를 판단하여야 한다.[32]

Ⅲ. 사실인 정보

정보는 "사실에 관한 정보"일 것을 요구한다. 따라서 허위의 내용은 적용 대상이 아니다. 제10조는 정보의 진실성 여부를 명시하지 않지만, 진실한 정보를 규제대상으로 보는 것이 대체적인 견해이다.[33] 허위의 내용은 객관적으로 정보의 비대칭이 없고, 허위정보 공개에 따른 시세 변동도 정보의 객관적인 가치 때문이 아니라 투자자의 오인에 기인한 것이므로 허위정보까지 규제대상으로 하기는 어렵다는 것을 근거로 한다.[34]

법원도 완전한 허구사항이라면 정보로 인정하지 않으나,[35] 사실의 내용 중 그 정보가 객관적으로 명확하지 않거나, 일부 허위 또는 과장된 부분이 있는 경우 그 정보가 반드시 객관적으로 명확하고 확실할 것까지

---

30) 대법원 1995.6.29. 선고 95도467 판결(이미 신문을 통해 추측성 보도가 있었던 경우), 서울중앙지방법원 2013.7.26. 선고 2013고합12 판결(1분기 자본잠식률이 50%인 상태에서 반기 자본잠식률 50% 공시로 관리종목으로 지정된 경우).

31) 대법원 1994.4.26. 선고 93도695 판결.

32) 대법원 2010.5.13. 선고 2007도9769 판결.

33) 임재연, 「자본시장과 불공정거래」, 박영사(2021), 298면.

34) 박순철, 앞의 논문, 106면.

35) 서울중앙지방법원 2008.11.27. 선고 2008고합236 판결.

요구하지 않는다.36)

만약 발행자등이 허위의 내용을 공개했다면 제10조 제4항에 따른 부정거래행위 또는 중요사항의 거짓 기재의 적용여부의 판단 대상이다.

Ⅳ. 정보의 미공개성

규제대상 정보는 불특정 다수인이 알 수 있도록 공개되기 전의 '미공개' 정보이어야 한다. 정보공개는 시행령 제15조에 따른 방법으로 공개하고 일정한 기간 또는 시간이 지나면 공개된 것으로 본다. 이러한 시간의 설정은 미공개중요정보의 공개 후 일반 이용자의 투자판단을 위한 주지기간을 부여하는 데 목적이 있다. 따라서 미공개중요정보가 공개되거나 언론에 이미 보도되었더라도, 공개·보도 이후 주지기간 내에 내부자 또는 정보수령자가 가상자산을 매수(호재성 정보) 또는 매도(악재성 정보)할 경우 미공개중요정보 이용행위에 해당한다.

1. 정보생성시점

사례 **이사회 결의 전 취득한 정보로 가상자산을 매수한 경우**

Q. 가상자산 발행자 A재단의 임원 甲은 가격관리 목적의 가상자산 소각을 위한 장내취득 건에 대한 이사장 보고를 통해 내부방침을 정하였다. 그러나 아직 가상자산 취득에 대한 이사회 결의는 아직 이루어지지 않았다.
甲은 이사회 결의 및 공고가 있기 전에 A사 가상자산을 매수하여 이사회 공고 후 가상자산을 팔아 차익을 실현했다. 甲의 행위는 미공개정보 이용행위에 해당하는가?

A. 회사 내부방침 결정은 완성된 것이 아니지만 거래의 의사결정에 중요한 가치를 지니는 정보이다. 대표이사 보고시점에는 이미 중요정보가 생성되었다고 볼 수 있다. 甲은 미공개중요정보를 이용한 것이 맞다.

---

36) 대법원 2010.2.25. 선고 2009도4662 판결.

(1) 의의

미공개중요정보가 만들어지기 위해서는 발행자등의 검토 및 보고, 합의 등을 거쳐 최종적인 의사결정을 한다. 발행자등의 중요정보는 의결기구의 의결로 확정되지만, 최종 의결시점을 미공개중요정보의 생성시점으로 하면 규제의 실익이 없게 된다. 따라서 최종 결정이 이루어지기 전에 객관적으로 명확하고 확실하게 완성되지 않은 상태라도 거래의 의사결정에 중요한 가치를 지닐 정도로 구체화되는 시점을 미공개중요정보 생성시점으로 보고 있다.[37]

(2) 규제대상

정보생성시점은 해당 미공개중요정보를 이용 가능한 시점이 되므로, 정보생성시점부터 정보공개시점까지의 가상자산의 매수(호재) 또는 매도(악재)행위를 한 계정을 대상으로 미공개중요정보 이용행위 여부를 판단한다. 따라서 정보생성시점의 선정 시기에 따라 규제대상자가 정해진다.

만약 정보생성시점 이후에 매수하였으나 정보공개전에 매도한 경우에는 어떤가. 미공개중요정보를 이용하여 가상자산을 매수한 이상 미공개중요정보 이용행위에 해당하고, 그 후 그 가상자산을 언제, 어떻게 매도하였는지는 미공개 중요정보 이용행위 성립 여부에 영향을 미치지 않는다.[38]

가상자산 매수(호재) 또는 매도(악재) 시점별 미공개정보 이용여부 판단

매수 (매도) 시점	중요정보 관련 내부방침 확정 전	결의 전	정보 공개 전	공개 후 6시간 이내	공시 6시간 경과
이용여부	○	○	○	○	X

---

37) 대법원 2008.11.27. 선고 2008도6219 판결, 대법원 2009.11.26. 선고 2008도9623 판결.
38) 서울중앙지방법원 2014.4.4. 선고 2013고합604 판결.

2. 정보공개시점

시행령 제15조(미공개중요정보의 범위) 법 제10조제1항 각 호 외의 부분에서 "대통령령으로 정하는 방법"이란 가상자산사업자 및 가상자산을 발행하는 자(법인인 경우를 포함한다. 이하 같다) 또는 그로부터 공개 권한을 위임받은 자가 다음 각 호의 어느 하나에 해당하는 방법으로 정보를 공개하고 해당 호에서 정한 기간이나 시간이 지나는 것을 말한다.

미공개중요정보가 생성되고 해당 정보가 공개된 후 주지기간(신문보도는 6시간)이 경과하기 전까지 해당 정보를 이용하여 금융투자상품을 매수(호재) 또는 매도(악재)한 경우에는 미공개중요정보 이용에 해당한다. 시행령은 공개매체에 따라 매체의 전파력을 감안하여 정보공개시점을 구분하고 있다. 가상자산법은 자본시장법과 같은 공시제도가 없으므로, 가상자산거래업자나 발행자의 전자전달매체(홈페이지)를 통해 공개하는 방법을 인정한다.

(1) 언론보도

1) 공개시점

신문을 통한 정보공개의 경우 「신문 등의 진흥에 관한 법률」에 따른 일반일간신문 또는 경제분야의 특수일간신문 중 전국을 보급지역으로 하는 둘 이상의 신문에 게재된 경우 게재일의 다음 날 6시가 지나야 해당 정보가 공개된 것으로 본다(영 §15조1호).

다만 전자간행물의 형태로 게재된 경우에는 게재된 때부터 6시간으로 한다. 최근에는 대부분의 매체에서 인터넷 기사를 먼저 게재하므로, 통상 인터넷 기사 게재시점을 기준으로 공개시점을 산정한다. 예를 들어 중요정보가 A신문 인터넷 기사로 10:00에 게재되고, 동 내용으로 B신문 인터넷 기사로 11:00에 게재되었다면, B신문 게재시점인 11:00로부터 6시간이 경과한 17:00가 정보공개시점이 되는 것이다.

유의할 점은 '「신문 등의 진흥에 관한 법률」에 따른 일간신문 또는 경제분야의 특수일간신문 중 전국을 보급지역으로 하는 신문'을 공개매체의 요건으로 하고 있으므로, 예를 들어 지역매체나 경제가 아닌 과학·종교 등 특정분야신문, 주간신문을 통한 정보공개는 정보공개요건을 충족하지 못한다.

2) 추측성 기사

시행령은 가상자산사업자 및 가상자산 발행자 또는 그로부터 공개 권한을 위임받은 자가 각 호의 방법으로 정보를 공개할 것을 요건으로 한다. 따라서 가상자산사업자나 발행자의 의사로 공개한 것이 아니면 공개요건을 충족하지 못한다. 예를 들어 취재원이 불분명한 추측성 기사, 당해 발행자등과 다른 회사 간 중요 계약을 체결했다고 공개한 경우에는 당해 회사에게 정보공개에 대한 위임을 받지 않은 이상 공개된 정보로 인정되지 않는다. 당해 발행자등이 출처가 아닌 경우 등 출처가 불분명한 경우에는 정보의 신빙성을 결여하여 중요정보로서의 가치를 갖기 어렵기 때문이다. 판례도 같은 취지이다.[39]

(2) 가상자산거래소

가상자산거래소가 홈페이지 같은 전자전달매체를 통해 공개하는 경우 공개된 때부터 6시간이 경과해야 정보공개로 인정된다. 다만 18시를 경과하여 공개된 경우에는 다음 날 오전 9시를 경과한 때부터 공개된 것으로 본다. 자본시장과 달리 가상자산시장이 24시간 거래되고 야간 정보공개가 이뤄질 수 있다는 점을 고려한 것이다(영 §15조4호).

(3) 가상자산 발행자

가상자산 발행자가 백서를 공개한 홈페이지에 정보를 공개한 경우에

---

39) [대법원 1995.6.29. 선고 95도467 판결] 회사가 추정 결산결과를 공개한 사실이 없는 이상, 비록 일간신문 등에 그 추정 결산결과와 유사한 내용으로 추측 보도된 사실이 있다고 하더라도, 그러한 사실만으로는 그 회사의 추정 결산실적이 일반인에게 공개된 정보라거나 또는 그로 인하여 그 회사가 직접 집계하여 추정한 결산 수치가 중요한 정보로서의 가치를 상실한다고 볼 수 없다.

는 1일이 경과한 때 공개된 것으로 본다. 다만 해당 홈페이지는 불특정 다수인의 접근이 가능하고 최근 6개월 동안 가상자산에 대한 중요정보가 지속적으로 공개되어야 한다(영 §15조5호).

I. 구성요건

1. 매매, 그 밖의 거래

미공개중요정보를 가상자산의 "매매, 그 밖의 거래"에 이용하거나 타인에게 이용하게 하여서는 아니 된다(법 §10①).

"매매"는 장내매매뿐 아니라 장외매매도 포함한다. "그 밖의 거래"는 유상거래를 의미하고, 담보권의 설정도 포함하며,[40] 발행시장에서의 취득도 포함한다.[41]

2. 정보의 이용

내부자 등은 미공개중요정보를 가상자산의 "매매, 그 밖의 거래에 이용하거나 타인에게 이용"하게 해야만 구성요건을 충족한다. 단순히 알고 있는 상태에서 매매하는 것이 아니라, 그 정보가 매매의 요인이 되어야 한다는 의미이다.

그런데 내부자가 정보를 이용했는지 여부는 내부자의 주관적 의사의 영역이므로 당사자의 진술이 없다면 이를 입증하기는 쉽지 않다. 따라서 매매에 이르게 된 경위나 요인, 매매 양태 등 객관적인 사실을 종합하여 간접사실을 증명하는 방법으로 판단할 수밖에 없다. 판결은 정보를 보유

---

40) 한국증권법학회, 「자본시장법 주석서(Ⅰ)」, 박영사(2015), 1048면.
41) 서울지방법원 1998.3.26. 선고 98고단955 판결.

한 상태에서 거래한 경우에는 특별한 사정이 없는 한 정보를 이용한 것으로 보고 있다.[42] 또한 거래의 다른 요인이 있더라도 내부정보가 하나인 요인인 경우에도 정보이용에 해당한다.

3. 타인에게 이용하게 하는 행위

(1) 의의

내부자, 준내부자, 1차 정보수령자가 당해 정보를 "타인에게 이용하게 하는 행위"를 금지한다. 이 규정은 정보제공자인 내부자, 준내부자 또는 1차 정보수령자를 규제하기 위한 규정이다.

이 요건을 충족하기 위해서는 ⅰ) 타인에 대한 정보제공행위가 있어야 하고, ⅱ) 그 정보를 타인이 매매, 그 밖의 거래에 이용하는 행위가 있어야 한다. "이용하게 하는 행위"의 법문상 정보제공 행위는 고의에 의한 것임을 요구한다. 또한 정보제공행위와 정보수령자의 이용행위 간에는 인과관계가 인정되어야 한다.[43] 따라서 정보제공자는 정보수령자가 당해 정보를 가상자산의 매매, 그 밖의 거래를 한다는 점을 인식하면서 정보를 제공해야 한다.[44] 만약 정보를 제공했더라도 정보수령자가 매매거래에 이용하지 않았다면 구성요건을 충족할 수 없다.[45] 미공개중요정보를 다른 경위로 알게 된 경우에는 인과관계가 인정되지 않는다.[46]

정보제공자는 정보수령자가 정보를 거래에 이용하려 한다는 정을 알면서 정보를 제공하는 정도면 족하고, 미필적인 정도로도 충분하다.[47] 꼭 그 정보를 이용하여 거래하도록 권유할 필요는 없다.[48] 반면 내부자

---

42) 서울중앙지방법원 2007.7.20. 선고 2007고합159 판결.
43) 대법원 2020.10.29. 선고 2017도18164 판결.
44) 대법원, 위의 판결.
45) 서울중앙지방법원 2007.12.21. 선고 2007고합569 판결.
46) 서울중앙지방법원, 위의 판결.
47) 대법원, 앞의 판결.
48) 서울중앙지방법원 앞의 판결, 대법원 1995.6.29. 선고 95도467 판결(결산실적을 이용하여 주식거래하려는 정을 알면서도 추정결산실적 정보를 알려준 경우).

가 타인에게 이용하게 할 의사 없이 정보를 전달만 한 경우에는 "이용하게 하는 행위"로 볼 수 없다.

⚖ 정보제공자가 미공개정보의 인식이 없는 경우
(대법원 2017.10.31. 선고 2015도8342 판결)

> 정보수령자가 정보제공자로부터 정보를 전달받았다고 인정하기 위해서는 단순히 정보의 이동이 있었다는 객관적 사실만으로는 충분하지 않고, 정보제공자가 직무와 관련하여 알게 된 미공개정보를 전달한다는 점에 관한 인식이 있어야 한다.
> 한편 정보수령자가 알게 된 미공개정보는 대량취득·처분의 실시 또는 중지를 알 수 있을 만큼 구체적이어야 한다. 정보제공자가 제공한 내용이 단순히 미공개정보의 존재를 암시하는 것에 지나지 않거나, 모호하고 추상적이어서 정보수령자가 그 정보를 이용하더라도 여전히 일반투자자와 같은 정도의 경제적 위험을 부담하게 되는 경우에는 특별한 사정이 없는 한 위 규정에서 말하는 미공개정보에 해당하지 않는다.

(2) 타인 범위의 확장 가능 여부

1) 학설

예를 들어 정보제공자인 내부자가 전달한 정보를 전득자인 2차 정보수령자가 이용한 경우 처벌할 수 있는가. 이에 대하여 견해가 나뉜다. 만약 타인의 범위를 확장하게 되면 정보제공자가 제공한 정보를 전득자가 거래에 이용하는 경우에는 오로지 정보제공자만 처벌을 받는 불균형한 상태에 놓인다는 점을 지적한다.[49] 한편 처벌이 가능하다는 견해는 '타인'의 문언에 주목하여 1차 정보수령자로 한정할 이유가 없다고 한다.[50]

2) 판례

판례는 타인의 범위를 넓게 해석한다. 대법원은 회사 IR 담당자가 1차 정보수령자인 애널리스트에게 전달한 실적 정보를 2차 정보수령자인

---

49) 구길모, "미공개중요정보 이용행위에 대한 형사처벌", 「충남대학교 법학연구」 제32권 제2호 (2021.5.), 247면.
50) 윤광균, "내부자거래에서의 2차 정보수령자와 공범관계", 「법조」 제668호(2012.5.), 124면; 박순철, 앞의 논문, 145면.

자산운용사 매니저가 이용한 사안에서 ⅰ) 자본시장법에서 '타인'을 달리 정의하지 않는다는 점, ⅱ) 정보전달과정에서의 변질가능성을 이유로 타인의 개념을 제한하여 해석해야 한다고 볼 수 없는 점, ⅲ) '정보제공자로부터 직접 정보를 받은 자'로 제한하여 해석하지 않는다고 하여 죄형법정주의에 어긋난다고 할 수 없는 점, ⅳ) 투자자를 보호하고 자본시장의 공정성을 확립한다는 규정의 입법취지를 고려할 때 타인의 범위를 제한하지 않아야 한다는 점 등을 들어 내부자가 2차 정보수령자가 정보를 이용한다는 점을 인식하였는지를 더 심리했어야 한다면서 타인의 범위를 직접 정보를 수령한 자로 제한한 원심을 파기환송하였다.[51] 이후 파기환송심에서는 "회사 내부자들이 애널리스트들이 해당 정보를 펀드매니저들에게 전달해 기관투자자가 이 정보를 이용할 것이라는 것에 관하여 충분히 고의가 있었고 적어도 미필적으로라도 고의가 있었다"고 판단하여 유죄로 인정해 벌금형을 선고했다.[52]

'타인'의 문언을 넓게 해석하더라도 그 범위를 무제한 확장할 수는 없다. 구성요건상 정보제공자는 정보수령자가 정보를 이용하여 거래하려한다는 사실을 알고 있거나 예견할 것이 요구되기 때문이다. 따라서 정보전득자가 그 정보를 이용할 것을 예견하면서 전달한 때에만 정보제공자에게 책임을 물을 수 있다.[53] 예를 들어 내부자의 정보제공행위로 인하여 2차 정보수령자가 거래에 이용한다는 점을 인식한 때에만 내부자의 책임을 물을 수 있다.[54]

---

51) 대법원 2020.10.29. 선고 2017도18164 판결.
52) 서울고등법원 2021.5.13. 선고 2020노1940 판결(대법원 2021.8.19. 선고 2021도6661 판결로 확정).
53) 동일한 취지의 견해로는 박순철, 앞의 논문, 145면.
54) 대법원 2020.10.29. 선고 2017도18164 판결 참조.

Ⅱ. 매매 양태를 통한 정보이용의 판단

행위자의 정보 이용 여부는 주관적 의사의 영역이므로 자백이 없는 경우에는 입증이 용이하지 않다. 따라서 매매에 이르게 된 경위나 요인, 매매 양태 등 객관적인 사실을 종합하여 간접사실을 증명하는 방법으로 판단할 수밖에 없다. 판례가 제시하는 정보의 이용 여부의 판단기준은 정보의 취득 경위 및 정보의 인식 정도, 피고인의 경제적 상황과 함께 "거래를 한 시기, 거래의 형태나 방식, 가격 및 거래량의 변동 추이 등 여러 사정을 종합적으로 살펴서 판단"하도록 한다.[55]

내부자는 알게 된 내부정보를 이용하여 자신의 경제적 이익을 극대화 하는 방향으로 매매할 것이므로, 그 거래시점, 거래량, 가격 등에서 미공 개정보를 지득·이용하는 것이 아니고서는 설명하기 어려운 양태를 보인 다면, 정보를 매매에 이용한다고 추정할 수 있다.[56]

미공개정보를 이용한 매매가 되기 위해서는 정보생성시점 이후 정보 공개전까지의 기간 동안 매매(호재의 경우 매수, 악재의 경우 매도)가 집중되 는 것이 일반적이다. 내부자가 정보를 지득한 후 정보공개가 임박하거나 가상자산의 수급이 불균형할 때는 단시간 내에 많은 수량을 취득 또는 처분하기 위하여 고가매수 주문(악재의 경우 저가매도 주문)이나 시장가주문 을 제출하는 양태를 보인다.

또한 호재성 정보의 경우 내부자는 이익 극대화를 위하여 많은 자금 을 마련하여 매수해야 하므로, 대규모 자금을 계정에 입금하거나, 다른 가상자산의 매도, 담보대출을 통해 마련한 자금으로 해당 가상자산에 집 중 매수하는 매매 특성을 보인다.

이와 반대로, 지속적으로 매수·매도를 반복하거나, 보유자금으로 대

---

55) 대법원 2017.1.25. 선고 2014도11775 판결.

56) [서울중앙지방법원 2007.2.9. 선고 2006고합332 판결] 유가증권의 매매 기타 거래와 관련하여 미공개 내부정보를 '이용'한다고 함은 미공개 내부 정보를 지득한 상태에서 유가증권을 거래함 에 있어 그 정보가 유가증권의 거래 여부, 거래시점, 거래량, 가격 등 거래조건의 결정에 하나 의 요인으로 작용하여 만일 그러한 정보를 알지 못했더라면 내렸을 결정과 다른 결정을 내리 게 함으로써 영향을 미침을 의미한다.

상 가상자산보다는 다른 가상자산을 집중 매수하는 경우에는 매매양태상
으로 정보이용을 입증하기는 어렵다.

미공개정보이용 매매양태의 추정(호재)

구 분	미공개정보 이용 양태	정보이용 추정이 어려운 양태
거래패턴	정보공개전 집중매수	정보공개전후 지속적 매수매도
거래적극성	신용거래, 거액입금후 전량매수	다른 가상자산 매수 비중이 높음
주문내용	고가매수주문 등 적극적 매수양태	저가매수주문 등 소극적 매수양태

* 예시로 든 특징에 불과하며 절대적 판단기준이 아님

양태를 통한 정보이용의 판단은 정보 이용여부에 대한 고려요소의 일
부이므로 정보이용 여부 판단의 절대적 요건이 될 수는 없다. 또한 내부
자의 정보 지득을 전제로 판단해야 하므로, 정보취득경로가 불분명한 경
우에는 매매양태만으로는 정보를 이용했다고 판단할 수 없다. 그리고 단
순히 정보공개전에 일부 매도가 있거나, 정보공개 후에도 매수가 지속된
다고 해서 정보의 이용이 없다고 판단할 수 없고, 전체 거래규모나 매매
성향 등을 종합적으로 고려해서 판단하여야 한다.[57]

Ⅲ. 매매의 경위나 요인 분석을 통한 정보이용의 판단

미공개정보를 지득하였으나, 매매에 다른 동기가 있거나 특별한 사정
이 있는 경우로서 내부자의 매매에 합리적인 이유가 있을 때에는 미공개
정보를 이용하였다고 보기 어려운 경우가 있다. ⅰ) 대출금 변제가 불가
피한 상황에서 가상자산을 매도하여 이를 대출금 변제에 바로 충당한 경
우,[58] ⅱ) 담보대출을 하면서 담보로 제공한 가상자산 가격의 하락으로

---

57) 서울고등법원 2009.5.15. 선고 2008노3397 판결(정보공개 전후로 지속적으로 매도·매수가
반복되었으나, 보험금 담보대출로 매수자금을 마련하고, 정보공개전 매량 매수를 하는 등 정황
을 들어 유죄 선고)

담보권자의 반대매매가 실행된 경우, iii) 미공개정보가 공시·공개되기 전에 관련 정보가 이미 알려진 경우, iv) 미공개정보 공개 이전에 가상자산 가격에 영향을 미치는 다른 정보가 알려진 경우를 예로 들 수 있다.

판례는 "정보를 취득한 경위 및 정보에 대한 인식의 정도, 정보가 거래에 관한 판단과 결정에 미친 영향 내지 기여도, 피고인의 경제적 상황"을 보고 정보의 이용 여부를 판단할 것을 요구한다.[59]

ⅰ) 대출금 변제는 행위자의 경제적 상황을 고려할 때 매매의 불가피성이 인정되면 미공개정보를 이용하지 않은 거래로 볼 수 있다. ⅱ) 담보비율을 하회하여 반대매매가 이루어진 경우라면, 내부자의 의사와 무관하게 매매가 이루어진 경우이므로 미공개정보를 이용한 거래가 성립할 수 없다.[60]

iii), iv)는 다른 정보로 인하여 투자판단에 영향을 미치는 경우이다. 정보가 공개되기 전에 동일한 내용의 추측성 기사, 또는 다른 호재성·악재성 정보가 매매의 요인이 되는 경우를 예로 들 수 있다. 이 경우 정보 공개전 유포된 정보만 투자판단에 절대적으로 영향을 미치는 것은 아닐 것이므로, 정보의 지득 여부와 매매양태를 종합적으로 고려하여 개별적으로 판단해야 한다.

---

58) 서울동부지방법원 2011.12.30. 선고 2011고합221, 279(병합) 판결.
59) 대법원 2017.1.25. 선고 2014도11775 판결.
60) 다만 가격하락에 따른 담보비율 하회는 과거부터 지속되었음에도, 정보공개시점을 앞두고 반대매매가 이루어졌다면 담보권자가 정보를 지득하여 매도가 이루어졌을 가능성도 배제할 수 없다. 또한 내부자가 추가 담보제공이 가능한 상황에서도 반대매매를 방치한 경우 내부자의 정보이용 가능성이 있다.

구 분		내 용
규제대상자	내부자	가상자산사업자 · 발행자, 임직원, 대리인, 주요주주(주요주주의 대리인 · 사용인 · 종업원 포함)
	준내부자	준내부자(인허가권자, 계약체결자), 준내부자의 대리인 · 사용인 · 종업원
	정보수령자	내부자나 준내부자로부터 정보를 전달받은 1차 정보수령자
미공개중요정보	개 념	가상자산에 관한 미공개중요정보
	대상정보	발행자의 정보뿐 아니라 가상자산에 관한 외부정보를 포함(예: 가상자산사업자의 유동성 공급정보)
	제 외	내부자의 직무와 무관한 외부정보는 규제 불가(예: 기관투자자의 대량거래 정보)
정보공개요건	정보공개주체	가상자산사업자 · 발행자(위임인 포함)가 공개(출처 불명의 추측성 기사는 공개된 것이 아님)
	정보생성시점	– 정보가 확정되기 전의 구체화된 시점(예: 이사회 결의 전 내부 합의) – 정보생성시점 이후 매수(매도)가 규제대상
	정보공개시점	공시 또는 보도 후 일정시간이 지나야 정보가 공개된 것으로 봄(예: 언론보도 후 6시간). 그 이전의 거래는 규제대상
정보의 이용	개 념	해당 정보를 이용하여 거래하여야 함. 다만 정보를 보유한 상태에서 거래한 경우에는 정보를 이용한 것으로 인정(판결)
	정황증거를 통한 입증	정보의 이용여부는 주관적 의사이므로 입증이 어려움. 내부자 등의 정보이용 여부는 매매 양태 등 정황증거로 입증이 가능(판례) (예: 정보공개전 집중매수, 고가매수주문, 매수를 위한 대규모 자금 마련 등).

제 3 장

시세조종행위

개관

시세조종행위는 자연스러운 수요공급이 아닌 인위적인 방법을 통하여 가상자산의 가격을 왜곡하는 행위를 말한다.

가상자산시장 이용자는 해당 가상자산의 정보를 바탕으로 매도·매수할 가격과 수량을 결정한다. 가상자산의 정보는 발행자의 정보뿐 아니라, 해당 가상자산의 시세와 수급현황을 포함한다. 이러한 정보를 바탕으로 수많은 이용자가 제출한 주문을 통하여 합리적인 가격이 형성된다.

시세조종행위는 직접 거래에 참여하여 가상자산의 가격 및 수급에 인위적인 영향을 미친다. 이러한 정보와 인위적인 가격·수급을 통하여 일반 이용자의 투자판단의 오판을 일으킴으로써 시세조종의 목적을 달성하게 되는 것이다. 시세조종행위의 규제는 이러한 인위적인 시세개입행위를 금지함으로써 선량한 이용자를 보호하고 가상자산시장의 투명성과 공정성을 확보하는 데 목적이 있다.

Ⅰ. 가상자산시장 시세조종의 특징

가상자산은 투자성이 있는 자산으로 주목받으면서 가상자산시장에서 유통되고 있다. 가상자산거래업자의 거래방식이 증권시장과 차이가 없고 시세와 수급상황이 실시간으로 공표되므로, 증권시장과 같은 시세조종이 가능한 동일한 환경을 갖고 있다. 가상자산거래업자는 가격제한폭 없이 24시간 거래되면서도 어떠한 시장안정화 장치를 두고 있지 않으므로 시세조종에 더 취약할 수밖에 없다.

가상자산거래업자의 거래방법은 증권시장과 큰 차이가 없다. 실시간 경쟁매매방식으로 거래되며, 체결 우선순위도 증권시장과 같이 가격우선, 시간우선의 원칙이 적용된다. 주문가격 및 수량은 실시간으로 공개되는데, 증권사 HTS에서 제공하는 호가창과 비교할 때 그 정보와 구성에서 차이가 없다. 주문현황은 이용자에게 시장의 수급현황을 알려주는 투자판단요소로 활용되지만, 이용자에게 매매를 유인하는 시세조종 수단으로 악용되기도 한다. 거래방식과 주문공개 방식이 증권시장과 차이가 없으므로, 증권시장의 시세조종 양태가 동일하게 나타날 수 있다.

가상자산시장은 여러 거래소에서 24시간 거래되고 가격제한폭, 서킷브레이커와 같은 가격안정화 장치가 없으므로, 유통물량이 적은 가상자산의 시세조종 효과가 극대화되는 등 시세조종에 취약한 구조를 갖는다.

시세조종 사례를 보면 유통량이 적은 신규코인의 일반 이용자의 매매를 유인하기 위한 시세조종이나, 가상자산거래업자 간 가격차를 이용한 시세조종의 특징을 갖는다.

Ⅱ. 자본시장법과 비교

시세조종 금지규정은 자본시장법상 시세조종 금지 규정 중 가장·통정매매(§176①), 현실거래에 의한 시세조종(§176②1)을 그대로 차용하되, 표시에 의한 시세조종(동법 §176②2·3), 시세고정·안정행위(동법 §176③) 및 연계시세조종 금지규정(동법 §176④)은 반영하지 않았다.

표시에 의한 시세조종(시세조종 유포행위, 중요사실에 관한 거짓 또는 오해유발 표시행위)은 포괄규정인 부정거래(법 §10④1) 및 중요사실에 관한 거짓표시행위(법 §10④2)로 규제가 가능하고, 자본시장법상으로도 해당 조문의 적용례가 드물다는 점에서 반영하지 않는 것이 타당하다.

시세고정·안정행위는 가상자산업자에 대한 안정조작의 예외 근거가 없고, 자본시장에서 시세고정·안정행위(예: 반대매매 방지, 상장폐지 모면)가 현실거래에 의한 시세조종 금지규정으로 규제할 수 있다는 점이 고려된 것으로 보인다.[61] 일본도 가상자산에 대한 시세고정·안정행위에 대한 규제 근거가 없다. 대신 가상자산법상 현실거래에 의한 시세조종 금지규정에 "시세를 변동 또는 고정시키는 매매"로 규정함으로써 시세고정행위 역시 금지대상임을 명확화하였다.

연계시세조종의 경우 가상자산-가상자산 연계 시세조종의 입법은 필요하다. 예를 들어 테라-루나와 같이 서로를 기초자산으로 하는 스테이블 코인의 경우 A코인의 가격을 인위적으로 하락시키고 B코인으로 차익을 실현하는 연계시세조종이 가능하다.[62]

다만 가상자산-파생상품 간 연계시세조종(예: 비트코인 선물), 가상자산-파생결합증권 간 연계시세조종(예: 비트코인 ETF)의 경우 기존 자본시장법상 연계시세조종 금지규정(§176④)의 적용이 가능하므로 규제에 문제가 없다.

---

61) 대법원 2005.12.9. 선고 2005도5569 판결(상장폐지 모면을 위한 시세고정에 대해 현실거래에 의한 시세조종을 적용한 판례).
62) 2개 코인 상호 간 수급 알고리즘에 의존하는 알고리즘 기반형 스테이블 코인(테라-루나)의 예를 보자. A코인이 1달러 상당의 B코인과 교환이 보장되는 조건의 스테이블 코인이 있다. 만약 A코인의 가치가 1달러 미만으로 떨어지면 가격이 싼 A코인을 구매하여 1달러 상당의 B코인으로 교환하려는 차익거래 수요가 발생하게 된다. 만약 A코인의 가격을 인위적으로 하락시키고 B코인으로 교환할 경우 현물·현물 연계 시세조종에 해당한다.

제10조(불공정거래행위 등 금지) ② 누구든지 가상자산의 매매에 관하여 그 매매가 성황을 이루고 있는 듯이 잘못 알게 하거나, 그 밖에 타인에게 그릇된 판단을 하게 할 목적으로 다음 각 호의 어느 하나에 해당하는 행위를 하여서는 아니 된다.

1. 자기가 매도하는 것과 같은 시기에 그와 같은 가격으로 타인이 가상자산을 매수할 것을 사전에 그 자와 서로 짠 후 매매를 하는 행위

2. 자기가 매수하는 것과 같은 시기에 그와 같은 가격으로 타인이 가상자산을 매도할 것을 사전에 그 자와 서로 짠 후 매매를 하는 행위

3. 가상자산의 매매를 할 때 그 권리의 이전을 목적으로 하지 아니하는 거짓으로 꾸민 매매를 하는 행위

4. 제1호부터 제3호까지의 행위를 위탁하거나 수탁하는 행위

I. 개관

1. 의의

가장매매와 통정매매를 통칭하여 위장매매라고 부른다. 현실거래에 의한 시세조종의 경우 행위자와 시장참여자간 실제 매매거래를 통하여 시세조종이 이루어지는 반면, 위장매매에 의한 시세조종은 매도자−매수자 간 미리 짜고 거래가 이루어진다는 점에서 차이가 있다.

위장매매는 공개경쟁시장에서 인위적인 거래증가를 통하여 매매성황의 외관을 형성하고 이용자의 오인을 유발한다. 또한 위장매매를 통해 현실거래에 의한 시세조종을 용이하게 하므로 이를 규제 대상으로 하고 있다.[63] 위장매매와 현실거래에 의한 시세조종을 병행한 경우 수개의 행위를 단일하고 계속된 범의 아래 일정기간 계속하여 반복한 범행으로서 포괄일죄가 성립한다.[64]

---

63) 대법원 2001.11.27. 선고 2001도3567 판결.
64) 대법원 2009.4.9. 선고 2009도675 판결.

위장매매는 동일인 또는 공범 간 거래가 서로 오가며 반복적으로 이루어지므로 적은 자금으로도 시세조종이 가능하다. 또한 연계 계좌 간의 거래이므로 매매수수료 등 비용 이외에 시장변동에 따른 손실 위험이 낮다는 점에서 현실거래에 의한 시세조종과 차이가 있다.

2. 매매체결의 필요 여부

위장매매에 의한 시세조종은 매매거래가 성립되지 않은 주문행위만으로도 구성요건을 충족하는가? 제10조 제2항 제1호부터 제3호의 가장매매 및 통정매매의 규정은 매도·매수 등 매매의 성립을 요건으로 하고 있다. 그러나 제4호의 "제1호부터 제3호까지의 행위를 위탁하거나 수탁하는 행위"의 금지규정을 근거로 위탁 후 매매거래가 성립되지 않은 경우까지 규제대상으로 보는 것이 법문에 충실한 해석이라는 것이 대체적인 견해이다.[65]

주문행위를 포함하여 규제대상이 된다고 보는 다른 근거는 주문사실도 투자판단에 영향을 줄 수 있고,[66] 법익침해의 위험성을 볼 때 주문집행 여부에 상관없이 처벌대상이 된다고 보는 것이다.[67] 판례 역시 같은 입장이다.[68]

위장매매와 현실거래에 의한 시세조종은 혼재되는 경우가 많다. 실무상으로는 위장매매를 허수주문 등 시세조종 주문유형 중 하나로 보고, 입증의 명확화와 다른 주문유형과의 구분을 위해 매매거래가 성립된 것을 대상으로 판단하는 경우가 일반적이다. 다만 위장매매만 있는 경우와 같이 다른 시세조종 주문유형과 구분할 필요가 없는 경우에는 매매거래가 성립된 것만 볼 이유가 없다.

---

65) 임재연, 「자본시장법」, 박영사(2018), 865면.
66) 김건식·정순섭, 「자본시장법」, 박영사(2023), 484면.
67) 이성호, "범죄체계론상 사기죄의 새로운 조명, 관련 범죄와의 비교를 중심으로", 「형사법연구」, 제22호(2004), 133면.
68) 대법원 2002.6.14. 선고 2002도1256 판결.

II. 구성요건

1. 매매성황의 오인 또는 오판의 목적

(1) 의의

위장매매는 타인이 "매매가 성황을 이루고 있는 듯이 잘못 알게 하거나, 그 밖에 타인에게 그릇된 판단을 하게 할 목적"을 가지고 있어야 한다.

판례는 매매성황의 오인 또는 오판을 하게 할 목적의 판단에 있어서 "다른 목적과의 공존여부나 어느 목적이 주된 것인지는 문제되지 아니하고, 그 목적에 대한 인식의 정도는 적극적 의욕이나 확정적 인식임을 요하지 아니하고 미필적 인식이 있으면 족하며, 이용자의 오해를 실제로 유발하였는지 여부나 타인에게 손해가 발생하였는지 여부 등도 문제가 되지 아니하고"라고 하여 행위자의 목적 판단요건을 넓게 보고 있다.[69] 따라서 행위자의 확정적 인식이 아닌 미필적 인식만으로도 구성요건을 충족한다.

(2) 매매성황의 오인 · 오판 목적의 판단 방법

이 요건은 주관적 구성요건요소에 해당한다. 행위자의 목적 여부는 주관적 영역이므로, 행위자의 직접 진술이 없는 경우에는 그 입증이 쉽지 않다. 판례는 유가증권의 가격 및 거래량의 동향 등 간접사실을 종합적으로 고려하여 그 목적을 판단하도록 하고 있다.

⚖ 간접사실을 통한 위장매매의 판단 방법

(대법원 2001.11.27. 선고 2001도3567 판결)

> 이러한 목적은 당사자가 이를 자백하지 않더라도 그 유가증권의 성격과 발행된 유가증권의 총수, 매매거래의 동기와 태양(순차적 가격상승주문 또는 가장매매, 시장관여율의 정도, 지속적인 종가관여 등), 그 유가증권의 가격 및 거래량의 동향, 전후의 거래상황, 거래의 경제적 합리성 및 공정성 등의 간접사실을 종합적으로 고려하여 판단할 수 있다.

---

69) 대법원 2001.11.27. 선고 2001도3567 판결.

계량적 판단방법으로는 위장매매 전후 거래량의 변화, 위장매매의 매매횟수 및 매매금액, 위장매매 매도-매수 간 시차, 매매관여율, 주문관여율 등이 사용된다. 위장매매의 경우 현실거래에 의한 시세조종행위(법 §10③)와 같은 "시세를 변동시키는 매매"일 것으로 요구하지 않는다. 하지만 위장매매에 의한 시세조종행위 역시 인위적인 시세개입을 금지하는 데 그 취지가 있으므로, 위장매매 전후 가격변동률 역시 계량적 판단지표가 된다.[70]

그런데 위장매매에 의한 시세조종은 매매성황의 목적이 아니면 설명할 수 없는 비경제적인 매매거래를 반복하는 행위이므로, 양태 자체만으로 주관적 목적을 입증하는 데 큰 어려움이 없다.

2. 가장매매

(1) 의의

사례 가장매매의 성립 여부(서울고등법원 2009.1.6. 선고 2008노1506 판결)

Q. 甲은 시세조종 전주들로부터 돈과 다수의 계좌를 받아 매매 시간, 가격, 수량 등 매매조건을 미리 계획하고 그에 따른 매매를 했다. 이 경우 가장매매에 해당하는가?

A. 가장매매는 계좌주가 동일인일 필요는 없지만 계산주체가 동일할 것을 요구한다. 동일인이 다수 계산주체로부터 위임받아 짜고 거래했다면 통정매매에 해당한다.

가장매매는 권리의 이전을 목적으로 하지 않는 가장된 매매거래를 말한다. 그 계좌주가 동일인일 필요는 없고, 명의가 다르더라도 동일인이 실질적으로 소유하고 있는 차명계정의 경우도 가장매매에 해당한다.[71] 실무상 계산주체가 동일하면 가장매매, 계산주체가 다른 경우에는 통정

---

70) 가장·통정매매에 대한 과징금 부과시 ⅰ) 위반기간 일평균 가장·통정매매 횟수, ⅱ) 총매매금액, ⅲ) 가격변동폭을 계량적 지표로 사용한다(조사업무규정 별표2 참조).

71) 대법원 2001.11.27. 선고 2001도3567 판결, 대법원 2004.7.9. 선고 2003도5831 판결.

매매로 판단하고, 법원 역시 동일한 기준을 적용한다.[72] 일반적인 가장매매는 ⅰ) 1인이 가족이나 지인의 차명계정을 활용하여 자기계산으로 매매하거나, ⅱ) 시세조종 전주가 전업투자자 등 시세조종 실행세력을 동원하여 자금을 대주고 가장매매를 실행하는 경우를 예로 들 수 있다.

가장매매는 권리이전이 수반되지 않은 매매의 합리성이 없는 행위이므로, 매매 성황의 오인·오판 목적 이외에 다른 목적을 상정하기 어렵다.

(2) 가상자산거래업자의 가장매매

가상자산시장의 가장매매는 가상자산거래업자가 봇 프로그램을 사용하거나,[73] 가상자산거래업자 또는 발행자가 외부업자와 시장조성계약을 하여 시세를 견인하는 방법이 있다.[74] 이와 같은 시장조성행위는 가격발견기능 제고보다는 이용자의 거래참여 유인을 통한 거래업자의 수수료 수입 증대 또는 발행자의 자금회수를 주목적으로 한다. 가상자산거래업자의 조성행위가 정당화되기 위해서는 한국거래소 업무규정 같은 금융당국의 승인을 받은 조성원칙에 따라 투명하게 운영될 필요가 있다. 금융위원회도 이러한 점을 고려하여 가상자산거래업자의 시장조성주문이 시세조종행위에 해당할 수 있다는 입장이다.[75]

⚖️ **가상자산시장의 가장매매**

(서울남부지방법원 2023.9.26. 선고 2023고단781 판결)

> 거래소에 신규 코인을 상장하는 발행재단 측은 거래소 상장 직후 높은 가격대에 코인 가격이 형성되어야 자체 보유한 코인의 고가 매도를 통해 발행재단과 기존 투자자들이 투

---

72) 서울고등법원 2009.1.6. 선고 2008노1506 판결(대법원 2009.4.9. 선고 2009도675 판결로 확정).

73) 서울고등법원 2019.7.23. 선고 2019노396 판결(대법원 2020.8.27. 선고 2019도11294 판결로 확정).

74) 대법원 2024.6.13. 선고 2024도4484 판결(코인원 상장담당 임직원과 발행재단이 공모하여 외부업자와 시장조성계약을 하고 가장매매한 사안에 대해 업무방해죄를 인정).

75) 금융위원회, 「가상자산 이용자 보호 등에 관한 법률」의 시행령 및 감독규정 제정안 입법예고 실시"(2023.12.11.), 보도자료, 19면.

자금을 회수하고 수익을 극대화할 수 있기에, 발행재단 관련자들과 브로커들은 상장 직후 시세조종(속칭 'MM작업')을 통해 가상자산 거래가격을 끌어올리는 행위를 직접 수행하거나, 또는 'MM업자'들에게 목표 거래량과 가격을 정해주고 이들로 하여금 가장·통정거래(자전거래)나 물량소진 주문, 고가매수 주문 등을 통해 코인의 거래량 및 시세를 인위적으로 조작시키려는 유인이 존재한다. 그리고 이러한 시세조종은 거래소 내 일반 회원들에게 코인 거래량 및 시세에 대한 오인, 착각을 일으키게 하여 회원들의 해당 코인 매수를 유인하게 된다.

* 대법원 2024.6.13. 선고 2024도4484 판결로 확정

3. 통정매매

통정매매는 서로 다른 계산주체 간에 거래 시기, 가격과 수량을 서로 짜고 거래하는 행위를 말한다(법 §10②1,2). 가장매매와 달리 타인간의 거래행위이므로 ⅰ) 같은 시기, ⅱ) 같은 가격으로 매수·매도할 것을 서로 짜고 거래할 것이 요구된다. '같은 시기'는 반드시 동시가 아니더라도 쌍방의 주문이 거래시장에서 대응하여 성립할 가능성이 있는 시간이면 충분하다. 예를 들어 이미 시장에 내어져 있는 주문에 대해서 통정한 다음 대응하는 주문을 내어 매매를 성립시키는 것도 통정매매에 해당한다.[76]

'같은 가격'은 쌍방 주문이 대응하여 거래가 성립할 가능성이 있는 범위 내의 가격이면 충분하다. 또한 매수주문과 매도주문의 수량이 반드시 일치할 필요가 없다.

⚖ 같은 가격, 시간의 판단 기준

(서울고등법원 2009.1.6. 선고 2008노1506 판결)

증권거래법 제188조의4 제1항 제1호, 제2호에서 말하는 '같은 시기'란 반드시 동시가 아니더라도, 쌍방의 주문이 거래시장에서 대응하여 성립할 가능성이 있는 정도의 시기이면 족하며, '같은 가격'도 쌍방의 주문이 대응하여 거래가 성립할 가능성이 있는 범위 내의 가격이면 충분할 뿐만 아니라, 매수주문과 매도주문의 수량이 반드시 일치할 필요는 없으며, 이미 시장에 내어져 있는 주문에 대해서 통정한 다음 대응하는 주문을 내어 매매

---

76) 서울고등법원 2009.1.6. 선고 2008노1506 판결.

를 성립시키는 것도 모두 시세 및 거래량을 인위적으로 변동시킬 가능성이 있는 거래로서 통정매매에 해당하고, 매도주문량과 실제 매매체결량의 차이가 있는 경우도 통정매매에 해당할 수 있다.

매매수량은 거래시기와 가격의 경우와 마찬가지로 정확하게 일치할 필요는 없다. 주문량과 실제 매매체결량의 차이가 있는 경우에도 통정매매에 해당한다.

통정매매는 매수·매도자가 다른 계산주체인 경우 성립하는데, 만약 다른 계산주체의 여러 계좌를 동일인이 위임받아 각 계좌 간 매매를 하는 경우에도 각 손익의 귀속 주체인 타인 간의 거래로서 통정매매에 해당하는 것으로 본다.[77]

3 절   현실거래에 의한 시세조종

제10조(불공정거래행위 등 금지) ③ 누구든지 가상자산의 매매를 유인할 목적으로 가상자산의 매매가 성황을 이루고 있는 듯이 잘못 알게 하거나 그 시세를 변동 또는 고정시키는 매매 또는 그 위탁이나 수탁을 하는 행위를 하여서는 아니 된다.

I. 의의

위장매매에 의한 시세조종에 대응되는 개념으로 실제 시장참여자와의 주문 또는 매매거래를 통하여 시세조종행위를 하는 것을 말한다. 일반적으로 시세조종을 규제할 때 가장 많이 적용하는 규정이다.

---

77) 대법원 2013.7.11. 선고 2011도15056 판결, 서울고등법원 2009.1.6. 선고 2008노1506 판결(대법원 2009.4.9. 선고 2009도675 판결로 확정).

현실거래에 의한 시세조종은 매매체결보다는 주문행위(이상주문)가 시세조종성을 판단하는 데 핵심요소이다. 따라서 매매성립이 이루어지지 않은 주문행위까지 포섭해야 규제의 실익이 있다. 하지만, "위탁이나 수탁을 하는 행위"를 근거로 주문행위까지 포섭한다고 보는 것이 일반적인 해석이다. 입법론적으로는 "매매·주문 또는 그 위탁이나 수탁을 하는 행위"로 규정할 경우 매매체결과 주문행위까지 포섭되고, 규제대상을 명확히 할 수 있다고 본다.

Ⅱ. 구성요건

1. 매매유인목적

사례 **대량매도로 인한 가격급락 시 시세조종 해당여부**

Q. 가상자산발행자 임원 甲은 상속세 납부를 위하여 부득이 갖고 있던 가상자산 중 3%를 장내에 매도하였다. 갑작스러운 매도물량 출회로 가격은 급락하였다. 甲은 자신의 매도로 인해 가상자산 가격에 영향을 미칠 것이라는 예상은 하고 있었다. 甲의 매도는 시세조종에 해당하는가?

A. 시세조종은 매매유인목적을 요건으로 한다. 이용자를 가상자산의 매매에 끌어들이려는 목적을 갖고 있다고 볼 수 없으므로 시세조종에 해당하지 않는다.

---

(1) 매매유인목적의 의미

행위자는 "가상자산의 매매를 유인할 목적"을 갖고 있어야 한다. 위 사례와 같이 시세변동이 있을 것이라는 인식만을 가지고 대량거래를 했다고 하여 시세조종으로 처벌할 수 없다는 의미이다.

판례는 매매유인목적을 "인위적인 조작을 가하여 시세를 변동시킴에도 불구하고 투자자에게는 그 시세가 시장에서의 자연적인 수요·공급의 원칙에 의하여 형성된 것으로 오인시켜 매매거래에 끌어들이려는 목적"이라고 판시하고 있다.[78]

시세조종 등 모든 불공정거래 금지규정은 추상적 위험범으로서 구체적 위험이 발생하지 않더라도 요건을 충족한다. 매매유인목적으로 요건을 충족하고 실제 매매유인이 이루어질 필요는 없다.

(2) 간접사실을 통한 매매유인목적의 판단

매매유인목적 여부는 행위자의 주관적 의사와 관련된 것이므로, 행위자의 자백이 없으면 이를 입증하는 것은 곤란하다. 판례상 매매유인목적은 다른 목적과의 공존 여부나 어느 목적이 주된 것인지는 문제되지 않고, 목적에 대한 인식 정도는 적극적 의욕이나 확정적 인식임을 요하지 않으며, 미필적 인식이 있으면 족한다고 보고 있다. 또한 그 입증에 있어서 당사자가 자백하지 않더라도 가상자산의 성격과 발행 총수, 매매동기와 태양, 가격 및 거래동향, 전후의 거래상황, 거래의 경제적 합리성 등 간접사실을 통해 판단할 수 있다.[79] 이러한 간접사실을 통한 입증방법은 아래의 '매매의 성황 오인 및 시세를 변동시키는 매매'를 입증하는 경우에도 마찬가지로 적용된다.

2. 매매의 성황 오인 또는 시세를 변동 · 고정시키는 매매

(1) 의의

매매유인목적이 행위자의 주관적 의사에 관한 요건이라면, "매매가 성황을 이루고 있는 듯이 잘못 알게 하거나 그 시세를 변동 또는 고정시키는 매매"는 매매유인목적을 갖고 실제 시장에서 어떠한 실행행위를 하는지에 관한 구성요건이다. 구성요건상 ⅰ) 매매성황의 오인 또는 ⅱ) 시세변동 · 고정 요건 중 하나를 충족하면 되도록 규정하고 있으나, 이 두 가지 요건을 별도로 보기보다는 함께 취급하는 경우가 일반적이고 판례도 마찬가지이다.[80] 아래에 설명할 대부분의 시세조종 주문유형 역시 매

---

78) 대법원 2001.6.26. 선고 99도2282 판결, 대법원 2003.12.12. 선고 2001도606 판결, 대법원 2007.11.29. 선고 2007도7471 판결.

79) 대법원 2003.12.12. 선고 2001도606 판결, 대법원 2007.11.29. 선고 2007도7471 판결.

80) 대법원 2010.6.24. 선고 2007도9051 판결.

매성황의 오인과 시세를 변동·고정시키는 두 가지 효과를 갖는다.

시세를 고정시키는 매매는 현재의 시장가격을 고정시키는 경우뿐 아니라, 행위자가 일정한 가격을 형성하고 그 가격을 고정시키는 경우도 포함하는 것으로 본다.[81] 따라서 정해진 가격에 고정되어야 하는 것은 아니며 시세가 일정한 가격 범위 내에서 일탈하지 않는 것이면 된다. 또한 시세를 높은 가격 또는 낮은 가격으로 견인하고 그 가격을 고정시키는 경우까지 포함한다.[82]

(2) 시세의 의미

자본시장법은 "시세"를 "증권시장 또는 파생상품시장에서 형성된 시세"라고 정의한다(§176①1). 반면에 가상자산법은 시세에 대한 정의가 없다. 가상자산법은 시세조종 대상상품의 상장 여부를 묻지 않으므로 시세의 범위가 불명확하다는 문제가 있다. 사인 간 상대매매의 경우는 어떤가. 매매거래의 시기·가격·수량 등이 공개되지 않는다면 투자의 참조가 되는 시세로 보기 어렵고, 매매성황이나 매매유인의 효과가 없으므로 시세로 포섭할 실익도 없다. 그런데 비트코인, 이더리움 등 가상자산의 블록체인에 기록된 상대매매 정보는 일반에 공개되고 있으므로 동 정보를 시세로 볼 수 있는지 여부도 고려할 필요가 있다.[83] 또한 외국 가상자산거래업자의 시세도 투자판단에 영향을 줄 수 있다.

상장 여부를 묻지 않고 시세를 한정하지 않는다는 법률상 취지를 고려하면, 장내 거래여부나 국내외 시장여부를 불문하고 공표되는 가격으로서 매매유인의 효과를 갖는 것이라면 시세에 해당한다고 보는 것이 타당하다.

미국 증권거래법은 미등록증권의 시세조종도 금지하는데, "시세"가 아닌 "가격(price)"의 인위적 상승 또는 하락으로 규정하므로(§8(a)(2)) 범

---

81) 대법원 2004.10.28. 선고 2002도3131 판결.
82) 대법원 2015.6.11. 선고 2014도11280 판결.
83) 예를 들어 비트코인의 경우 blockchain.com, 이더리움은 Etherscan을 통해 가상자산 이전(트랜젝션) 시기, 거래량 등의 정보가 공표된다.

위를 넓게 설정할 수 있다.

(3) 시세변동 매매의 판단방법

매매유인 목적 또는 매매성황의 오인과 시세를 변동시키는 매매인지 여부를 판단하기 위해서는 앞서 설명한 대법원 판례와 같이 매매동기와 태양, 가격 및 거래동향, 전후의 거래상황, 거래의 경제적 합리성 등 간접사실을 통해 입증이 가능하다. 입증방법의 예를 들어보자. 가상자산 담보대출을 한 자가 가상자산 가격 하락으로 인한 반대매매를 방지하기 위하여(시세조종의 동기), 고가매수 등 시세조종 주문(손실이 발생하는 비경제적 매매 태양)을 통하여 시장참여자의 매수세를 증가시켜 시장 주문수량 및 거래량을 증가시키고 시세 끌어올린 경우(가격 및 거래동향, 전후의 거래상황)로서 그 주문관여율과 매매관여율이 높은 경우(시장지배력)에는 매매유인 목적과 매매성황 오인, 시세변동 목적이 있다고 인정할 수 있다.[84]

시세변동 매매주문의 입증의 간접증거로는 시세조종주문 여부가 사용되고, 행위자의 시세조종 동기는 매매유인 목적 입증을 위한 간접증거로 인정된다.

3. 시세를 변동시키는 매매주문 유형(시세조종주문)

(1) 주문

'주문'은 가상자산시장 이용자가 가상자산시장에서 매매거래를 하기 위한 매도 또는 매수의 의사표시를 말한다. 매도·매수의 의사표시가 서로 합치되어 거래가 성사되는 "매매"와는 구분되는 개념이다. 가상자산시장은 이용자가 직접 가상자산거래업자에 주문을 제출하나, 증권시장은 투자자가 금융투자업자에게 주문을 제출하면 해당 금융투자업자가 거래소에 호가를 제출하는 차이가 있다.

가상자산거래업자는 통상 24시간 거래되므로 제출하는 주문은 매매거

---

84) 서울중앙지방법원 2015.5.29. 선고 2014고합329 판결의 사건(반대매매 방지를 위한 시세조종)의 양태를 바탕으로 정리하였음.

래가 성립될 때까지 유효한 반면, 증권시장은 당일 매매거래시간 내에서만 유효하다. 이미 제출한 주문 중 매매거래가 성립되지 아니한 수량의 전부 또는 일부의 취소도 가능하다.

가상자산거래업자는 통상 주문을 제출할 수 있는 가격제한폭이 없다. 반면 증권시장은 당일의 기준가격을 기준으로 상·하한 각각 30%의 범위의 가격제한폭을 두고 있다.[85]

(2) 주문의 종류

국내 주요 원화 거래소의 주문유형은 지정가주문, 시장가주문 및 예약주문(자동주문)을 허용하고 있다. 주식시장은 지정가주문, 시장가주문 이외에도 조건부지정가주문, 최유리지정가주문, 최우선지정가주문, 목표가주문, 경쟁대량매매주문 등 총 7가지 주문유형이 있는데, 장내에서 실제 주문양태를 보면 지정가주문이 80%, 나머지는 시장가주문이 차지하고 있으므로, 가상자산 거래소의 주문종류가 2종류일 뿐이라고 해서 상대적으로 부족하다고 볼 것은 아니다.

지정가주문은 투자자가 지정한 가격 또는 그 가격보다 유리한 가격으로 매매거래를 하고자 하는 주문이다. 지정가주문은 투자자들이 일반적으로 많이 사용하는 주문유형이나, 가장매매나 통정매매와 같은 위장매매뿐 아니라 허수성주문, 고가매수주문, 물량소진주문 등 현실거래에 의한 시세조종 전략을 수행하기 위한 주문으로도 사용된다.

시장가주문은 수량을 지정하되 가격은 지정하지 않는 주문유형을 말한다. 현 시점에서 시장에서 형성되는 가격으로 즉시 매매거래를 하고자 할 때 사용된다. 시장가주문은 신속한 거래를 목적으로 하지만, 시장가주문이 반복되면 주가상승 또는 하락을 가속화하는 효과를 갖기 때문에 시장가주문 자체로도 시세조종행위가 가능하다.

---

85) 유가증권시장 업무규정 제20조.

(3) 시세조종주문

시세조종주문은 매매성황의 외관을 형성하고 시세를 변동시키는 주문을 말한다. 시세조종 주문행위의 수량, 그 수량의 비중 및 시세에 미치는 영향의 분석을 통하여 시세조종행위의 입증수단으로 활용한다.

금융당국과 법원이 인정하고 있는 시세조종주문의 유형으로는 고가매수주문, 물량소진주문, 호가공백주문, 허수주문, 시장가주문이 있다.[86] 이러한 주문유형은 시세를 왜곡할 수 있는 비경제적 주문형태이다. 다만 이러한 주문형태의 존재만으로 시세조종행위로 보는 것은 아니다. 매매주문 당시의 시세추이, 시세에 미치는 영향 및 주문상황, 주문행위의 반복성 등을 종합적으로 고려하여 판단한다.

전체 시세조종주문은 주문관여율과 매매관여율로 산정하여 시세조종주문의 전체 시장지배력을 판단하는 지표로 활용한다.[87] 관여율은 매수·매도 관여율을 각각 산정하는데, 주로 매수 관여율을 산정하는 경우가 일반적이다. 시세조종 기간 관여율은 일별 관여율을 각각 계산 후 일평균값을 산정한다. 예를 들어 시세조종이 있던 2일간 매수주문관여율이 각각 20%, 30%인 경우 시세조종기간 관여율은 (20%+30%)/2 = 25%가 된다. 검찰은 시세조종기간의 유형별 시세조종주문현황을 범죄일람표로 작성하여 증거로 사용한다.

관여율

주문관여율 = [시세조종 매수(매도)주문수량/시장 전체 총 매수(매도)주문수량]×100[88]

매매관여율 = [시세조종 매수(매도)체결수량/시장 전체 총 매수(매도)체결수량]×100[89]

---

86) 서울고등법원 2009.1.6. 선고 2008노1506 판결. 이하 각 유형별 시세조종주문의 정의는 동 판결 내용을 기초로 작성하였음.

87) [서울고등법원 2019.11.14 선고 2019노1509 판결] 피고인들이 거래한 종목의 상당수가 시가총액이 적은 중·소형주이고, 거래량이 많은 종목이었으며, 기업의 내재가치보다는 거래량이나 거래횟수에 쉽게 영향을 받는 종목이었던 점을 고려하면, 주문수량을 기준으로 한 피고인들의 호가관여율(해당 주문수량/시장 전체 매수 주문수량) 6.9%는 결코 적다고 볼 수 없다.

시세조종주문은 반드시 매매체결에 이를 필요는 없고, 그 주문만으로도 상승 또는 하락시키는 효과가 있고, 매매유인을 하는 효과를 가지므로 체결이 아닌 주문수량으로 시세조종주문을 판단한다. 주문을 기준으로 산정하므로 원주문에 대한 취소를 하는 경우에도 원주문은 시세조종 주문수량에 포함한다. 예를 들어 허수주문은 주문취소를 수반하는데 허수주문 그 자체로 시세조종의 효과를 발휘하므로 원주문인 허수주문은 당연히 시세조종 주문수량에 포함하는 것이다. 한편 원주문에 대해 정정주문을 했는데 양자가 시세조종주문인 경우 어떻게 산정하는가. 정정주문은 그 실질이 원주문 취소 후 신규주문과 동일한 효과를 내는 것이므로, 당연히 정정주문 역시 시세조종 주문수량에 포함한다. 예를 들어 1,000원에 10개 주문을 낸 후 900원에 10개 정정주문을 하였는데 양자가 시세조종 주문이라면 시세조종 주문수량은 20개가 된다.

⚖ 주문행위만으로도 시세조종행위로 판단

(대법원 2002.6.14. 선고 2002도1256 판결)

> 매매계약의 체결에 이르지 아니한 매수청약 또는 매수주문이라 하더라도 그것이 유가증권의 가격을 상승 또는 하락시키는 효과를 가지고 제3자에 의한 유가증권의 매매거래를 유인하는 성질을 가지는 이상 증권거래법 제188조의4 제2항 제1호 소정의 '유가증권의 매매거래가 성황을 이루고 있는 듯이 잘못 알게 하거나 그 시세를 변동시키는 매매거래 또는 그 위탁이나 수탁을 하는 행위'에 해당하고, 단지 매수주문량이 많은 것처럼 보이기 위하여 매수의사 없이 하는 허수매수주문도 본조 제2항 제1호가 금지하는 이른바 현실거래에 의한 시세조종행위의 유형에 속한다.

(4) 고가매수주문

고가매수주문은 직전가 또는 상대매도우선주문[90]보다 고가로 매수주

---

88) 서울고등법원 2019.11.14 선고 2019노1509 판결, 수원지방법원 2013.1.31. 선고 2012고합699 판결, 부산지방법원 2018.1.9. 선고 2017고합197 판결 참조.

89) 부산지방법원 2018.1.9. 선고 2017고합197 판결 참조.

90) 매도주문 중 가장 낮은 가격으로 제출된 주문을 말한다. 일반적으로 매수주문은 상대매도우선주문보다 낮은 가격에 형성되어 있는데, 만일 상대매도우선주문보다 고가의 매수주문을 제출

문을 반복하는 주문이다. 이 주문형태는 매수세력이 유입되어 매매가 성황을 이루고 가격이 상승하는 것처럼 보이게 하여 일반이용자의 매매를 유인하는 효과가 있다.[91] 또한 상대매도우선주문과의 체결을 통해 가격을 상승시킨다.

통상 매수주문은 상대매도우선주문보다 낮은 가격을 제출하는 것이 일반적이다. 그런데 더 높은 가격으로 매수주문을 제출하는 것은 합리성이 결여된 비경제적인 주문양태이다.

다만 호재로 인한 가격상승 국면에서 추격매수를 위한 고가매수주문이 이루어졌고, 체결가능성이 높은 가격 범위에서 이루어진 경우가 대부분인 경우 시세조종성 고가매수주문으로 보기 어렵다.[92]

고가매수주문 사례

매 도	가 격	매 수
:	:	
5,000개	10,100원	③ 8,000개
① 5,000개	10,050원	
② 5,000개	10,000원(직전가)	
	9,950원	5,000개
	:	:
매도잔량(100,000개)	주문잔량	매수잔량(70,000개)

* ①, ②, ③은 호가 순서

위의 사례는 매도15호가 총잔량이 100,000개로 매도세가 우세한 상황에서 직전가보다 2호가 높은 ③ 8,000개 매수주문으로 상대 매도 1~

한다면 투자자 입장에선 해당 종목의 가격이 상승할 것으로 예단할 수 있다.

91) 서울고등법원 2009.1.6. 선고 2008노1506 판결.
92) 수원지방법원 2013.1.31. 선고 2012고합699 판결.

2호가 물량인 ②, ① 순서로 체결하여 10,000원에서 10,050원으로 상승시키는 경우이다.

매매체결 우선순위와 가격은 어떻게 결정되는가?

  1. 매매체결 우선원칙

    ① 가격우선원칙: 매수주문은 가격이 높은 주문이 우선하고, 매도주문은 가격이 낮은 호가가 우선한다.

    ② 시간우선원칙: 가격이 동일한 주문 간에는 먼저 접수된 주문이 나중에 접수된 주문에 우선한다.

  • 예를 들어 위의 고가매수주문 사례를 보면 ② 5,000개가 낮은 매도 주문이므로 가격우선원칙에 따라 먼저 체결되고, ① 5,000개는 주문시간은 앞서지만 가격우선원칙에 따라 후순위가 되어 3,000개가 체결된다.

  2. 가격 결정방법

  • 가격 결정은 선행주문의 가격으로 체결된다. 따라서 먼저 주문한 매도 ② 5,000개 주문 가격인 10,000원에 체결되고, ① 5,000개 호가 가격인 10,050원에 체결되어 직전가 대비 50원 상승시키는 결과가 된다.

(5) 물량소진주문

물량소진주문은 상대매도우선주문으로 나온 매도물량을 소화하기 위하여 반복적으로 매수주문을 하여 매도우선주문 수량을 지속적으로 흡수함으로써 매수세의 외관을 형성하고, 가격을 인위적으로 지지하는 주문이다.[93] 가격이 상대매도우선주문 아래로 떨어지지 않은 채 인위적으로 지지되는 효과가 있다. 상대매도우선주문 가격으로 주문을 제출한다는 점에서 상대매도우선주문 또는 직전가보다 높은 가격을 제출하는 고가매수주문과 차이가 있다.

---

93) 서울고등법원 2009.1.6. 선고 2008노1506 판결.

물량소진주문 사례

매 도	가 격	매 수
⋮	⋮	⋮
10,000개	10,100원	
10,000개	10,050원	
① 10,000개	10,000원	② 5,000개 ③ 3,000개
	9,950원	5,000개
	9,000원	5,000개
⋮	호가잔량	⋮

위의 사례는 상대매도주문에 ② 5,000개, ③ 3,000개 매수주문을 반복하여 ① 매도우선주문과 체결하여 상대주문을 소진시킴으로써 매수세의 외관을 형성하고 가격을 유지하는 경우이다.

(6) 허수매수주문

1) 의의

허수매수주문은 ⅰ) 매수의사 없이 직전가 또는 상대주문과 대비하여 체결가능성이 없는 저가의 주문을 반복적으로 제출하여 매수잔량이 많이 쌓인 것처럼 보이게 하거나, ⅱ) 체결가능성이 있는 가격대에 주문을 제출하나 매수의사 없이 반복적으로 정정·취소하는 주문양태이다. 이 경우 매수세력이 많은 것처럼 보이게 하여 마치 매매거래가 성황을 이루고 있는 것으로 일반이용자에게 그릇된 판단을 하게 하여 매매를 유인하게 된다.

2) 거래의 성립 가능성이 희박한 주문의 제출

주문정보는 매도·매수별 최우선주문(체결가능성이 높은 주문)의 가격을 포함하여 매도·매수별 15단계의 우선주문의 가격이 시장에 공표된다.[94]

주문정보의 공표는 이용자들에게 매도·매수 주문상황을 공개함으로써 투자판단의 지표로 활용할 수 있는 장점이 있으나, 악의의 이용자가 공표된 주문범위 내에서 대량의 매수주문을 제출함으로써 이를 보게 된 이용자들의 매매를 유인하게 되는 부작용이 있다. 허수주문 제출을 통해 매매를 유인하고, 가격 상승 후 보유물량 매도를 통한 차익실현이 가능하게 된다.

거래의 성립 가능성이 희박한 주문의 범위는 직전가 또는 상대주문, 거래량 및 주문잔량과 대비하여 즉시 체결될 가능성이 있었는지 여부 등 시장상황이나 양태에 따라 당시의 제반 상황을 종합하여 판단해야 한다.[95] 가상자산시장의 경우 24시간 거래되는 특성으로 인해 저가매수 또는 는 고가매도를 위한 주문이 장기간 유지되는 경우가 많다. 이러한 주문은 허수주문과 구분하여 양태에 따라 판단할 필요가 있다.

거래가능성이 낮은 허수주문의 제출 및 취소 사례

매 도	가 격	매 수	
③ 매도주문&체결	10,050원	② 매수세 유입	
	10,000원(직전가)		
	:		
	9,600원	① 10,000개	⇒ ④ 주문취소
	9,550원	① 10,000개	⇒ ④ 주문취소

위의 표는 거래 성립이 희박한 매수주문을 대량으로 제출하고 매수세가 유입되면 보유물량을 매도한 뒤 최초 제출한 매수주문을 취소하는 전형적인 허수주문 사례를 설명한 내용이다. ① 행위자가 체결가능성이 낮은 가격에 매수 허수주문을 제출하고, ② 일반이용자는 대량의 매수주문 물량을 보고 매매가 성황을 이루고 있는 듯한 오해를 갖고 매수주문 제

---

94) 업비트 기준.
95) 서울고등법원 2009.1.6. 선고 2008노1506 판결.

출에 뛰어들게 된다. ③ 행위자는 기존에 보유한 물량에 대한 매도주문을 제출하여 매매체결이 이루어지고, ④ 행위자는 기존에 내놓은 ①의 매수주문을 취소하게 된다.

허수주문은 매매유인 효과가 있지만, 허수주문만으로 처벌 수준의 매매유인과 시세변동 효과를 갖기는 어렵다. 일반적인 시세조종행위의 경우 고가매수주문, 물량소진주문, 호가공백주문 시장가주문 등 다양한 시세조종성 호가가 결합하여 시세변동을 일으키는 것이 일반적이다.

"거래 성립 가능성이 희박한 주문"은 가상자산거래업자가 공표하는 최우선주문 이내의 주문으로서 최우선주문을 제외한 주문 중에서 매매체결 가능성이 낮은 주문을 말한다. 공개되지 않는 주문은 허수주문에서 제외된다. 단지 최우선주문보다 단계가 가깝다고 허수주문에서 제외되는 것은 아니며, 당시 주문상황, 주문수량 등을 고려하여 개별적으로 판단해야 한다.[96]

3) 주문을 제출한 후 반복적으로 정정·취소하는 행위

주문을 제출한 후 해당 주문을 반복적으로 정정·취소하는 행위는 매매의 진정성이 없는 허수주문에 해당한다. 주문 제출 후 시세견인이라는 목표를 달성하면 해당 주문을 정정 또는 취소하게 된다. 거래 성립 가능성이 있는 주문을 제출하고 이를 반복적으로 취소하는 행위도 포함한다. 체결가능성이 높은 최우선주문도 취소·정정이 반복적으로 이루어진다면 매매의 진정성이 없는 허수주문의 적용이 가능하다. 취소·정정 행위의 판단은 주문횟수 대비 정정·취소 비중을 감안한다.[97]

---

96) 대법원 2008.12.11. 선고 2006도2718 판결.
97) 대법원, 위의 판결.

⚖️ 정정 · 취소가 반복된 허수주문

(대법원 2008.12.11. 선고 2006도2718 판결)

> 5단계까지 호가 잔량을 공개하는 이유는 수요와 공급 상황에 관한 정보를 시장 참여자 누구나 실시간으로 접할 수 있도록 하여 시장 참여자들의 가격결정에 도움을 주기 위한 것인바(모든 시장 참여자들이 허수주문을 일상적으로 함으로써 호가 잔량이 아무런 기능도 할 수 없다면 공개할 이유가 없을 것이다), 실제로 체결할 의사 없이 위 범위 내의 호가에 대량의 허수주문을 하였다가 체결 직전에 취소하는 행위를 반복하는 것은 수요와 공급 상황에 관하여 시장에 잘못된 정보를 제공하는 행위로 볼 수 있다.
>
> * 국채선물시장에서 최우선 3~6단계 허수호가 및 최우선 1~2단계 호가 후 취소를 반복한 행위와 관련한 선물거래법 제31조 제1항 제4호 규정을 위반한 사례

고가매수주문이나 물량소진주문은 선행하는 상대우선호가에 체결가능성이 높은 공격적인 후행호가를 제출하여 체결시키는 방법으로 매매성황 및 가격상승효과를 갖는다.[98] 그 외에 호가공백주문, 시장가주문 역시 체결가능성이 높은 주문을 제출하는 방식이다. 이렇게 후행하는 매수주문으로 상대매도주문을 체결시키는 행위는 대체로 시세조종의 강한 의도를 갖는 주문으로 판단할 수 있다. 반면 허수매수주문은 체결가능성이 없는 호가의 제출로서 매매체결의 진정성이 없는 주문이라는 점에서 다른 시세조종 주문과 구분된다.

(7) 호가공백주문

거래량이 적은 종목은 주문건수가 적으므로 매수주문 및 매도주문 간의 공백이 발생한다. 호가공백주문은 그 공백이 있는 가격대에 매수주문을 하여 매수세가 유입되는 외관을 형성하는 주문형태를 말한다.

하급심 판결을 보면 매수1호가 549원, 매도1호가 551원으로 호가 간 공백이 발생한 상태에서 550원의 매수주문을 하여 매수세 유입 외관을

---

98) 고가매수주문, 물량소진주문 같이 기다리지 않고 즉시 체결시킬 목적으로 내는 주문을 Taking 주문이라고 한다. Taking 매도의 경우 가격을 낮추어 주문해야 한다. 반대로 Making 주문은 즉시 체결을 목적으로 하는 것이 아니라 후행하는 Taking 주문의 체결을 기다리는 주문을 말한다. 예를 들어 증권시장의 시장조성자 매수주문은 매도최우선호가보다 낮게 제출해야 하는데 이러한 주문이 Making 주문에 해당한다.

형성하고, 가격을 상승시키는 경우를 예로 들고 있다.[99)]

(8) 시장가주문

시장가주문은 주문제출시 가격을 지정하지 않는 주문으로서 매매주문이 시장에 도달했을 때 체결 가능한 가격으로 매매체결시키는 주문형태를 말한다. 시장가주문은 이용자가 지정한 가격으로 주문하는 지정가주문에 대응되는 주문으로서, 매매거래가 신속히 이루어지는 장점이 있다.

시장가주문은 매매거래가 신속히 이루어지고 매도주문이 충분하지 않은 상태에서 시장가 매수주문만 지속적으로 제출할 경우 상대 매도주문을 잠식하면서 가격을 급등시키는 효과를 발휘한다.

시장가주문은 가상자산거래업자가 정한 주문형태의 하나이므로, 시장가주문 자체로 시세조종주문으로 단정할 수 없다. 결국 시장수급상황과 반복성 등 매매양태를 통하여 시세조종 목적 여부를 판단하여야 한다.

⚖️ **시장가주문의 시세조종성**

(서울중앙지방법원 2010.9.3. 선고 2010고합280 판결)

> 특히 시장가주문(주문제출시 가격을 지정하지 않는 주문으로서 매매주문이 시장에 도달했을 때에 체결 가능한 가격으로 매매체결시키는 주문)에 대하여는 매매거래가 신속히 이루어지고 매도 주문이 충분하지 않은 상태에서 시장가 매수주문만 계속 접수되면 가격이 급등할 우려가 있고, 이 경우는 상한가 주문과 일치한다.

4. 시세조종의 동기

시세조종의 동기는 시세조종행위를 하게 된 계기를 말한다. 판례상 시세조종의 동기는 시세조종의 주관적 목적(유인목적)을 입증하기 위한 정황증거로 인정된다.[100)] 미국도 시세조종의 동기가 일련의 거래와 결합된 경우에 시세조종의 목적이 추정되는 것으로 본다.

---

99) 서울중앙지방법원 2013.12.27. 선고 2013고합698 판결.
100) 대법원 2010.6.24. 선고 2007도9051 판결.

시세조종의 동기는 단순히 시세조종행위에 따른 차익실현 목적만 있는 것이 아니다. 시세조종행위의 비경제적인 매매양태의 특성상 시세조종행위의 결과 손실이 발생하는 경우가 많기 때문이다. 시세조종의 동기는 매매차익 실현 이외에도 담보가치 하락 방지, 상장요건의 유지 등 다양한 동기가 존재한다.

시세조종행위와 행위자·관련자의 시세조종 동기의 실현을 통한 경제적 또는 무형적 이익이 확인될 경우 시세조종의 목적은 강하게 추정될 수 있다.

가상자산사업자의 가장매매의 예를 보자. 이용자가 원하는 수량의 가상자산을 적정한 가격에 거래하기 위해서는 유동성이 풍부한 시장에 참여하는 것이 일반적이다. 따라서 가상자산거래업자는 매매수수료 수익 극대화를 위해 매매성황의 외관을 형성할 유인이 있다.

⚖️ 가상자산거래업자의 가장매매

(서울고등법원 2019.7.23. 선고 2019노396 판결)[101]

> 피고인들이 공모하여 '㈜E 가상화폐 거래시스템에 가공계정을 만들고, 가상화폐 포인트 및 KRW 포인트를 허위 입력한 후, 봇 프로그램을 통해 자동으로 다량의 매도·매수 주문을 제출하여 가공계정들 사이, 가공계정과 일반계정 사이에 거래가 체결되게 함으로써 마치 다수의 실제 이용자들에 의해 거래가 이루어져 시세와 거래량이 정상적으로 형성되는 것처럼 보이게 하는 방법'으로 이용자들을 기망하여 ㈜E로 하여금 이용자들로부터 예탁금 및 수수료 명목의 금전을 편취하게 한 사실을 인정할 수 있으며, 피고인들에게 사기 범의도 인정된다.

5. 거래동향을 통한 시세조종 여부의 판단

대법원 판례는 시세조종 여부의 판단에 있어서 시세조종 주문양태와 시세조종 동기뿐 아니라 당시의 거래 동향을 고려하여 판단하도록 제시하고 있다.[102] 거래 동향을 바탕으로 무죄를 인정한 하급심 사례를 보면

---

101) 대법원 2020.8.27. 선고 2019도11294 전원합의체 판결로 확정.

ⅰ) 시장 전반의 거래상황, ⅱ) 당해 종목의 투자전망, ⅲ) 피고인들의 거래규모, ⅳ) 매매거래 후의 가격 및 거래량 변화를 판단요소로 사용하고 있다.[103]

해당 종목이나 업종이 각광받아 가격이 자연스럽게 상승하는 경우에는 인위적인 시세조종이 개입할 필요가 없다. 특히 시장에서 주목받는 테마종목의 경우 이용자들의 매수세 집중으로 인하여 시세조종 세력이 관여할 수 없는 수준으로 거래량이 급증하고 가격이 급등하는 양상을 보인다. 다만, 테마종목을 대상으로 SNS나 인터넷 게시판을 통한 종목 추천 또는 시세견인행위를 통하여 가격급등을 촉진시켰다면 시세조종이나 부정거래행위 규제대상이 될 것이다.

---

102) [대법원 2003.12.12. 선고 2001도606 판결] 이러한 목적은 당사자가 이를 자백하지 않더라도 그 유가증권의 성격과 발행된 유가증권의 총수, 매매거래의 동기와 태양(순차적 가격상승 주문 또는 가장매매, 시장관여율의 정도, 지속적인 종가관여 등), 그 유가증권의 가격 및 거래량의 동향, 전후의 거래상황, 거래의 경제적 합리성 및 공정성 등의 간접사실을 종합적으로 고려하여 판단할 수 있다.
103) 서울고등법원 2005.10.19. 선고 2005노1123 판결.

구 분			내 용
위장매매에 의한 시세조종	가장매매		동일한 계산주체가 권리이전을 수반하지 않는 가장 된 매매를 하는 것
	통정매매		서로 다른 계산주체간에 서로 짜고 거래하는 행위 거래 시기, 가격과 수량이 동일할 필요는 없으며 대응하여 성립할 가능성이 있으면 충분
현실거래에 의한 시세조종	개 념		이용자의 매매를 유인할 목적으로 매매성황의 오인 또는 시세를 변동시키는 매매거래
	매매유인목적		– 이용자에게 시세가 자연스러운 수급에 의해 형성 된 것으로 오인시켜 매매에 끌어들이려는 목적 – 매매양태, 시세조종의 동기, 주문관여율 등 간접 증거를 통해 매매유인 목적 입증 가능
	시세변동 거래·매 매유인목 적 입증 수단	시세조 종주문	① 고가매수: 직전가 또는 상대우선호가보다 고가 로 매수주문 ② 물량소진: 상대매도호가를 지속적으로 체결하여 가격을 지지하는 주문 ③ 허수주문: 체결가능성 없는 저가의 주문 또는 호가의 반복적인 정정·취소 ④ 호가공백: 매수·매도호가의 공백을 메우는 주문 ⑤ 시장가주문: 가격을 지정하지 않는 주문

제4장

부정거래행위

1절 개관

Ⅰ. 의의

부정거래행위는 가상자산의 매매, 그 밖의 거래와 관련하여 사용하는
일체의 부정한 행위로서, 미공개중요정보 이용행위, 시세조종행위 수준의
가벌성이 있는 행위를 말한다.

부정거래행위 금지규정은 신종 수법들의 유형을 일일이 법률에 열거
하여 규제하기 어려운 현실을 고려하여 자본시장법 제정 시 도입된 것을
가상자산법에도 반영한 것이다.

부정거래행위 금지규정은 가상자산의 매매, 그 밖의 거래와 관련하여
ⅰ) 부정한 수단, 계획 또는 기교를 사용하는 행위, ⅱ) 중요사항의 거짓
기재 또는 누락행위, ⅲ) 매매유인 목적의 거짓시세 이용행위로 구성되
어 있다.

부정거래행위 금지 조항 중 제1항의 "부정한 수단, 계획 또는 기교를
사용하는 행위"는 국내 현행법상 찾아보기 힘든 포괄적인 법문이다. 이
조문에 대한 위헌 가능성을 지적하는 견해도 있지만, 헌법재판소는 부단
히 변화하는 다양한 생활관계의 규율을 위한 포괄적 조항의 필요성을 인
정한다.[104]

Ⅱ. 자본시장법과 비교

자본시장법상 위계 등 금지(§178②) 같은 조항이 없으므로 입법 반영이 필요하다는 지적이 있다.[105] 자본시장법의 경우 요건이 더 포괄적인 제178조 제1항 제1호(부정한 수단)가 신설되면서 동 조항이 주로 적용된다. '위계'는 기망의 결과 투자자의 일정한 행위를 유인할 목적을 요구하나, '부정한 수단'은 이러한 목적을 요구하지 아니하며 매매 그 밖의 거래를 할 목적도 요구하지 않는다. 따라서 포괄조항인 제10조 제4항 제1호만으로도 규제상 문제는 없다.

2 절 **부정한 수단, 계획 또는 기교**

제10조(불공정거래행위 등 금지) ④ 누구든지 가상자산의 매매, 그 밖의 거래와 관련하여 다음 각 호의 행위를 하여서는 아니 된다.
  1. 부정한 수단, 계획 또는 기교를 사용하는 행위

Ⅰ. 의의

누구든지 가상자산의 매매, 그 밖의 거래와 관련하여 '부정한 수단, 계획 또는 기교를 사용하는 행위'를 하여서는 아니 된다. 불공정거래에 대한 다른 규정이 미치지 못하는 위법을 규제하는 포괄규정이다.

이 조항은 일본 금융상품거래법 제157조 제1호를 자본시장법 제178조 제1항에 그대로 반영하였고, 이를 가상자산법에도 그대로 계수하였다. 또

---

104) 헌법재판소 2010.3.25. 2009헌가2 결정; 형법 제185조의 기타 방법에 의한 교통방해 금지의 명확성 원칙 위반여부에 대한 합헌 결정이다.
105) 임세영, 박영주, "가상자산법의 법적 쟁점 3", 「BFL」 제122호(2023.11.), 81면.

한, 일본 금융상품거래법은 SEC Rule 10b-5의 "device, scheme, or artifice"를 그대로 번역한 것이다. 다만 미국의 경우 SEC Rule 10b-5에서 '사기를 위한 수단, 계획 또는 기교(device, scheme, or artifice to defraud)'라는 표현을 사용하여 일반적 사기행위 규정임을 명확히 하고 있으며, 연방대법원의 판례 역시 동 조문이 사기(fraud)를 의미한다고 해석한다.[106] 그러나 우리나라와 일본은 사기나 기망을 요건으로 규정하지 않는 대신 '부정한'이라는 법문을 사용한다.

II. 부정한 수단, 계획, 기교의 구성요건

1. 가상자산의 매매, 그 밖의 거래

제10조 제4항은 '가상자산의 매매, 그 밖의 거래와 관련하여'로 규정한다. '관련하여'로 규정하므로 행위자가 가상자산의 매매나 기타 거래행위를 직접 할 것을 요구하지 않는다. 매매나 거래의 주체를 제한하지 않으므로 제3자의 매매나 그 밖의 거래와 관련하여 부정거래를 한 경우에도 구성요건을 충족한다.[107] 동 요건을 통하여 행위자의 허위표시나 부정거래행위로 일반이용자가 매매나 그 밖의 거래를 통해 입는 피해를 보호하게 된다. 이 요건으로 인해 행위자의 매매거래를 요건으로 하는 미공개중요정보 이용행위나 시세조종행위와 차별성을 갖는다.

"그 밖의 거래"는 매매 이외의 가상자산이 신규로 발행되는 경우나,[108] 담보설정계약[109]과 같이 향후 가상자산의 소유권 이전이 수반될 수 있는 경우도 포함한다.

---

106) Ernst & Ernst v. Hochfelder, 425 U.S. 185 (1976).
107) 임재연, 「자본시장과 불공정거래」, 박영사(2021), 440면.
108) 서울중앙지방법원 2008.2.1. 선고 2007고합71, 2006고합1272(병합) 판결, 서울중앙지방법원 2004.4.9. 선고 2004고합267 판결.
109) 임재연, 「자본시장법」, 박영사(2018), 843면.

2. '부정한'의 의미

(1) 판례

SEC Rule 10b-5는 '사기'를 요건으로 하지만, 제10조 제4항 제1호는 '부정한'을 요건으로 한다. 이 부정성을 어떻게 해석하는가에 따라 규제대상이 정해질 것이다.

투자수익보장약정을 통해 주식매수를 하게 한 사건에서 하급심은 "부정한 수단, 계획, 기교"는 거래상대방 또는 불특정투자자에 대한 기망이 요구되는 것으로 보았다.110)

그러나 동 사건에 대하여 대법원은 "부정한 수단, 계획, 기교"를 "사회통념상 부정하다고 인정되어 허용될 수 없는 일체의 수단, 계획 또는 기교"로 포괄적으로 해석하였다.111) 일본 최고재판소의 판례가 "사회통념상 부정하다고 인정되는 일체의 수단"이라고 판시한 것과 동일하다.112)

⚖️ 부정한 수단, 계획 또는 기교의 의미

(대법원 2011.10.27. 선고 2011도8109 판결)

> 자본시장과 금융투자업에 관한 법률 제178조 제1항 제1호는 금융투자상품의 매매, 그 밖의 거래와 관련하여 '부정한 수단, 계획 또는 기교를 사용하는 행위'를 금지하고 있는데, 여기서 '부정한 수단, 계획 또는 기교'란 사회통념상 부정하다고 인정되는 일체의 수단, 계획 또는 기교를 말한다.

이후 ELW 스캘퍼에 대하여 증권사가 전용망 제공을 한 부정거래사건에서 대법원은 부정거래행위의 '부정성'에 대한 판단기준을 제시한 바

---

110) [서울중앙지방법원 2010.10.29. 선고 2010고합305·412(병합) 판결] '부정한 수단, 계획 또는 기교'라 함은 거래상대방 또는 불특정투자자를 기망하여 부지 또는 착오상태에 빠뜨릴 수 있는 모든 수단, 계획, 기교 또는 행위자의 지위·업무 등에 따른 의무나 관련법규에 위반한 수단, 계획, 기교를 말하는 것으로 같은 법 제176조 및 제178조가 정하고 있는 나머지 행위들을 포괄하는 개념으로 보아야 한다.

111) 대법원 2011.10.27. 선고 2011도8109 판결.

112) 最高裁 第三小法廷, 1965年 5月25日, 裁判集刑事 155号 831頁.

있다. 대법원은 ⅰ) 그 행위가 법령 등에서 금지된 것인지, ⅱ) 다른 투자자들로 하여금 잘못된 판단을 하게 함으로써 공정한 경쟁을 해치고 선의의 투자자에게 손해를 전가했는지, ⅲ) 이로 인하여 자본시장의 공정성, 신뢰성 및 효율성을 해칠 위험이 있는지를 고려하여 행위의 부정성을 판단해야한다고 판시하였다. 이 판례 이후 매수추천 행위 관련 사건들과[113] 삼성증권 배당오류 사건[114]에서도 이 판례를 기반으로 부정성 여부를 판단한 바 있다.

이 판례에 따르면 부정성 여부에 대하여 투자자의 '잘못된 판단'을 요구함으로써 기망을 판단요소로 하였다.

⚖ ELW 사건

(대법원 2014.1.16. 선고 2013도9933 판결)

'부정한 수단, 계획 또는 기교'란 사회통념상 부정하다고 인정되는 일체의 수단, 계획 또는 기교를 말하며, 이때 어떠한 행위를 부정하다고 할지는 그 행위가 법령 등에서 금지된 것인지, 다른 투자자들로 하여금 잘못된 판단을 하게 함으로써 공정한 경쟁을 해치고 선의의 투자자에게 손해를 전가하여 자본시장의 공정성, 신뢰성 및 효율성을 해칠 위험이 있는지를 고려하여 판단해야 한다.

(2) 학설

SEC Rule 10b-5는 기망을 요건으로 하고 있고, 일본의 다수설은 SEC Rule 10b-5의 '사기(fraud)'를 '부정한'으로 해석한 것으로 보아 Rule 10b-5와 동일하게 보아야 한다고 하지만,[115] 최고재판소가 '사회통념상 부정하다고 인정되는 일체의 수단'으로 해석함으로써 입법상 연혁적 이유는 큰 의미를 갖기 어렵게 되었다.

우리나라의 학설은 대체로 대법원의 해석을 긍정한다. 자본시장법상

---

113) 대법원 2017.3.30. 선고 2014도6910 판결, 대법원 2018.4.12. 선고 2013도6962 판결.

114) 서울남부지방법원 2019.4.10. 선고 2018고단3255 판결.

115) 岸田雅雄, 「注釈 金融商品取引法(第3巻)」(きんざい, 2010年), 4頁; 小林一郎, 「MSCB の利用意義とその實踐~金商法157条の有效活用の檢討を中心として」, 佐賀大學濟論集(2016), 8頁.

부정거래에 관한 다른 규정은 "거짓의 기재", "위계" 등 기망을 구성요건으로 하는 반면, 제178조 제1항 제1호는 기망을 구성요건으로 하지 않는 점을 볼 때 기망을 요하지 않는다는 견해가 우세하다.[116]

(3) 기망의 필요 여부

제10조 제4항 제1호는 '위계'나 '거짓 기재'와 같은 명시적인 기망 요건을 두고 있지 않다. 그렇다면 '부정성'은 어떤 의미로 해석해야 하는가. 위의 ELW 판례를 기점으로 이후 판례들은 부정성에 대하여 다른 투자자의 '잘못된 판단'을 판단요소로 함으로써 일정한 기망을 요구한다.[117]

예를 들어 삼성증권 직원들이 실제 있지도 않는 배당오류로 입고된 주식을 매도하는 행위는 투자자들에게 잘못된 판단을 하게 한 행위로서 부정거래행위에 해당한다. 다만 그 결과 투자자에게 일정한 행위를 유인할 목적이 있었던 것은 아니므로 위계에 해당한다고 평가할 수 없다.[118]

부정거래행위가 '이용자의 신뢰'를 저버리는 행위라고 본다면 일정한 기망적 요소가 없는 부정거래행위를 상정하기는 어렵다고 본다.[119] 그간의 판례의 태도, 미국·일본·우리나라의 입법 연혁, 기망을 요구하는 다른 부정거래 규정과의 균형을 고려하면 '부정성'은 기망을 포함하는 개념으로 보는 것이 타당하다.[120]

---

116) 임재연, 「자본시장법」, 박영사(2018), 912면; 김건식·정순섭, 「자본시장법」, 박영사(2023), 508면.

117) 대법원 2017.3.30. 선고 2014도6910 판결(증권 추천 후 매도행위), 대법원 2018.4.12. 선고 2013도6962 판결(유사투자자문업자의 매수 추천행위), 서울남부지방법원 2019.4.10. 선고 2018고단3255 판결(삼성증권 배당오류 사건).

118) 서울남부지방법원 2019.4.10. 선고 2018고단3255 판결.

119) [대법원 2004.4.9. 선고 2003도7828 판결] 사기죄의 요건으로서의 기망은 널리 재산상의 거래관계에 있어서 서로 지켜야 할 신의와 의무를 저버리는 모든 적극적 또는 소극적 행위를 말하는 것이다.

120) 부정한 수단이 사기적이거나 시세조종적 또는 이에 준하는 정도의 불법성이 있어야 한다는 견해로는 김학석·김정수, 「자본시장법상 부정거래행위」, SFL 그룹(2015), 204면.

3. 수단, 계획, 기교

부정한 '수단'의 사전적 의미는 '어떤 목적을 이루기 위한 방법 또는 그 도구'를 말한다. 자본시장법상 부정한 수단이 적용된 사례는 전산상 오배당 입력된 삼성증권 주식을 삼성증권 직원들이 매도한 사안(삼성증권 배당오류 사건)에 대하여 확보하지 않은 주식을 매도한 행위에 대하여 부정한 수단을 사용한 것으로 본 판결이 있다.[121] 그 외에 ELW의 신속한 거래를 위하여 증권회사에서 특정 투자자에게 전용망을 제공한 것에 대하여 부정한 수단을 제공한 것으로 보아 기소한 사례가 있다.[122]

'계획'의 사전적 의미는 '장차 벌일 일에 대해 구체적인 절차나 방법, 규모 따위를 미리 헤아려 구상하거나 또는 그 내용'을 말한다.[123]

'기교'는 '교묘한 솜씨나 기술'을 뜻하는데, 제3자 유상증자가 성공한 외관 형성을 위하여 최대주주 등이 차명으로 실권주를 인수한 사안에 대하여 '부정한 기교'에 해당한다고 판단한 사례가 있다.[124]

사실 수단 · 계획 · 기교가 적용된 사례를 보면 그 차이를 구분하기가 어렵고, 다수의 판례는 구분하지 않고 '부정한 수단, 계획 또는 기교'를 적용하는 경우가 대부분이다. 미국의 경우도 SEC Rule 10b-5에서 '사기를 위한 수단, 계략, 술책(device, scheme, or artifice to defraud)을 단어별로 별도로 적용하지 않는다.

Ⅲ. 부정한 수단, 계획, 기교의 양태

가상자산 발행자가 실제 발행 능력이 없음에도 비트코인과 같은 기술을 구현할 것처럼 홍보하고 이용자의 자금을 갈취하는 경우가 많다. 비

---

121) 서울남부지방법원 2019.4.10. 선고 2018고단3255 판결.
122) 대법원 2014.1.16. 선고 2013도9933 판결(전용망 제공에 대하여 무죄); 서울남부지방검찰청, 「자본시장법 벌칙해설」, (2019), 150면 참조.
123) 고려대 한국어대사전.
124) 서울고등법원 2011.6.9. 선고 2010노3160 판결.

트코인 등 가상자산의 경우 블록체인에 기반한 소스코드를 제3자에게 공개하고, 발행주체가 존재하지 않거나 비영리재단을 운영하는 지배구조를 보유하고 있다. 이와 달리 탈중앙화나 기술의 진보라고 볼 특성이 존재하지 않고, 발행자가 발행 및 유통을 통제하는 중앙통제방식이며, 가능하지 않은 채굴이 가능한 것처럼 소개한다면 부정한 수단을 사용하거나 중요사항을 거짓 기재한 것에 해당한다.[125]

발행자가 상장유지 목적의 가두리 펌핑을 통한 시세조종 과정에서 가상자산거래업자가 시세조종세력에게 슈퍼계정을 제공하여 가상자산 가격을 부양하는 행위도 부정한 수단, 계획 또는 기교를 사용하는 행위에 해당할 수 있다. 이 경우에는 가상자산거래업자와 시세조종세력은 상장유지라는 단일한 범의 하에 시세조종과 부정거래를 실행한 공범으로서 포괄일죄에 해당할 것이다.

가상자산시장의 경우 SNS를 이용하여 작전의 대상이 되는 가상자산을 공개하고, 가격이 상승하면 보유한 가상자산을 매도하여 차익을 실현하는 펌프 앤 덤프(Pump & Dump) 전략이 성행하고 있다. 자본시장도 증권방송이나 유튜브를 통해 매수 추천행위 후 보유물량을 매도하는 행위가 발생하는데 이 경우 부정한 수단을 사용한 것으로 본다.[126]

가상자산시장에서 가상자산거래업자 임원이 가장매매를 위해 차명계정을 생성하고 거래화폐와 원화 잔고금액을 허위 입력한 행위는 부정한 수단, 계획 또는 기교에 해당한다.

⚖️ 차명계정으로 가상자산 허위입력

(대법원 2020.8.27. 선고 2019도11294 판결)

> 피고인들이 이 사건 거래소 은행계좌 등에 원화 등의 실제 입금 없이 이 사건 거래시스템에서 생성한 차명계정에 원화포인트 등을 입력한 행위는 이 사건 거래시스템을 설치·운영하는 공소외 1 회사와의 관계에서 그 권한을 남용하여 허위의 정보를 입력함으

---

125) 대전지방법원 2022.6.10. 선고 2019고단4623, 2022고단187(병합) 판결(사기죄).

126) 대법원 2017.3.30. 선고 2014도6910 판결, 대법원 2018.4.12. 선고 2013도6962 판결.

로써 공소외 1 회사의 의사에 반하는 전자기록을 생성한 경우로서 형법 제232조의2에서 정한 '위작'에 해당한다.

제10조(불공정거래행위 등 금지) ④ 2. 중요사항에 관하여 거짓의 기재 또는 표시를 하거나 타인에게 오해를 유발시키지 아니하기 위하여 필요한 중요사항의 기재 또는 표시가 누락된 문서, 그 밖의 기재 또는 표시를 사용하여 금전, 그 밖의 재산상의 이익을 얻고자 하는 행위

Ⅰ. 의의

이 규정은 문서 등을 통하여 중요사항에 대하여 거짓 기재 등을 하여 이익을 얻고자 하는 행위를 금지하는 규정이다. 예를 들어 가상자산 발행자가 실현 가능성이 없는 내용의 백서를 공표하고 ICO를 통해 자금을 모집하는 경우에는 중요사항에 관한 거짓 기재에 해당할 것이다.[127]

Ⅱ. 구성요건

1. 중요사항

'중요사항'에 관한 부실표시·누락행위가 규제대상이다. 판례와 학설[128]에 따르면 '중요사항'은 미공개중요정보에 대한 정의에 따른 "투자자의 투자판단에 중대한 영향을 미칠 수 있는 정보"를 말한다.

---

127) 서울서부지방법원 2001. 12. 6. 선고 2001고단2003 판결(비상장증권 부정거래 주식공모 광고 및 안내문 허위기재에 대한 판결이다).
128) 임재연, 앞의 책, 898면; 한국증권법학회, 앞의 책, 929면.

중요사항은 가상자산의 매매, 그 밖의 거래와 관련한 모든 정보를 포함하므로, 회사 외부에서 생성되는 가상자산 관련 시장정보도 중요사항에 포함된다. 또한 정보 공개여부를 묻지 않는다.

2. 거짓 기재

중요사항에 관하여 '거짓의 기재 또는 표시'가 금지된다. 가상자산법은 문서뿐 아니라 '그 밖의 기재 또는 표시'를 포함하므로, 문서 이외의 방법인 TV 등 언론보도, 인터넷, SNS, 강연 등 다양한 방법을 통한 거짓 기재·표시를 하는 경우도 포함한다.

'문서, 그 밖의 기재 또는 표시를 사용'해야 하므로 아예 정보의 공개나 표시 자체를 하지 않으면 적용할 수 없다. 따라서 의도적으로 중요사항에 대한 정보 공개를 이행하지 않은 경우에는 이 요건을 충족하지 못한다.[129]

3. 금전, 그 밖의 재산상의 이익

부실기재 행위와 이익 취득 간의 인과관계와 관련하여 판례는 중요한 사항에 관한 허위·부실 표시 문서를 이용한 이상 그로써 바로 위 조항 위반죄가 성립하는 것이고, 문서 이용행위로 인하여 '금전 기타 재산상의 이익을 얻을 것'을 요하지 않는다고 한다.[130] 따라서 부실표시가 있는 이상 재산상 이익을 얻지 못한 경우에도 구성요건을 충족한다.

"재산상 이익"과 관하여는 부당이득에 대한 대법원의 판례를 준용하면 된다. 대법원은 "개인적이고 유형적인 경제적 이익에 한정되지 않고, 기업의 경영권 획득, 지배권 확보, 회사 내에서의 지위 상승 등 무형적인 이익 및 적극적인 이득뿐 아니라 손실을 회피하는 경우와 같은 소극

---

129) 대법원 2010.12.9. 선고 2009도6411 판결(외국 기관투자자 명의의 대량매매에 대하여 대량보유보고 및 소유주식상황보고를 하지 않은 사안에서 허위표시를 하거나 누락된 문서의 이용이라는 요건을 충족하지 못한다고 판시하였다.)
130) 대법원 2006.4.14. 선고 2003도6759 판결.

적 이득, 아직 현실화되지 않은 장래의 이득도 모두 포함하는 포괄적인 개념으로 해석하는 것이 상당하다"라고 판시하였다.[131]

Ⅲ. 거짓 기재의 양태

가상자산법 제정 이전에는 가상자산 발행과정에서 백서나 홍보 내용의 허위 기재가 있는 경우 「형법」상 사기죄, 「유사수신행위의 규제에 관한 법률」상 유사수신행위(§3)가 적용되거나 사기에 이르지 않는 경우 「표시·광고의 공정화에 관한 법률」 위반죄(§3)를 적용한 바 있다.[132] 가상자산발행자가 실제 그러한 의사나 능력이 없었음에도 해당 가상자산을 일상생활에서 사용되게 하고, 채굴기능, 수익배분기능 및 상장투표기능 등을 유지한다든가, 가상자산거래업자에 상장하겠다는 내용으로 백서나 홈페이지에 거짓 기재를 하는 경우,[133] 가상자산거래업자 운영에 대한 지식이 없으면서 거래업자 운영 및 코인 투자에 관한 허위의 사실을 고지한 경우[134] 중요사항의 거짓 기재에 해당한다.

⚖ 가상자산거래소 설립과 코인발행 관련 거짓 기재

(부산지방법원 동부지원 2020.9.11. 선고 2020고단881 판결)

> 피고인의 가상자산 거래소 운영에 관한 지식이나 경험 수준, 자금 사정 및 자금의 인출 경위, X코인의 유통가능성과 이로 인한 대규모 환불발생의 가능성, 허위사실의 고지 등의 여러 제반사정을 고려하면, 피고인은 거래소가 정상적으로 운영되지 않을 것이고 그로 인하여 투자자들이 투자손실을 입게 되리라는 것을 확정적으로 인식하고 있었거나 적어도 미필적으로라도 이를 인식하면서도 투자자들에게는 거래소 운영 및 X코인 투자 전망에 관하여 허위의 사실을 고지하였고, 투자자들은 이에 속아서 피고인 등에게 코인

---

131) 대법원 2002.7.22. 선고 2002도1696 판결.
132) 대전지방법원 2022.6.10. 선고 2019고단4623, 2022고단187(병합) 판결.
133) 서울중앙지방법원 2021.3.25. 선고 2019가합578367 판결(손해배상 사건으로서 백서의 공지한 대부분이 실행되었다는 검사의 불기소처분 등을 이유로 기각).
134) 부산지방법원 동부지원 2020.9.11. 선고 2020고단881 판결.

대금을 지급하였음을 인정할 수 있다.

4 절 거짓의 시세 이용

제10조(불공정거래행위 등 금지) ④ 3. 가상자산의 매매, 그 밖의 거래를 유인할 목적으로 거짓의 시세를 이용하는 행위

이 규정은 매매를 유인할 목적으로 '거짓의 시세'를 이용하는 행위를 금지하는 규정이다. 이 규정은 매매 유인 목적을 요구하는 현실거래에 의한 시세조종(법 §10③)과 유사하나, 실제 매매주문 없이 이루어지는 행위규제가 가능하다는 차이가 있다. 예를 들어 가상자산업자가 프로그램을 수정하는 방식으로 임의로 코인의 시세를 조작하는 행위는 거짓의 시세 이용행위에 해당한다.

가상자산거래업자의 프로그램 수정을 통한 시세조작

(대전지방법원 2022.6.10. 선고 2019고단4623, 2022고단187(병합) 판결)

피고인들은 AR코인을 상장하기 전에 자체거래소를 이용하여 임의로 코인의 시세를 계속적으로 올렸다(나중에는 프로그램 자체를 수정하여 AW가 직접 코인의 시세를 조작하였다). 특히 자체거래소를 통해서는 코인의 거래가 불가능하고, 코인의 매수는 G를 통해서만 가능하였으므로 수요와 공급에 따른 가격이 성립할 수 없는 상황이었다. 그럼에도 코인의 판매 내지 AL에 가입을 유도하기 위해 피고인들은 자체거래소를 통해 코인의 시세가 상승하고 있다는 허상을 만들었다.
위와 같은 사정들을 종합할 때, AR코인은 암호화폐로서의 재산적 가치가 없는 것이고, 피고인들은 그러한 사정을 알고 있음에도 AR코인을 빌미로 AL이라는 이름으로 투자금을 유치하거나 위 코인을 직접 판매하였다고 판단된다.

구 분		내 용
부정한 수단	대상물	모든 가상자산이 규제 대상 (행위자가 직접 가상자산을 거래하지 않는 경우에도 적용)
	부정한 수단의 개념	사회통념상 부정한 일체의 수단, 계획 또는 기교를 의미하며, 기망을 요구하지 않음(판례)
중요사항의 거짓 기재	중요사항	미공개중요정보와 같은 발행자에 대한 중요정보뿐 아니라 가 상자산에 관한 시장정보를 포함
	거짓 기재	문서뿐 아니라 언론, 인터넷 등 다양한 매체의 거짓 기재 표시 또는 누락을 포함
	재산상의 이익	반드시 재산상 이익을 요구하지 않는다(판례).

제 5 장

가상자산사업자의 이해상충행위 규제

I. 임의적 입출금 차단 금지

제11조(가상자산에 관한 임의적 입·출금 차단 금지) ① 가상자산사업자는 이용자의 가상자산에 관한 입금 또는 출금을 대통령령으로 정하는 정당한 사유 없이 차단하여서는 아니 된다.

② 가상자산사업자가 이용자의 가상자산에 관한 입금 또는 출금을 차단하는 경우에는 그에 관한 사유를 미리 이용자에게 통지하고, 그 사실을 금융위원회에 즉시 보고하여야 한다.

1. 의의

이 규정은 가상자산사업자가 정당한 사유 없이 이용자의 가상자산 입·출금을 차단하는 행위를 금지하여 이용자의 경제적 권리를 보호하기 위한 것이다. 그간 가상자산거래업자는 뚜렷한 이유 없이 가상자산의 입출금을 중단시키는 경우가 많았는데, 이 경우 가상자산의 시장 유입이 제한되어 해당 거래업자만 가격이 급상승할 수 있기 때문이다. '가두리 펌핑'으로 불리는 이 기법은 가상자산거래업자와 발행사가 공모하여 시세조종을 하는 수단으로 지적되었다. 제11조제2항에 따른 보고를 하지 아니하거나 거짓으로 보고한 자에 대해서는 1억 원 이하의 과태료를 부과한다(법 §22①5).

2. 예외

사업자의 귀책사유 없이 입출금 차단이 불가피한 경우에는 이용자 보호를 위하여 신속한 입출금 차단조치가 가능하다. 예치금 관리기관, 입출금 계정을 발급한 금융회사, 가상자산 네트워크(블록체인)에 전산장애가 발생하거나, 법원, 수사기관, 국세청, 금융위원회 등에서 법령에 따라 입출금 차단을 요청한 경우 등이다(영 §17).

이러한 정당한 사유로 입출금을 차단하는 경우에도 그 사유를 금융위원회에 보고해야 하며(법 §11②), 정당한 사유 없이 임의적으로 입출금을 차단한 경우에는 이용자가 입은 손해를 배상하여야 한다(법 §11③).

Ⅱ. 자기발행 가상자산 거래금지

제11조(가상자산에 관한 임의적 입·출금 차단 금지) ⑤ 가상자산사업자는 다음 각 호의 어느 하나에 해당하는 경우 외에는 자기 또는 대통령령으로 정하는 특수한 관계에 있는 자(이하 "특수관계인"이라 한다)가 발행한 가상자산의 매매, 그 밖의 거래를 하여서는 아니 된다.
1. 특정 재화나 서비스의 지급수단으로 발행된 가상자산으로서 가상자산사업자가 이용자에게 약속한 특정 재화나 서비스를 제공하고, 그 반대급부로 가상자산을 취득하는 경우
2. 가상자산의 특성으로 인하여 가상자산사업자가 불가피하게 가상자산을 취득하는 경우로서 불공정거래행위의 방지 또는 이용자와의 이해상충 방지를 위하여 대통령령으로 정하는 절차와 방법을 따르는 경우

1. 의의

이 규정은 가상자산사업자나 특수관계인이 발행한 가상자산의 매매, 그 밖의 거래를 금지하는 규정이다. 원래 특정금융정보법 시행령상 가상자산사업자에게 자기발행에 관한 제한 기준을 마련하도록 간접 규제하였으나(§10의20제5호가목), 2022년 FTX가 자체 발행한 코인(FTT)의 폭락을 계기로 파산함에 따라 동 규제가 도입되기에 이르렀다.

2. 요건

가상자산사업자는 자기 또는 특수관계인이 발행한 가상자산의 매매, 그 밖의 거래를 하여서는 아니 된다. 특수관계인은 「금융회사의 지배구조에 관한 법률 시행령」 제3조 제1항에 따른 특수관계인을 말한다(§16①). 예를 들어 가상자산사업자의 계열회사 또는 30% 이상 출자한 법인이 발행한 가상자산을 매매하는 것은 금지된다.

3. 예외

ⅰ) 유틸리티 토큰과 같이 특정 재화나 서비스의 지급수단으로 발행된 가상자산이나, ⅱ) 가상자산 특성으로 인하여 불가피하게 취득하는 경우로서 가상자산사업자의 전자전달매체 및 홈페이지에 가상자산 취득·처분 사항을 공시하고, 분기별로 금융위원회에 제출하는 경우에는 거래가 가능하다(영 §16②).

제 4 편

감독 및 처분

감독 · 검사 및 조사

가상자산사업자의 감독 · 검사 등

제13조(가상자산사업자의 감독 · 검사 등) ① 금융위원회는 가상자산사업자가 이 법 또는 이 법에 따른 명령이나 처분을 적절히 준수하는지 여부를 감독하고, 가상자산사업자의 업무와 재산상황에 관하여 검사할 수 있다.

I. 가상자산사업자의 검사

1. 개관

금융위원회는 가상자산사업자가 가상자산법 또는 동법에 따른 명령이나 처분을 적절히 준수하는지 여부를 감독하고, 가상자산사업자의 업무와 재산상황에 관하여 검사할 수 있다.

가상자산사업자에 대한 검사란 금융위원회가 가상자산사업자의 업무활동 및 경영실태를 분석 · 평가하고 가상자산사업자가 취급한 업무가 가상자산법이나 지시 등에 위배되었는지 여부를 확인하고 조사하는 행정조사를 말한다. 검사 결과 가상자산사업자나 그 임직원이 가상자산법 또는 동 법에 따른 명령이나 처분을 위반한 사실을 발견하였을 때에는 행정조치를 할 수 있다.

금융위원회는 가상자산사업자의 검사업무를 금융감독원에 위탁하고 있으므로(법 §18, 영 §23①2), 금융감독원이 검사를 수행한다. 검사결과 가상자산사업자 및 임직원에 대한 경고·주의 등 경미사항은 금융감독원이 행정조치 권한을 갖고(영 §23①4), 그 외 영업정지 등 중징계 조치는 금융위원회의 의결을 거쳐야 한다.

2. 검사 절차

(1) 개관

검사의 방법·절차, 검사결과에 대한 조치기준, 그 밖에 검사업무와 관련하여 필요한 사항은 「금융기관검사및제재에관한규정」(이하 "검사규정")을 준용한다(감독규정 §11). 따라서 검사 절차 및 조치는 검사규정에 따라 진행된다.

검사 절차는 ⅰ) 검사계획의 수립, ⅱ) 검사 사전준비(검사사전통지 및 검사자료 요청), ⅲ) 검사실시, ⅳ) 제재심의 및 금융위 의결, ⅴ) 검사결과 통보 및 조치 순서로 진행된다.

(2) 검사계획의 수립

금융감독원 검사실시부서장은 매년도 말까지 검사의 기본 방향, 검사의 종류(정기·수시검사), 검사대상기관, 검사실시시기 및 주요검사 실시범위 등을 포함한 연간 검사계획을 수립한다(검사규정 시행세칙 §4). 이후 당해 분기의 검사계획을 수립한 후 이를 바탕으로 특정 기관에 대한 검사 실시 결정을 한다.

(3) 검사사전통지 및 검사자료 요청

금융감독원은 현장검사를 실시하는 경우 검사목적 및 검사기간 등이 포함된 검사사전예고통지서를 대상 기관에 검사착수일 1주일 전까지 통지하여야 한다(검사규정 §8의2).

(4) 검사실시

금융감독원은 검사 시 가상자산사업자에게 업무 또는 재산에 관한 보고, 자료의 제출, 증인의 출석, 증언 및 의견의 진술을 요구할 수 있다. 검사반장은 검사결과 나타난 위법·부당행위에 대하여 대상기관으로부터 확인서, 문답서, 문서의 사본과 같은 입증자료를 제출받는다(검사규정 시행세칙 §24①).

검사결과 문책사항, 자율처리사항 등 지적예정사항에 대해서는 사실내용, 관련 법규, 관련 임직원 등이 기재된 검사의견서를 대상기관에 교부한다(검사규정 시행세칙 §24④).

(5) 심의·의결

금융위원회는 검사결과 가상자산법 또는 동법에 따른 명령이나 처분을 위반한 사실을 발견한 때에는 가상자산사업자에 대하여 ⅰ) 해당 위반행위의 시정명령, ⅱ) 경고·주의, ⅲ) 영업의 전부 또는 일부의 정지 또는 ⅳ) 수사기관 통보·고발 조치를 할 수 있다. 가상자산사업자의 임직원에 대해서는 ⅰ) 임원에 대한 해임권고 또는 6개월 이내의 직무정지, ⅱ) 직원에 대한 면직요구·정직요구, ⅲ) 임직원에 대한 주의, 경고 또는 문책요구 조치를 할 수 있다(법 §13). 그 외에 가상자산법 위반에 따른 과징금(법 §17) 또는 과태료(법 §22) 처분도 포함된다.

제재안건은 금융감독원 자문기구인 제재심의위원회의 심의를 거쳐 금융감독원장 전결로 조치하거나, 금융위원회의 의결을 거친다(검사규정 §33①). 가상자산사업자에 대한 기관주의, 임원에 대한 주의, 직원에 대한 주의·견책·자율처리필요사항(주의에 상당한 사항에 해당)에 대해서는 제재심의위원회 심의를 생략할 수 있다(검사규정 시행세칙 §56①). 다만 조치대상 가상자산사업자나 그 임직원이 출석하여 의견진술을 희망하는 경우에는 제재심의위원회의 심의를 실시한다.

가상자산사업자에 대한 영업의 전부 또는 일부의 정지, 가상자산사업자·임직원에 대한 과징금 또는 과태료 처분, 임원의 해임권고, 직원의 면직요구와 같은 중징계 조치의 경우 금융위원회의 의결을 요한다(법 §15 ③, 검사규정 § 18②, 19①, 20①). 그 외의 조치는 금융감독원장의 전결로 결정한다.

Ⅱ. 금융위원회의 조치명령권

금융위원회는 이용자 보호 및 건전한 거래질서 유지를 위하여 필요한 경우 가상자산사업자 또는 이해관계자에게 영업 및 재산의 운용 등에 관한 필요한 조치를 명할 수 있다(법 §13②). 이러한 조치명령권은 개별 감독규정만으로는 규제하기 어려운 감독 사각지대가 발생할 경우 이용자 보호 및 건전한 거래질서를 유지하는 데 필요한 조치를 적시에 발동하기 위한 목적을 갖는다.

이 규정은 자본시장법 제416조의 조치명령권을 계수한 것이다. 자본시장법(구 증권거래법 포함)에 따른 긴급조치권은 2008년 리먼브라더스 본점의 파산절차에 따라 국내 투자자 보호를 위해 리먼브라더스 서울지점의 영업정지 및 본사와의 거래 등을 금지하였고, 2013년 한국토지신탁의 대주주 변경을 승인하면서 대주주 계열회사와의 이해상충방지 의무를 부과하였으며, 2020년 옵티머스자산운용 펀드환매 중단 시 영업정지 및 관리인 선임 등의 조치를 명령한 바 있다.[1]

1. 규제대상자

조치명령권 대상자는 가상자산사업자 또는 대통령령으로 정하는 이해관계자이다. 이해관계자는 ⅰ) 가상자산 발행자, ⅱ) 가상자산 정보시스템 개발·운영자, ⅲ) 은행 등 가상자산사업자의 예치금 관리기관, ⅳ) 특정금융정보법 제7조제2항제2호에 따른 실명확인이 가능한 입출금 계정을 개설한 금융회사 등, ⅴ) 가상자산사업자 또는 ⅰ) ~ ⅳ)의 자로부터

---

1) 국회 정무위원회, "자본시장법과 금융투자업에 관한 법률 일부개정안 검토보고", (2021.3), 5면.

업무를 위탁받은 자, ⅴ) 가상자산사업자의 영업행위와 관련된 계약을 체결하고 용역을 제공하는 자이다(영 §19②).

2. 조치대상

금융위원회는 이용자 보호 및 건전한 거래질서 유지를 위하여 필요한 경우 아래의 사항에 관하여 필요한 조치를 명할 수 있다(법 §13②, 영 §19③).

---

1. 이 법 또는 이 법에 따른 명령이나 처분을 적절히 준수하는지 파악하기 위한 자료 제출에 관한 사항
2. 고유재산의 운용에 관한 사항
3. 이용자 재산의 보관·관리에 관한 사항
4. 거래질서 유지에 관한 사항
5. 영업방법에 관한 사항
6. 해산결의, 파산선고 등 영업중단 시 이용자 보호에 관한 사항
7. 이해상충 방지체계의 구축·운영에 관한 사항
8. 이용자의 거래한도, 가상자산의 거래규모 등의 제한에 관한 사항
9. 취급하는 가상자산의 제한에 관한 사항

자본시장법 제416조의 경우 조치명령권의 침익적 성격을 고려하여 2023년 3월 31일 개정을 통해 "긴급한 조치가 필요하다고 명백히 인정되는 경우"로 한정하여 사안의 긴급성과 명확성 요건을 추가하였다. 가상자산법 역시 동일한 내용의 반영이 필요할 것이다.

3. 조치명령의 내용

가상자산법상 조치명령권은 구체적인 조치의 내용을 정하고 있지 않다. 자본시장법상 조치명령권 역시 금융투자업자의 권리를 제한하거나 의무를 부과하는 침익적인 행정행위임에도 행사수단이 포괄적으로 규정되었다는 문제가 제기된 바 있다.[2] 2023년 개정 자본시장법은 투자자예

탁금의 전부 또는 일부의 반환명령이나 지급정지, 영업의 전부 또는 일부 정지 등 구체적인 조치 내용을 열거하였다(§416②). 가상자산법상 조치명령권의 경우 가상자산사업자의 부도·파산신청 시 이용자 가상자산의 처분금지 또는 영업정지를 예로 들 수 있다. 향후 자본시장법과 같은 구체적인 조치명령의 내용을 정할 필요가 있다.

불공정거래행위에 대한 조사·조치

I. 조사절차 개관

일반적인 불공정거래 사건 처리 절차는 가상자산거래업자가 이상거래 심리결과를 금융위원회에 통보하고, 금융위원회 또는 금융감독원의 조사를 거친다. 조사결과는 금융위원회의 심의기구인 가상자산시장조사심의위원회의 심의를 거쳐 금융위원회의 의결을 통하여 과징금 부과 또는 수사기관 고발·통보를 하고, 수사기관인 검찰의 수사와 기소, 마지막으로 법원의 판결 순서로 진행된다.

불공정거래 조사절차

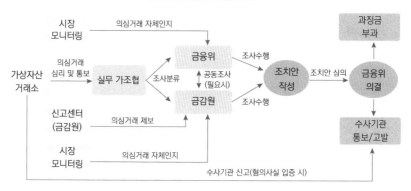

---

2) 국회 정무위원회, 위의 보고서, 5면.

Ⅱ. 사건의 배정

1. 조사의 착수 사유

금융위원회 또는 금융감독원은 다음 중 어느 하나에 해당하는 경우 조사를 실시할 수 있다(조사업무규정 §7①).

① **자체 인지**　금융위원회·금융감독원이 업무상 취득한 정보사항이나 감시·분석을 통하여 불공정거래 혐의를 인지하는 경우에 조사를 실시할 수 있다.

② **가상자산거래업자 통보**　가상자산거래업자는 이상거래의 심리결과 불공정거래 혐의를 확인하는 경우 심리결과보고서를 작성하여 금융위원회(금융감독원)에 통보한다. 만약 통보내용이 혐의사실이 특정되지 않는 등 조사를 실시하기에 충분하지 않다고 판단되는 경우에는 보완을 요청할 수 있다.

③ **조사요청**　검찰청에서 불공정거래 조사의뢰를 하는 경우, 국세청·금융거래정보분석원에서 혐의사실을 통보받는 경우에도 조사에 착수할 수 있다.

④ **기타**　민원·제보가 있는 경우, 사회적 이슈사건에 대한 기획조사를 착수하는 경우가 있다.

2. 사건의 분류

금융위원회 가상자산과는 가상자산시장조사기관협의회 실무협의회를 거쳐 가상자산거래업자가 통보한 사건을 분류하여 금융위원회 가상자산과 또는 금융감독원에 배당한다.

일반적인 조사 처리 절차는 가상자산시장조사심의위원회의 심의 및 금융위원회의 의결을 거쳐 고발·통보 등의 조치를 하나, 수사당국이 수사 중인 사건으로서 즉시 통보가 필요하거나, 혐의자의 도주·증거 인멸 등이 예상되는 긴급·중대 사건은 금융위원장의 긴급조치권(조사업무규정 §22②)을 활용하여 심의절차를 생략하고 수사기관에 바로 통보한다(Fast Track 절차).

Ⅲ. 조사의 실시

사건에 대한 예비조사 또는 사전 분석을 통하여 조사필요성이 있다고 인정되는 경우에는 조사대상 사건으로 수리한다. 수리된 사건은 각 부서의 업무분장에 따라 해당 부서에 배당한다.

예비조사 또는 사전분석을 통하여 혐의내용이 경미하거나, 제보내용이 조사단서로서 가치가 없는 등 조사의 필요성이 없다고 판단될 때는 조사를 실시하지 않을 수 있다. 또한 조사를 실시한 경우라도 검찰이 수사를 개시하거나 금융위원회와 금융감독원이 중복하여 조사에 착수한 경우에는 추가적인 조사를 중단하고 자체종결처리가 가능하다(조사업무규정 §7).

중대 사건 중 현장조사가 필요한 경우에는 금융위원회와 금감원 직원이 함께 조사하는 공동조사가 가능하다. 금융감독원장이 공동조사를 요청하는 경우 가상자산시장조사기관협의회의 협의를 거쳐 금융위원장이 공동조사 대상으로 선정하여 조사를 실시한다(조사업무규정 §45). 공동조사는 금융감독원의 행정조사 목적을 달성하기 위하여 금융위원회가 공동조사의 형태로 침익적 성격이 있는 조사권한을 행사하는 취지이다.

3 절 불공정거래 조사권한

Ⅰ. 개관

1. 조사권한

불공정거래 조사권한은 금융거래정보요구권, 진술, 자료제출요구권 등 임의조사권한과 강제조사권한 성격이 있는 현장조사권과 영치권으로 대별된다.

금융거래정보요구권(자금추적)은 「금융실명거래 및 비밀보장에 관한 법률」(이하 "금융실명법")에 따라 금융회사로부터 제출받은 금융거래정보를 바탕으로 자금추적을 통하여 혐의를 입증하는 것으로서 금융범죄 조사의 중심이 되는 조사수단이다.

금융감독기관의 출석요구를 통한 피조사자의 진술은 피조사자의 행위와 관련한 정보 및 사실관계를 당사자의 진술을 통해 파악하는 데 목적이 있다. 진술의 결과는 피조사자가 직접 작성한 진술서 또는 조사자가 작성한 문답서 형태로 관리된다.

2. 기관 간 조사권한의 차이

조사권한은 기관별 법적 성격과 위임범위 등에 따라 차이가 있다. 금융위원회, 금융감독원은 불공정거래의 조사 시 금융기관에 대하여 금융거래정보요구권을 행사할 수 있다(금융실명법 §4①). 금융위원회는 장부·서류 등의 영치권한, 현장조사권을 갖는다(법 §14③). 금융감독원은 금융위원회와 동일하게 금융거래정보요구권, 출석요구, 진술서 제출요구 및 장부·서류 기타 물건의 제출요구권, 가상자산사업자에 대한 자료제출요구권을 보유하고 있으나, 강제조사 성격이 있는 영치권, 현장조사권 및 압수·수색권한은 금융위원회의 위탁업무 범위에 포함되어 있지 않다.

II. 금융거래정보요구권

1. 금융거래정보요구권의 의의

(1) 개인정보자기결정권

금융거래의 비밀보장은 헌법상 사생활 비밀과 자유(§17)에서 도출된 개인정보자기결정권을 근거로 한다. 개인정보자기결정권은 자신에 관한 정보가 언제 누구에게 어느 범위까지 알려지고 또 이용되도록 할 것인지를 그 정보주체가 스스로 결정할 수 있는 권리를 말한다.[3] 헌법재판소는 금융거래정보가 개인의 사생활을 나타낼 수 있는 중요한 개인정보에 해

---

3) 헌법재판소 2005.5.26. 99헌마513등 결정.

당한다고 보고 있다.[4)]

　다만 이러한 권리는 국가안전보장·질서유지 또는 공공복리를 위하여 필요한 때에만 법률로써 제한할 수 있다(헌법 §37②). 금융거래정보가 개인의 사생활에 관련되었다고 하더라도 법적 분쟁 해결에 필요한 경우, 범죄와 관련된 자금세탁 방지 및 정치부패·정경유착 감시에 필요한 경우 등 공익적 요청이 더 큰 때에는 금융거래정보에 대한 공개가 불가피한 것이다.

(2) 금융실명법상 금융거래정보요구권

　금융실명거래 및 비밀보장에 관한 법률(이하 "금융실명법")은 비실명거래의 금지를 통해 범죄수익 은닉, 정경유착 등 부정부패를 근절하고 조세정의를 실현하는 데 우선적인 목적을 두고 있다.[5)] 이러한 목적 달성을 위하여 거래자의 실지명의로 금융거래를 하도록 규정하는 한편(금융실명법 §3①), 계좌 명의인의 정보 보호를 위하여 금융거래정보를 타인에게 제공하거나 누설하는 것을 금지한다(동법 §4①).

　금융거래정보요구권은 이러한 금융거래 비밀보장 원칙의 예외로서 공공기관 등이 소관업무의 수행을 위하여 금융회사에 금융거래정보의 제공을 요구할 수 있는 권리를 말한다. 금융기관은 원칙적으로는 명의인의 요구나 동의 없이 거래정보를 타인에게 제공하여서는 아니 되나, 금융실명법은 금융거래정보요구권을 요구할 수 있는 기관들을 열거하여 그 사용목적에 필요한 범위 내에서 거래정보등을 제공하거나 요구할 수 있도록 예외를 허용한다(금융실명법 §4①).

2. 불공정거래 조사에서 금융거래정보요구권의 기능

　금융거래정보요구권은 불공정거래 조사에서 가장 중요한 조사수단이

---

4) 헌법재판소 2022.2.24. 2020헌가5 전원재판부 결정.
5) 김자봉, "금융실명제 시행20년의 성과와 향후 과제", 한국금융연구원 KIF정책보고서 제1호 (2016), 1면.

다. 계좌주의 실체 파악 및 계좌간 거래내역을 통한 연계성 확인이 가능하고, 거래내역을 통하여 처벌대상이 되는 불공정거래 여부 확인이나 부당이득의 산출이 가능하기 때문이다.

이러한 금융거래정보요구권을 활용하는 '자금추적'은 범죄혐의 관련 금융거래내역을 추적하는 업무라는 의미로 통용되고 있다. 자금추적은 수사기관 또는 조사기관이 금융거래정보요구권을 활용하여 혐의자의 금융거래정보를 분석하고, 범죄와 관련한 자금의 이동 경로, 불공정거래행위 및 부당이득을 특정하여 범죄의 혐의를 입증하기 위한 수사 또는 조사절차이다. 원장 데이터에 기재된 IP 주소, MAC 주소, 이메일 등 개인정보를 통한 연계성 확인 작업은 금융거래정보에 부가된 개인정보를 바탕으로 자금추적에 활용한다는 점에서 광의의 자금추적 범위에 포함된다.

3. 다른 법률과의 관계

(1) 특정금융정보법과의 관계

특정금융정보법상 가상자산사업자는 '금융회사등'에 포함되고(§2조1호하목) 가상자산거래는 '금융거래등'에 해당한다. 따라서 가상자산사업자는 가상자산거래에 관한 의심거래보고의무(§4), 고액현금거래보고 의무(§4의2) 등 의무이행의 주체가 된다. 또한 이러한 의무는 금융실명법 제4조에 우선하여 적용한다(§14①). 반면 가상자산사업자나 가상자산거래는 금융실명법상 '금융회사등'이나 '금융거래'에 해당하지 않으므로(§2), 가상자산 거래정보는 금융거래정보요구 대상이 아니다. 예를 들어 가상자산사업자에게 가상자산 거래정보를 요구하기 위해서는 금융거래정보요구권이 아닌 가상자산법상 자료제출요구권(§14④)을 통하여 취득해야 한다.

(2) 개인정보보호법 · 신용정보법과의 관계

금융거래정보는 계좌주의 개인정보가 담겨 있으므로 동 정보를 규제하는 금융실명법과 개인정보보호법, 신용정보법 간의 관계가 문제가 된다. 개인정보보호법과 신용정보법은 다른 법률에 특별한 규정이 있는 경우에는 다른 법률이 우선하고(개인정보보호법 §6①, 신용정보법 §3의2①), 금융실명법과 다른 법률이 서로 일치하지 않는 경우 금융실명법을 따른다(금융실명법 §9①). 따라서 금융실명법이 다른 법률의 특별법 위치에 있다.

예를 들어 예·적금 정보, 개인정보와 대출정보가 함께 담긴 계좌주의 정보를 제3자에게 제공하는 경우 어느 법을 적용해야 하는가. 예·적금 정보는 거래상대방의 신용을 판단할 때 필요한 정보로서 신용정보에 해당하나(신용정보법 §2조1호), 금융거래의 내용에 대한 정보에도 해당하므로 특별법인 금융실명법의 적용을 받는다. 인적사항은 개인정보에 해당하나, 금융실명법 시행령 제6조에서 정하는 금융거래에 관한 기록 및 그 기록으로부터 알게 된 것으로서 거래정보등에 해당한다.[6] 따라서 금융실명법의 우선 적용을 받는다. 다만 대출 정보는 개인신용정보에 해당하므로 신용정보법에 따른 계좌주의 동의를 받아야 한다.[7]

4. 금융거래정보요구권의 행사방법 및 범위

(1) 금융거래정보요구권자

금융거래정보요구권자는 ⅰ) 금융실명법 제4조 제1항에서 직접 열거하는 경우, ⅱ) 개별 법률에 따라 금융거래정보요구권이 허용되는 경우로 대별된다.

금융실명법은 명의인의 서면상 요구나 동의를 받은 경우에는 해당 금융거래정보를 타인에게 제공할 수 있다(§4① 본문). 명의인은 정보주체로서 해당 정보의 이용을 결정할 수 있는 권리자라는 점에서 헌법상 도출되는 기본권인 개인정보자기결정권을 법률에 명확히 한 것이다. 그 이외의 금융거래정보요구권은 명의인의 동의 여부와 상관없이 이루어지는 것이므로 개인정보자기결정권의 제한에 해당하나, 공익적 목적을 위해 법률에 예외를 정하였다.

---

6) 금융위원회, "금융거래정보 제공 가능여부 관련 질의", 금융위원회 법령해석(일련번호 100178).
7) 금융위원회, "개인신용정보가 포함된 금융거래정보의 제공시 필요한 동의에 관하여", 금융위원회 법령해석(일련번호 180357).

금융실명법 제4조 제1항 각호에 따라 금융거래정보요구권이 허용된 기관은 법원(제출명령, 영장), 국회(국정조사), 국세청 등 과세관련 기관(조세관련 조사 등), 금융위원회·금융감독원·예금보험공사(금융회사에 대한 감독·검사 등), 거래소(이상거래 심리·감리) 등이다. 이러한 행정기관·공공기관의 경우 자본시장법, 국세징수법 등 법률에 따른 위법행위 조사 목적으로 금융거래정보요구권을 행사한다.

검찰 등 수사기관은 직접 금융거래정보요구권을 행사할 수 있는 권한이 없고, 법원의 영장을 발부받아야만 금융회사에 거래정보를 제공받을 수 있다. 다만, 다른 행정·공공기관의 조사권한과 비교할 때 수사대상이 형사처벌이 가능한 모든 범죄를 포괄하므로 거래정보의 활용범위가 상대적으로 넓다.

금융실명법이 아닌 개별 법률에 따라 정보제공이 가능한 경우는 감사원법 제27조 제2항에 따라 감사원이 요구하는 경우, 정치자금법 제52조 제2항에 따라 각급선거관리위원회가 요구하는 경우 등 총 19개 법률에서 공공기관 등에 대하여 금융거래정보요구권을 허용하고 있다.[8]

(2) 행사방법

금융거래정보등의 제공을 요구하는 자는 금융위원회가 정하는 표준양식(금융거래정보의 제공요구서)에 따라 금융회사등의 특정 점포에 요구해야 한다(금융실명법 §4②). 금융거래정보 제공요구서는 명의인의 인적사항, 대상 거래기간, 요구의 법적근거, 사용목적, 요구하는 거래정보등의 내용 및 제출시한을 기재한다.[9] 정보제공요구는 특정점포에 요구해야 하므로, 개별 점포에 요구해야 하는 반면, 법원의 제출명령 또는 영장에 의한 경우 등에는 거래정보등을 보관 또는 관리하는 부서(예: 은행 본점)에 요구할 수 있으므로(§4② 단서) 해당 금융기관에 일괄조회가 가능하다는 편의성이 있다.

---

8) 전국은행연합회, 「금융실명거래 업무해설」, (2016), 45면.
9) 「금융실명거래 및 비밀보장에 관한 법률에서 위임한 서식관련 규정」 별지 제3호 서식.

(3) 금융거래정보의 범위

대상이 되는 거래정보등의 범위는 '특정인의 금융거래사실과 금융회사 등이 보유하고 있는 금융거래에 관한 기록의 원본·사본 및 그 기록으로부터 알게 된 것'으로 정하고 있다(금융실명법 시행령 §6).

제공되는 거래정보는 예금주의 계좌개설 자료 및 입출금 자료로서 대상자의 직전·직후에 연결된 계좌로 한정한다.[10] 아래의 표 내용을 살펴보면 조회대상자 「갑」에 대한 「을」의 입금 사실 및 「병」계좌로의 출금 사실(성명, 계좌번호, 금액)은 제공되나, 「을」, 「병」의 금융거래내역을 추가로 제공받기 위해서는 별도의 정보요구절차가 필요하다.

금융거래정보 범위

(4) 금융거래정보의 구체적인 내용

1) 계좌기본정보

계좌주가 계좌개설시 작성하는 계좌기본정보(CIF: Customer's Information File)는 계좌주의 계좌번호, 주민등록번호, 계좌개설일, 주소, 이메일 주소 및 전화번호 등이 담겨 있다. 금융당국은 금융거래정보 요구 시 명의인의 인적사항을 요구할 수 있다.[11]

계좌기본정보상 개인정보는 성명, 주민등록번호, 전화번호, 주소 등의 동일 내지 유사성의 확인을 통해 혐의계좌간 연계성이나 회사 관련 여부

---

10) 전국은행연합회, 위의 책, 49면.
11) 금융실명법 제4조 ② ⋯ 거래정보 등의 제공을 요구하는 자는 다음 각 호의 사항이 포함된 금융위원회가 정하는 표준양식에 의하여 금융회사등의 특정 점포에 이를 요구하여야 한다.
   1. 명의인의 인적사항

를 파악하는 데 활용한다.

2) 금융거래 원장 정보

금융거래 원장 정보는 계좌주의 금융거래내역(거래일자, 수량, 금액 등) 및 입출금 거래내역 등을 말한다. 원장 정보는 입출금 등을 통한 자금흐름과 불공정거래 연계군을 확인할 수 있는 자금추적에 필요한 중요한 자료이다.

3) IP · MAC 주소

① **IP · MAC 주소의 개념**　인터넷과 모바일을 통한 거래가 일반화되는 등 거래가 손쉬워짐에 따라 불공정거래 참여 계좌 역시 증가하고 있다. 이러한 거래환경에서 계좌 간 연계성의 확인은 불공정거래 조사 · 수사에서 중요한 수단이다. 특히 시세조종은 다수의 차명계정을 활용하는 것이 일반적인데, 인적사항 정보만으로는 불공정거래 계좌 간 연계성을 확인하는 데 한계가 있다.

IP주소와 MAC주소는 기존의 연계성 확인방법의 한계를 극복하는 수단이다. IP주소는 인터넷을 연결하는 네트워크 주소를 말한다. 다만 유동 IP주소의 경우 접속할 때마다 주소가 바뀔 수 있고, IP주소의 변조가 용이하다는 문제가 있다. 반면 MAC주소는 컴퓨터 자체에 부여되는 주소이므로 IP주소가 갖는 문제점을 보완한다.

② **수집근거 및 방법**　행정안전부와 법원은 IP · MAC 주소가 다른 정보와 결합하여 개인을 알아볼 수 있는 개인정보에 해당한다고 본다.[12] 따라서 「개인정보보호법」에 따른 개인정보의 수집 · 이용이 요구된다. 「개인정보보호법」은 '법령 등에서 정하는 소관업무'를 수행하기 위한 목적의 개인정보를 수집 · 이용을 허용하므로(§15①2 · 3), 이를 근거로 불공정거래 조사 권한을 부여받은 금융위원회, 금융감독원은 IP · MAC 주소를 수집 · 이용할 수 있을 것으로 보인다. 한편 가상자산법은 가상자산거래업

---

12) 행정안전부, '개인정보보호지침'(2013.3.25.); 법원은 MAC주소와 유사성이 있는 USIM 일련번호와 국제단말기 인증번호(IMEI)를 개인정보에 해당한다고 판단하였다(서울중앙지방법원 2011.2.23. 선고 2010고단5343 판결).

자에 대해 식별정보를 포함한 가상자산거래기록을 보관하도록 정하고 있다(법 §9, 영§13).

③ IP · MAC 주소의 활용   IP주소, MAC주소는 동일한 주소를 사용하는 계좌(계정)를 확인하여 위법행위 연계군을 파악하는 데 사용한다. 예를 들어 계정 A, B, C는 별개의 계정이지만, 동일한 IP · MAC 주소를 통한 매매거래 내역이 확인될 경우, 동일한 계산주체가 동일한 사무실(IP) 또는 PC(MAC)에서 3개 계정을 활용하여 시세조종 등 불공정거래행위를 한 것으로 추정할 수 있다.[13]

Ⅲ. 진술

제14조(불공정거래행위에 대한 조사 · 조치) ② 금융위원회는 제1항에 따른 조사를 위하여 위반행위의 혐의가 있는 자, 그 밖의 관계자에게 다음 각 호의 사항을 요구할 수 있다.
   1. 조사사항에 관한 사실과 상황에 대한 진술서의 제출
   2. 조사사항에 관한 진술을 위한 출석

---

1. 개관

(1) 의의

금융위원회와 금융감독원은 혐의자 또는 관계자에 대하여 조사사항에 대한 진술서의 제출 또는 진술을 위한 출석요구권을 갖는다. 진술을 취득하는 방식은 조사원이 관계자의 진술을 청취하여 작성하는 문답서, 혐의자 또는 관계자가 직접 서면으로 작성하는 진술서로 나뉜다(조사업무규정 §11, §18).

---

13) 안현수, "금융실명법상 행정기관 등의 금융거래정보요구권 행사에 관한 소고", 「은행법연구」, 제12권제1호(2019.5.), 176면 참조.

(2) 진술요구권의 임의조사권한 여부

1) 형사소송법상 출석요구권의 법적 성질

형사소송법은 검사 또는 사법경찰관이 수사에 필요한 때에는 피의자 또는 피의자가 아닌 자(참고인)의 출석을 요구하여 진술을 들을 수 있도록 규정한다(§200, §221). 이러한 출석요구권의 성질에 대하여는 견해가 나뉜다. 피의자가 출석의무를 진다는 견해(의무부과처분설)에 따르면 제199조 제1항의 임의수사 규정이 있음에도 출석요구에 대한 별도의 규정을 둔 것은 제199조 제1항 단서(강제처분은 이 법률에 특별한 규정이 있는 경우에 한하며)에 따라 의무부담처분인 출석요구 규정이 필요한 것이라고 한다.14) 다수설은 출석요구는 임의처분이며 수사기관의 출석요구에 대하여 피의자는 출석을 거부할 수 있고, 출석한 후에도 언제든 퇴거할 수 있다고 한다. 참고인 출석요구의 경우도 동일하게 적용된다(임의처분설).15)

2) 진술불응에 따른 과태료 부과

가상자산법상 출석요구의 경우 혐의자뿐 아니라 그 밖의 관계자(참고인)에 대해서도 진술서의 제출, 진술을 위한 출석, 장부 · 서류, 그 밖의 물건의 제출에 불응한 경우 1억원 이하의 과태료를 부과한다(법 §22①8). 임의조사의 한계를 극복하기 위한 취지로서 출석요구서, 진술서제출요구서 및 자료제출요구서상 불응 시 처분조항을 안내하여 혐의자나 참고인의 출석 또는 자료제출 등을 사실상 강제하는 효과가 있다. 임의조사에 대한 벌칙은 진술 등의 임의성 보장을 훼손하는 것이나, 자본시장법상 처벌 조항(§426②)과 달리 과태료 부과대상으로 한 것은 그나마 진일보한 것이라 평가할 수 있다. 참고인의 경우 진술의 임의성 확보를 위하여 부과대상에서 제외하는 것이 바람직하다.16)

---

14) 이완규, "피의자신문의 성질과 수인의무", 「형사판례연구」 제22호, (2014), 371면.

15) 배종대 외 3인, 「신형사소송법」, 박영사(2013), 79면; 신동운, 「간추린 형사소송법」, 박영사(2002), 233면; 이재상, 조균석, 「형사소송법」, 박영사(2016), 236면.

16) SEC는 증언이나 문서작성을 위한 소환장에 불응 시 연방지방법원에 소환장 집행 명령을 청구해야만 집행이 가능하다(17 C.F.R. 200-30-4(a)(10)).

2. 진술서의 제출 요구

금융위원회(금융감독원)는 관계인(참고인)에 대하여 서면 진술서 제출을 요구할 수 있다(법 §14②1). 조사 담당자는 금융위원회 명의의 진술서제출 요구서 및 질의내용이 담긴 질문답변서를 우편으로 송부한다. 관계자는 답변서를 작성하여 서명 또는 날인하여 진술서제출요구서에 기재된 회신 날짜까지 송부하여야 한다.

진술자의 자필이거나 서명 또는 날인이 있는 진술서는 공판정에서 작성자가 본인의 진술임을 인정하는 경우(진정성립)에는 증거로 사용할 수 있다(형사소송법 §313①).

3. 진술을 위한 출석 요구

금융위원회(금융감독원)는 혐의자나 관계자에 대하여 진술을 위한 출석을 요구할 수 있다. 조사 담당자는 금융위원회의 명의로 출석요구서에 출석일자 및 조사담당자의 연락처를 기재하여 이메일 또는 우편으로 송부한다(조사업무규정 §10). 혐의자 또는 관계자의 진술을 위한 출석 시 변호사의 입회가 가능하다(조사업무규정 §21①).

4. 진술거부권

금융위원회(금융감독원)에서 문답서를 작성하는 경우 진술의 임의성 확보를 위하여 진술의 강요를 금지한다(조사업무규정 §18①). 헌법 제12조 제2항은 '형사상 자기에게 불리한 진술을 강요당하지 아니한다'고 규정하고 있는데, 이러한 진술거부권의 보장을 행정조사의 경우에도 명확히 한 것이다.

진술인에 대한 일체의 진술 강요를 금지하는 규정이므로, 진술인은 일체의 진술을 하지 않거나 개개의 진술을 하지 않는 방식으로 진술거부권을 행사할 수 있다.

형사상 진술이 아닌 과징금 등 행정조치와 관련한 진술의 경우는 어떠한가. 행정절차도 그 진술이 형사상 불리한 경우에 한하여 진술거부권의 행사는 보장된다.[17) 조사업무규정 제18조는 형사처벌 규정 또는 행정조치 규정 위반 여부를 묻지 않고 진술의 강요를 금지하므로, 과징금 등 행정조치를 대상으로 하는 문답의 경우도 진술거부권이 보장된다.

Ⅳ. 장부·서류, 그 밖의 물건의 제출

제14조(불공정거래행위에 대한 조사·조치) ② 금융위원회는 제1항에 따른 조사를 위하여 위반행위의 혐의가 있는 자, 그 밖의 관계자에게 다음 각 호의 사항을 요구할 수 있다.

3. 조사에 필요한 장부·서류, 그 밖의 물건의 제출

금융위원회·금융감독원은 불공정거래 금지규정의 위반사항에 대한 조사를 위하여 혐의자 또는 관계자에게 장부·서류, 그 밖의 물건의 제출을 요구할 수 있다.

자료제출의 요구를 위해서는 금융위원회 명의의 자료제출요구서를 발부하여 요구할 수 있다(조사업무규정 §12①). 금융회사를 대상으로 금융거래정보를 요구하는 경우에는 금융실명법에 따른 금융거래정보요구서를 발부하여 요구하여야 한다.

Ⅴ. 영치

제14조(불공정거래행위에 대한 조사·조치) ③ 금융위원회는 제1항에 따른 조사를 할 때 제10조를 위반한 사항의 조사에 필요하다고 인정되는 경우에는 다음 각 호의 조치를 할 수 있다.

1. 제2항제3호에 따라 제출된 장부·서류, 그 밖의 물건의 영치

---

17) 헌법재판소 1990.8.27. 89헌바118 결정.

금융위원회는 불공정거래 조사와 관련하여 제출된 장부·서류, 그 밖의 물건에 대하여 영치할 수 있다. 영치는 임의로 제출한 물건을 영장없이 그 점유를 취득하는 처분이다. 영치가 이루어지면 그 점유가 계속되고, 제출자가 임의로 가져갈 수 없다는 점에서 강제처분으로 보는 것이 통설이다.[18]

조사원이 영치할 경우 관계자, 소유자·소지자, 보관자 또는 제출인을 입회인으로 참여시켜야 하며, 영치조서 및 영치목록의 교부, 영치물의 환부 등을 규정하여 절차의 공정성을 확보하고 있다(조사업무규정 §13).

가상자산법은 영치권과 현장조사권을 규정하였는데, 이 권한은 금융위원회만 행사할 수 있고, 금융감독원에 대하여는 이 권한을 위탁하지 않았으므로 금융감독원은 행사권한이 없다(영 §23①). 영치권과 현장조사권은 피조사자의 사적자치가 직접적으로 제한되는 침익적 조치라는 점을 고려하여, 국가기관이 아닌 금융감독원에 대해서는 동 권한을 부여하지 않게 된 것이다.

Ⅵ. 현장조사권

제14조(불공정거래행위에 대한 조사·조치) ③ 금융위원회는 제1항에 따른 조사를 할 때 제10조를 위반한 사항의 조사에 필요하다고 인정되는 경우에는 다음 각 호의 조치를 할 수 있다.
2. 관계자의 사무소 또는 사업장에 대한 출입을 통한 업무·장부·서류, 그 밖의 물건의 조사

금융위원회는 관계자의 사무소 또는 사업장의 출입을 통하여 업무·장부·서류 그 밖의 물건의 조사를 할 수 있다. 현장조사는 조사 대상이 되는 사무소 등을 직접 방문하여 서류 등을 조사하고 자료제출 요구 및 영치 등을 행하는 조사방식을 말한다.

---

18) 노명선·이완규, 「형사소송법」, 성균관대학교 출판부(2017), 262면.

현장조사권은 영장 없이 허용되는 임의조사권한이며, 이에 불응하는 경우 취해지는 벌칙은 없다. 따라서 해당 사무소 책임자의 동의가 없을 경우 현장조사는 허용되지 않는다고 보아야 한다.

현장조사가 이루어질 경우 서류·물건 등의 제출 요구, 영치 등이 수반되며, 현장조사 과정에서 조사범위나 징구자료의 범위가 확대될 가능성이 높은 침익적 성격을 갖고 있다. 이러한 점에서 현장조사권은 형사절차에 준하는 적법절차가 준수될 필요가 있다. 하지만 현행 규정상 조사원이 조사명령서와 증표를 제시하는 것(조사업무규정 §14) 이외에는 별다른 업무처리 절차를 정하지 않고 있다. 조사목적에 대한 설명의무, 조사범위의 명확화, 당사자의 동의 등의 절차를 명시할 필요가 있다.

Ⅶ. 가상자산사업자에 대한 자료제출요구권

제14조(불공정거래행위에 대한 조사·조치) ④ 금융위원회는 제1항에 따른 조사를 할 때 필요하다고 인정되는 경우에는 가상자산사업자에게 대통령령으로 정하는 방법에 따라 조사에 필요한 자료의 제출을 요구할 수 있다.

금융위원회·금융감독원은 조사를 위하여 가상자산사업자에게 조사목적 및 조사대상 가상자산의 종류, 거래유형 및 거래기간을 명시한 문서로 자료제출을 요구할 수 있다(법 §14④, 영 §20①). 자본시장법상 조사를 위한 금융투자업자, 금융투자업관계기관 또는 거래소에 대한 자료제출요구권과 유사하다(§426④). 주로 주문장, 매매장, 가상자산거래 이용자 정보 등 가상자산거래기록(영 §13)이 요구대상이 될 것이다.

이용자 정보, 식별정보 등 가상자산거래기록은 금융실명법상 금융회사등의 금융거래정보에 해당하지 않지만, 개인을 알아볼 수 있는 개인정보에 해당하므로 「개인정보보호법」에 따른 수집·이용 요건을 준수해야 한다. 다만 개인정보의 처리 및 보호에 관하여 다른 법률에 특별한 규정이 있는 경우에는 그 법률을 따를 수 있다(개인정보보호법 §6①). 그런데 가상자산법은 가상자산사업자의 거래기록의 생성 · 보존은 명시하고 있지만(법 §9), 개인정보가 포함된 거래기록의 제3자 제공에 대해서는 명확한 근거가 없다. 결국 정보주체의 동의를 받거나, 법령상 의무를 준수 또는 법령 등에서 정하는 소관업무를 수행하기 위하여 불가피한 경우 등에 해당해야 할 것이다(개인정보보호법 §15 · §17). 만약 금융위원회 등이 가상자산사업자의 거래기록을 수집 · 이용하지 못한다면 불공정거래 조사 및 적발이 사실상 불가능하게 되므로, 법 제14조 제4항에 따른 자료제출요구권을 통한 개인정보의 수집 · 이용은 '법령 등에서 정하는 소관업무'를 수행하기 위하여 불가피한 경우로 해석될 여지가 있다.

4절 조사결과의 처리

조사결과 불공정거래 혐의가 발견된 경우에는 혐의자에 대하여 수사기관 고발 · 통보 또는 경고 · 주의, 과징금 등의 조치를 할 수 있다(법 §15 · §17 · §22). 형사사건은 수사기관의 수사를 통하여 기소되므로, 수사기관 고발 · 통보를 통하여 처리한다. 불공정거래의 조사결과는 안건으로 부의하여 심의기구인 가상자산시장조사심의위원회의 심의 및 금융위원회의 의결을 통하여 처리결과가 결정된다.

Ⅰ. 불공정거래 사건 조치의 종류

1. 수사기관 고발·통보

조사결과 발견된 위법행위로서 형사벌칙의 대상이 되는 행위에 대해서는 혐의자를 수사기관에 고발 또는 통보한다(조사업무규정 §27). 고발 또는 통보사건의 구분은 사건의 중대성과 증거의 확보 여부에 따라 결정된다. 금융당국은 시장에 미치는 영향, 사회적 파급효과 그리고 법규 위반 정도가 큰 사건은 고발하고, 영향도가 낮거나 증거가 불충분한 경우에는 통보한다(조사업무규정 별표 4).

고발은 고소권자·범인 이외의 제3자가 수사기관에 대하여 범죄사실을 신고하여 범인의 처벌을 희망하는 의사표시를 말한다. 형사소송법은 누구든지 범죄가 있다고 사료하는 때에는 고발할 수 있다(§234①). 고발하는 경우 일정한 법률상 효과가 발생하는데, 수사기관은 고발사건의 수사를 개시하여야 하고 3월 이내에 수사를 완료하여 공소제기 여부를 결정하여야 한다(§257). 수사기관 통보는 형사소송법상 '수사 의뢰'와 동일한 의미인데 검찰은 다른 기관으로부터 수사를 의뢰받은 경우 '조사사건'으로 접수하여 수리하고 범죄혐의가 확인되는 경우 입건하여 수사를 개시한다(검찰사건사무규칙 §228①5). 결론적으로 통보사건의 경우 수사기관이 반드시 수사를 개시해야 할 의무가 없다는 점에서 고발과 차이가 있다.

금융위원회의 고발·통보행위는 사직 당국에 대하여 형벌권 행사를 요구하는 행정기관 상호 간의 행위로서 행정처분에 해당하지 않는다.[19] 고발·통보는 제재 대상자의 형사처벌이라는 불이익 가능성을 높이는 것은 될 수 있으나 그 자체로 불이익처분이 될 수는 없다.

---

[19] 대법원 1995.5.12 선고 94누13794 판결(공정거래위원회의 수사기관 고발·통보의 성격 관련).

2. 과징금 부과

3대 불공정거래의 경우 원칙적으로 과징금 부과가 가능하다(조사업무 규정 §28). 다만 과징금 부과를 위해서는 고발·통보 사건에 대한 수사기관의 처분 결과의 확인을 요한다(영 §22②).

3. 고발·통보 등 조치 판단기준

수사기관 고발·통보 등 조치의 판단기준은 위법행위의 동기(고의·중과실·과실)와 법규위반의 결과(사회적 물의야기·중대·경미)에 따라 조치 수준이 결정된다(조사업무규정 별표 4 가상자산시장 조사결과 조치기준). 고발의 경우 위법행위의 동기가 「고의」로서 위반의 결과가 「사회적 물의 야기」에 해당하는 경우에 적용한다. 예를 들어 불공정거래 행위자가 가상자산거래업자 또는 발행사 대표이사이거나, 시세조종행위의 부당이득이 상당한 수준인 경우 시장에 미치는 영향, 사회·경제적 파급효과 또는 법규위반 정도가 높은 경우로서 사회적 물의 야기에 해당하므로 고발 대상이다. 반면 부당이득 규모가 상대적으로 낮은 경우에는 시장에 미치는 영향이나 위반 정도가 상대적으로 낮아 법규위반의 결과 「중대」로 보아 통보처리한다.

3대 불공정거래의 판단기준

결과 \ 동기	고의	중과실	과실
사회적 물의 야기	A	C	C
중 대	B	C	C
경 미	C	C	C

상기 판단기준에 따라 아래의 조치기준을 적용한다. 3대 불공정거래의 경우 중과실 또는 과실에 대해 과징금 부과가 가능하다. 행위자는 구

성요건상 고의를 요구하나, 시세조종이나 부정거래의 수탁행위(법 §10②
4·③·④4)에 대해서는 고의를 묻지 않으므로 중과실·과실에 의한 과징
금 부과가 가능할 것이다.

한편 위법행위가 있었다는 상당한 혐의는 있으나 증거가 불충분하여
수사기관의 수사가 필요하다고 판단될 때는 수사기관 통보 조치할 수 있
다. 예를 들어 미공개중요정보 이용행위와 관련하여 정보전달 경로가 불
명확한 경우에는 통보 조치한다. 또한 불공정거래 등의 위법행위가 경미
또는 단순한 법규위반에 해당하나 그 행위자가 횡령·배임행위 등과 관
련된 경우에도 수사기관통보 조치할 수 있다(조사업무규정 별표 4 §6).

한편 행위자가 중대한 위법행위로 고발(또는 수사기관통보)되는 경우 그
행위자의 다른 위법행위에 대하여도 동일한 조치를 할 수 있다(조사업무규
정 별표 4 §6).

조치기준

판단결과		조치기준
A	고 발	C(과징금) 조치를 원칙적으로 부과하되 필요시 A(고발) 또는 B(수사기관 통보) 조치를 병과
B	수사기관 통보	
C		과징금
D		경 고
E		주 의
비고		① 조치를 받은 자가 5년 이내에 동일 또는 유사한 위법행위를 한 경우에는 가중조치할 수 있다. 이때, 시세조종, 미공개정보 이용, 부정거래행위는 상호간에 유사한 위법행위로 본다. ② 조치대상이 되는 서로 다른 위법행위가 둘 이상 경합하는 경우에는 가중조치할 수 있다. ③ 위반행위를 은폐 또는 축소하기 위하여 허위자료를 제출하거나 자료제출을 거부하는 경우에는 가중조치할 수 있다. ④ 동일·동종 또는 이종의 원인 사실로 3개 유형 이상의 위반행위를 하였거나 3개 이상의 종목에 관여하여 위반행위를 한 경우에는 가중조치할 수 있다.

Ⅱ. 처리절차

1. 심의·의결 절차

(1) 가상자산시장조사심의위원회의 심의

가상자산시장조사심의위원회(이하 "가조심")는 불공정거래 사건에 대한 조사결과 처리안을 심의하는 외부 전문가 등으로 구성된 금융위원회 내 자문기구이다(조사업무규정 §24①). 가조심은 비록 자문기구이나 불공정거래 사건에 식견이 있는 전문가 및 파견검사 등이 참여하여 사건에 대한 심도 깊은 논의가 이루어진다는 점에서 사건 처리방향에 미치는 영향이 크다.

가조심은 아래와 같이 당연직 위원 4인과 위촉직 5인으로 구성된다(규정 §25①).

---

1. 금융위원회 상임위원
2. 금융위원회 가상자산시장 조사 업무를 담당하는 공무원 중에서 금융원회 위원장이 지명하는 자 1명
3. 금융위 자본시장조사담당관
4. 감독원 가상자산 담당 부원장보
5. 금융관련법령에 전문지식이 있거나 가상자산에 관한 학식과 경험이 있는 변호사, 교수 등 전문가중에서 금융위원회 위원장이 위촉하는 자 5인

가조심은 금융위원회 또는 금융감독원이 상정한 조사안건에 대하여 안건 담당 팀장이 보고하고, 동 안건에 대하여 위원과 담당 팀장이 질의·답변하는 방식으로 진행한다(규정 §26④). 피심인은 심의위원회에 출석하여 의견진술할 수 있다.

(2) 금융위원회의 의결

금융위원회는 불공정거래 조사업무를 수행할 권한이 있고(금융위원회법 §14), 조사 결과에 대한 심의 및 조치권한(법 §14·§15)을 갖는다. 금융위

원회의 회의는 재적위원 과반수의 출석과 출석위원 과반수의 찬성으로 의결한다(금융위원회법 §11②).

2. 사전통지

행정청은 당사자에게 의무를 부과하거나 권익을 제한하는 처분을 하는 경우에는 당사자등에게 통지하여야 할 의무가 있다(행정절차법 §21). 사전통지는 조치대상자에게 예정된 불이익처분에 대하여 이를 방어할 수 있도록 준비기간을 부여하기 위한 것이다. 이 절차를 지키지 않고 이루어진 처분은 위법한 처분이다.

(1) 사전통지 절차

금융위원회는 조치예정일 10일 전까지 당사자등에게 조치의 제목, 당사자 성명, 조치 내용, 법적 근거, 의견제출기한 등을 기재한 사전통지서를 통지하여야 한다(조사업무규정 §36①).

사전통지서에는 조치대상자의 방어권 보장을 위하여 고의성 등 위법동기 판단의 근거를 구체적으로 기재하고, 제재의 가중·감경 사유가 있는 경우 그 사유를 포함하여 기재하는 한편, 조치근거로 활용된 증거자료 목록도 명시[20]하도록 하고 있다.[21]

(2) 사전통지의 예외

조치내용이 ⅰ) 수사기관의 고발·통보사항인 경우, ⅱ) 공공의 안전 또는 복리를 위하여 긴급히 조치할 필요가 있는 경우, ⅲ) 조치의 성질상 의견청취가 현저히 곤란하거나 명백히 불필요하다고 인정될 만한 상당한 이유가 있는 경우에는 사전통지를 하지 않을 수 있다(조사업무규정 §36②).

수사기관의 고발·통보사항에 대한 사전통지 여부는 금융위원회·금

---

20) 고발·통보 사건은 증거인멸 우려 등을 감안하여 증거목록 명시 대상에서 제외한다.
21) 금융위원회, "자본시장 제재 절차 개선방안", (2018.2.1.), 6면.

융감독원의 재량사항이다.[22] 행정기관의 고발은 사직 당국에 대하여 형벌권 행사를 요구하는 행정기관 상호 간의 행위에 불과하고 종국적 행정처분에 해당하지 않기 때문이다.[23]

ii), iii)은 행정절차법상 사전통지 예외사유(§21)와 동일한 내용이다. ii)의 긴급히 조치할 필요가 있는 경우는 금융위 의결을 생략하고 Fast-track을 통하여 수사기관에 위반혐의를 통보하는 경우를 말한다.

3. 의견제출

(1) 의견제출 방법

의견제출 방법은 서면·구술 또는 이메일 등 정보통신망을 이용하여 제출할 수 있다.[24] 또한 주장을 입증할 증거자료를 함께 제출할 수 있다. 의견서의 양식은 특별히 제한을 두지 않는다.[25]

가조심 또는 금융위원회에 직접 출석하여 의견을 진술하는 것도 허용하며, 이 경우 사전통지서에 기재된 담당자에게 그 사실을 미리 알려주어야 한다.[26] 출석 진술 시 조치대상자뿐 아니라 변호인의 동반 출석 및 의견진술도 허용한다.[27]

---

22) 통상 고발·통보사건도 방어권 보장을 위하여 사전통지 및 의견제출을 허용한다.

23) 대법원 1995.5.12. 선고 94누13794 판결(공정거래위원회의 고발조치의 성격).

24) 간혹 발송한 자료가 누락되어 의견제출기관에 접수되지 않는 경우가 있으므로, 담당자와 유선통화를 통하여 확인할 필요가 있다.

25) 법원에 제출하는 준비서면과 같이 사실관계와 반박내용을 기술하는 경우가 많으나, PPT 양식도 가능하다.

26) 출석 진술을 하는 경우 사전에 별도 서면자료를 제출하는 것도 가능하다.

27) 출석 진술 시 통상 금융위원회·금융감독원 담당자와 출석대상자를 사전에 조율할 수 있다. 해당 사건과 관련성이 낮거나, 출석자 수가 많은 경우에는 원활한 회의 진행을 위하여 대상자를 제한할 수도 있음을 유의할 필요가 있다.

(2) 출석 진술 방법

1) 일반사건 진술

가조심이나 금융위원회에서의 심의 진행절차는 ⅰ) 조사자의 안건설명, ⅱ) 진술인 입장 및 모두 의견진술, ⅲ) 진술인-위원 간 질의응답, ⅳ) 진술인 퇴장 후 위원들의 합의·결론의 절차로 진행된다.

이러한 진행방식은 조사자가 확보한 증거의 유출을 방지하고, 심의절차의 신속성을 제고할 수 있다. 하지만 조치대상자의 대등한 공격·방어에 한계가 있으므로 방어권 행사에 불리한 진술방식이다.

하지만 금융위원회의 불공정거래 관련 고발·통보 사건의 경우 수사기밀 보호의 실익을 고려할 때, 조사자와 조치대상자에게 동일한 방어권을 보장할 필요는 없다. 다만 과징금 등 행정처분의 경우 금융위원회 의결이 종국처분이므로, 장기적으로는 공정거래위원회의 대심제와 같이 조치대상자에게 공정한 방어권 행사를 보장해야 할 것이다.

2) 중요사건에 대한 대심제

대심제는 심의 시 조치대상자와 조사자가 함께 참석하여 사실관계, 법률 적용 등에 대해 상호 공방하는 심의방식을 말한다.[28]

공정거래위원회의 경우 조치대상자가 사실관계 등을 다투는 경우나 전원회의 안건의 경우 등에는 주심위원 등, 심사관, 피심인 등이 모두 참석하여 의견청취를 하는 대심제를 채택하고 있다(공정거래위원회 회의의 운영 및 사건절차 등에 관한 규칙 §30의2, 제30의3, 제30의5).

금융위원회는 국민적 관심도가 높거나 과징금 규모가 큰 건(예: 100억원)에 대하여 대심제를 우선적으로 시행하고 있다.[29] 다만 수사기관 고발·통보 사건의 경우 핵심증거 노출 등 후속 검찰수사에 악영향을 미칠

---

28) 금융위원회의 대심제는 실제 조사자와 피심인이 함께 출석하는 방식이나, 상호 공방을 하는 방식이 아닌 양 당사자 간 각각의 진술을 위원이 청취하는 방식으로 진행한다.

29) 금융위원회, "자본시장 제재 절차 개선방안", (2018.1.18.), 8면; 과거 2017년 대우조선해양 및 2018년 삼성바이오 분식회계와 관련한 금융위원회 감리위원회에서 대심제를 시행한 바 있다.

우려가 있으므로 대심제의 적용은 어려울 것이다.

4. 조사자료의 열람 · 복사권

조사기관의 사전통지를 받은 관계자는 본인의 진술서, 문답서, 제출 서류에 대한 열람 · 복사를 조사기관에 신청할 수 있다(조사업무규정 §19).

다만, 제재대상이 법인인 경우에는 해당 임직원에게 문답서 등의 복사를 지시하는 등 악용의 우려가 있으므로, 열람만 허용하고 있다. 한편 고발 · 통보 사건의 경우에는 열람 · 복사를 제한하고 있다.

5. 이의신청

조치를 받은 당사자등은 조치를 고지 받은 날로부터 30일 이내에 금융위에 이의신청을 할 수 있다(조사업무규정 §39). 금융위는 이의신청을 접수한 날부터 60일 이내에 결정하여야 한다.[30]

6. 행정심판 · 행정소송

금융위원회의 처분에 불복할 경우에는 처분이 있음을 알게 된 날부터 90일 이내에 금융위원회 또는 중앙행정심판위원회에 행정심판을 청구할 수 있다.[31] 행정심판의 대상은 행정청의 처분 또는 부작위가 그 대상이 되므로, 금융위원회의 주의 · 경고, 과징금 등 행정처분이 청구 대상이 된다. 형벌권 행사를 요구하는 행정기관 상호 간의 행위인 수사기관 고발 · 통보의 경우 행정처분에 해당하지 않으므로,[32] 행정심판 대상에서 제외된다.

행정심판과 별도로 법원에 행정처분의 취소를 구하는 행정소송을 제

---

30) 부득이한 사정으로 그 기간 내에 결정할 수 없을 경우에는 30일의 범위 안에서 그 기간을 연장을 할 수 있으며, 이 경우에는 연장사유, 처리예정 기한 등을 문서로 통지하여야 한다.

31) 행정심판법 제27조제1항.

32) 대법원 1995.5.12. 선고 94누13794 판결 참조.

기할 수 있다. 소송은 행정심판을 거치지 않고 제기할 수 있으며(행정소송법 §18①), 행정심판청구가 있은 날로부터 60일이 지나도 재결이 없는 등 행정심판법에서 정하는 사유가 있는 경우에는 행정심판의 재결을 거치지 아니하고 소송을 제기할 수 있다(동법 §18②).

5 절   이상거래 감시 및 심리

제12조(이상거래에 대한 감시) ① 가상자산시장을 개설·운영하는 가상자산사업자는 가상자산의 가격이나 거래량이 비정상적으로 변동하는 거래 등 대통령령으로 정하는 이상거래(이하 "이상거래"라 한다)를 상시 감시하고 이용자 보호 및 건전한 거래질서 유지를 위하여 금융위원회가 정하는 바에 따라 적절한 조치를 취하여야 한다.
② 제1항의 가상자산사업자는 제1항에 따른 업무를 수행하면서 제10조를 위반한 사항이 있다고 의심되는 경우에는 지체 없이 금융위원회 및 금융감독원장(「금융위원회의 설치 등에 관한 법률」 제24조제1항에 따라 설립된 금융감독원의 원장을 말한다. 이하 같다)에게 통보하여야 한다. 다만, 제10조를 위반한 혐의가 충분히 증명된 경우 등 금융위원회가 정하여 고시하는 경우에는 지체 없이 수사기관에 신고하고 그 사실을 금융위원회 및 금융감독원장에게 보고하여야 한다.

Ⅰ. 이상거래에 대한 감시

가상자산시장을 개설·운영하는 가상자산사업자는 시장의 이상거래를 감시하고, 금융위원회가 정하는 바에 따라 적절한 조치를 취해야 하며, 불공정거래가 의심되는 경우 금융당국에 통보할 의무가 있다. 가상자산시장의 초동감시를 통해 시장의 공정성을 제고하고, 향후 행정조사·수사에 이르는 프로세스를 구축하기 위함이다. 이 규정은 자본시장법상 거래소의 이상거래의 심리 및 예방업무 등 시장감시업무(§377①8, §404)를 모델로 한 것이다.

금융감독원은 이상거래 시장감시의 이행을 지원하기 위하여 가상자산 거래업자들과 공동으로 「이상거래 상시감시 가이드라인」을 마련하고,[33] 디지털자산거래소 공동협의체(DAXA)는 2024년 7월 19일 동 가이드라인을 바탕으로 「이상거래 상시감시 모범규정」(이하 "모범규정")을 제정하였다.

이상거래 상시감시 절차

1. 감시 주체

상시감시 및 조치 의무는 '가상자산시장을 개설 · 운영하는 가상자산사업자'에게 있다. 통상 가상자산거래소로 불리는 가상자산거래업자를 말한다. 가상자산시장은 '가상자산의 매매 또는 가상자산간 교환을 할 수 있는 시장'을 말한다(법 §2조4호).

2. 이상거래 상시감시

가상자산거래업자는 가상자산의 가격이나 거래량이 비정상적으로 변동하는 이상거래를 상시 감시할 의무가 있다. 이러한 이상거래의 상시감시는 불공정거래의 초동조사 단계에 해당한다. 상시감시 방법은 ⅰ) 가격(초단기, 중 · 장기 시세상승률)과 거래량이 정상범위를 벗어난 종목을 대상으로, ⅱ) 시세조종 주문을 통한 관여율이 높은 계정(계좌)을 적출하는 방법으로 이상거래를 탐지한다.

---

33) 금융감독원, DAXA, "가상자산 이용자보호법 시행에 따라 가상자산 불공정거래 상시감시 시스템이 본격 가동됩니다", (2024.7.4.) 보도자료.

3. 이상거래에 대한 조치

가상자산거래업자는 이상거래를 적출한 경우 이상거래의 유형 및 거래금액, 가상자산시장에 미치는 영향, 이용자 보호를 위한 필요성을 종합적으로 고려하여 거래유의 안내, 조회공시, 주문 제한 또는 거래중지 조치를 취해야 한다(조사업무규정 §3①).

(1) 이용자에 대한 거래유의 등 안내

거래유의 등 안내는 가격 급등락, 거래량 급등, 입금량 급등, 가격차이, 소수 계정 거래 집중 등에 관하여 이용자에게 공지하는 가상자산 경보제를 말한다(모범규정 §3③). 이 제도는 투기적이거나 불공정거래 개연성이 있는 종목 또는 가격이 비정상적으로 급등한 종목에 대해 이용자 주의환기를 통해 불공정거래를 사전에 예방하고 이용자를 보호할 목적을 갖는다. 이 제도는 한국거래소가 운영하는 시장경보제도(한국거래소 시장감시규정 §5의2, 5의3, 시행세칙 §3~3의7), 테마종목 형성 또는 풍문유포 등 중대한 사건에 대해 발동하는 투자유의안내를 모델로 한 것이다(한국거래소 시장감시규정 §5). 통상 가상자산거래업자는 해당 종목을 투자주의종목으로 지정한다. 투자유의 종목은 목적이 다른데, 해당 가상자산의 사업 이행, 유동성 등의 문제가 있어 지정하는 것으로서 주식시장의 관리종목과 유사하다.

(2) 조회공시

가상자산사업자는 가상자산발행자 및 그 임직원·대리인에 대하여 거래상황 급변과 관련한 보도 또는 풍문 등의 사실 여부를 조회하고 필요시 조회결과를 공시해야 한다(조사업무규정 §3①2). 이 역시 한국거래소의 조회공시제도를 모델로 한다. 한국거래소의 경우 상장법인의 주요경영사항에 관한 풍문·보도 또는 시황 급변이 있는 경우 상장법인에게 중요정보 유무에 대한 답변을 요구하고, 당해 법인은 이에 응하여 공시해야 한다.

(3) 해당 이용자 주문의 수량·횟수 등 제한

가상자산거래업자는 이상거래가 적출된 경우 ⅰ) 구두 또는 서면에 의한 주의·경고, ⅱ) 서비스의 전부 또는 일부 이용 제한, ⅲ) 서비스의 전부 또는 일부 이용 정지 조치를 할 수 있다(모범규정 §17). 한국거래소의 경우 회원사에 모니터링 예시기준을 회원에 제공하고 회원사는 동 예시기준을 참고하여 불공정거래 모니터링을 실시하고 있다(한국거래소 시장감시규정 시행세칙 §3의8). 증권사의 모니터링 조치는 유선경고, 서면경고, 수탁거부예고, 수탁거부의 4단계로 운영한다.

(4) 해당 이용자 또는 해당 가상자산에 대한 거래 중지

이상거래가 적출된 이용자의 경우 앞서 설명한 이용 정지조치를 취할 수 있고, 가상자산 경보 대상 종목의 거래를 중지할 수도 있다.

Ⅱ. 이상거래의 심리

이상거래 심리는 이상거래 상시감시 결과 법 제10조 위반 혐의가 의심되는 경우에 법 위반 여부를 확인하는 조사를 말한다. 이상거래 심리는 가상자산시장에서 불공정거래 혐의자를 찾아내어 금융당국 또는 수사기관에 통보함으로써 종국처분인 행정조치 또는 형사처벌을 바라는 목적을 갖는다. 이 점에서 심리는 자율규제기능보다는 공적 조사기능의 성격이 강하다.

1. 심리절차

심리부서는 상시감시부서의 이상거래 적출결과를 바탕으로 거래양태, 관여율, 입출금내역, 공시·풍문·보도 등을 종합적으로 고려하여 심리대상을 선정한다. 이러한 심리대상 외에도 보도·제보·민원 등의 사유로 법 제10조를 위반할 염려가 있는 거래가 확인되어 신속한 처리가 필요하거나 가상자산거래업자가 필요하다고 인정하는 경우 심리대상으로 선정할 수 있다(모범규정 §14).

가상자산거래업자는 이용자 기본정보 및 입출고 분석을 통하여 혐의 연계군을 확인하고, 해당 계정 및 연계군의 거래기록을 통하여 불공정거래 매매양태를 분석한다. 가상자산사업자는 한국거래소와 같은 금융투자업자에 대한 자료제출요청권(자본시장법 §404① 본문)이나 금융거래정보요구권이 없다(금융실명법 §4①7). 가상자산거래업자의 경우 계정의 개설, 자금의 예치, 가상자산의 보관 및 중개를 자체적으로 수행한다는 점이 고려된 것으로 생각된다.

2. 심리결과 통보

가상자산거래업자는 심리대상의 혐의 유무를 판단 후 심리대상 종목, 관련자 및 혐의내용이 반영된 심리결과보고서를 작성해야 한다(모범규정 §16).

가상자산거래업자는 심리결과 제10조 위반이 의심되는 경우 금융위원회 및 금융감독원에 통보의무가 있다(법 §12②). 다만 ⅰ) 위반 혐의가 충분히 증명된 경우나 ⅱ) 수사기관이 수사 중인 사건과 관련하여 수사기관의 요청이 있는 경우에는 바로 수사기관에 신고하고 그 사실을 금융위원회 및 금융감독원에 보고하여야 한다(법 §12②, 조사업무규정 §4①)). 이는 불공정거래 혐의사실을 금융당국 또는 수사기관에 통보함으로써 후속되는 행정조사 또는 수사에 활용하기 위함이다.

제 2 장

불공정거래 과징금

1절 총론

I. 과징금의 개념

과징금은 '행정기관이 행정법규 위반자에게 과하는 금전 부과금'을 말한다. 그런데 부당이득환수 또는 제재와 같은 과징금의 목적에 대해서는 법률상으로나 학문적으로도 통일된 개념을 갖고 있지 않다. 과징금의 목적을 어떻게 정의하느냐에 따라 유사한 성격의 처벌제도와의 관계가 정립되므로 과징금의 성격 규정은 중요한 의미가 있다.

과징금의 모태라고 할 수 있는 미국·영국의 민사제재금은 위반행위의 억지 또는 제재를 주목적으로 한다.[34] 반면 일본은 과징금을 도입하면서 형사처벌제도와의 성격을 구분하기 위하여 부당이득 환수를 과징금의 목적으로 설정하였다.[35] 일본의 과징금 제도를 계수한 우리나라의 경우 일본과 같이 부당이득환수 목적을 갖는 것으로 보았지만, 개별 법률에서 제재의 성격을 가미한 과징금이 도입되면서 이제는 오로지 부당이

---

34) 연방거래위원회(FTC)의 민사제재금의 성격을 위반행위에 대한 억지책으로 설계된 제도라고 한 판례; United States v. ITT Continental Baking Co., 420 U.S. 223 (1975).

35) 高木光, "課徵金の制度設計と比例原則-JVC ケンウッド事件を素材とした一考察", 伊藤眞·松尾眞·山本克己·中川丈久·白石忠志編「石川正先生古稀記念論文集 経済社会と法の役割」, 商事法務(2013), 158 頁.

득만을 환수하는 것으로 보지 않는다. 공정거래법상 부당지원행위에 대한 과징금에 대한 판례는 부당내부거래 억지라는 행정목적을 실현하기 위한 제재금으로서의 기본적 성격에 부당이익 환수적 요소도 부가되어 있는 것으로 본다.[36) 불공정거래 과징금 역시 달리 볼 이유가 없다.

II. 형벌과의 비교

1. 법적 성격 비교

과징금은 위법행위로 인한 경제적 이익의 환수 또는 제재하기 위한 부과금으로서 위법행위의 발생 예방이 일차적 목적인 반면, 형벌은 과거의 위반행위에 대한 국가형벌권의 행사로서 사후적인 응보 성격을 갖는다. 부과주체 역시 과징금은 행정청이 부과주체이고 형벌은 사법당국으로 구분된다. 형벌은 엄격한 구성요건과 고의를 요구하는 반면, 행정제재인 과징금은 반윤리성을 요구하지 않으므로 과실인 경우에도 부과가 가능하다. 또한 형벌 대상인 불공정거래는 인식·목적 등 주관적 목적 요건을 충족해야 하나, 과징금 부과대상 행위는 주관적 목적을 요구하지 아니한다. 다만 3대 불공정거래 과징금 부과의 경우 주관적 요건을 충족해야 한다.[37)

이렇게 과징금과 형벌은 목적, 부과주체와 요건 면에서 법적 성격을 달리하지만, 제재와 억지의 기능을 겸유한다는 점에서 기능적 유사성이 있다. 이와 관련하여 헌법재판소는 과징금 제재를 통한 억지는 행정규제의 본원적 기능이라고 보면서 "제재적 성격 유무를 기준으로 하여 이중

---

36) 헌법재판소 2003.7.24. 선고 2001헌가25 결정. 대법원 2004.4.23. 선고 2001두6517 판결 참조.

37) 예를 들어 법 제10조의 미공개중요정보 이용행위의 구성요건상 미공개정보를 매매에 "이용"할 것이 요구되고. 시세조종은 "매매를 유인할 목적"을 요구하므로 과징금 제도도 사실상 고의를 전제로 적용할 수밖에 없다. 우리 3대 불공정거래 규정과 유사한 일본 금융상품거래법상 불공정거래 금지규정 역시 주관적 요건이 요구되기 때문에 사실상 처벌-과징금 요건상의 차이는 존재하지 않는 것으로 보기도 한다; 木目田裕·上島正道監修 西村あさひ法律事務所·危機管理グループ編, 「インサイダー取引規制の実務」, 商事法務(2014.8.10), 616頁.

처벌금지 원칙을 폭넓게 적용하게 되면 오늘날의 행정현실에 탄력적으로 대응할 수 없게 될 우려가 있다"고 하여 행정처분의 독립성을 인정하는 태도를 취하고 있다.[38]

2. 형벌 · 과징금의 병과

원칙적으로 과징금 부과제도는 형벌권의 실행으로서의 과벌은 아니고 행정상의 제재금으로서 그 취지와 기능, 부과 주체와 절차를 달리하므로 형벌과 과징금 양자가 부과되더라도 이중처벌에 해당하지는 않는다는 것이 판례와 통설이다.[39]

이와 관련하여 헌법재판소는 과징금과 형사처벌의 병과를 이중처벌금지의 문제보다는 과잉금지원칙의 문제로 위헌여부를 판단해야 한다는 입장이다. 부동산실명법상 의무 위반에 대하여 처벌과 동시에 과징금을 부과하는 것이 이중처벌에 해당하여 헌법에 위반된다고 보기는 어렵다고 하면서도, 동일한 행위를 대상으로 하여 형벌을 부과하면서 과징금을 부과하여 대상자에게 거듭 처벌되는 것과 같은 효과를 낳는다면 과잉금지 및 신뢰의 원칙에 반한다며 헌법불합치 결정을 한 바 있다.[40]

불공정거래 과징금은 벌금제도와 입법취지상 부당이득 박탈 목적을 겸유하기 때문에 병과가 이루지면 현실적으로 각각의 목적과 기능이 중복되어 국가의 행정작용 및 형사사법권 남용의 문제가 지적될 수밖에 없다. 3대 불공정거래에 대해 벌금을 부과받으면 과징금 부과의 취소 또는 감면하는 것도(법 §17②) 실질적인 이중제재 또는 과잉제재의 문제점을 보완하기 위한 목적을 갖고 있는 것이다.

---

38) 헌법재판소 2003.7.24. 선고 2001헌가25 결정.

39) 공정거래위원회의 과징금 부과와 관련한 판례로는 대법원 2004.4.9. 선고 2001두6197. 판결, 헌법재판소 2003.7.24. 선고 2001헌가25 결정; 김철용, 「행정법Ⅰ」, 박영사(2005), 410면.

40) 헌법재판소 2001.5.31. 99헌가18 결정.

제17조(불공정거래행위에 대한 과징금) ① 금융위원회는 제10조제1항부터 제4항까지를 위반한 자에 대하여 그 위반행위로 얻은 이익(미실현 이익을 포함한다. 이하 이 조에서 같다) 또는 이로 인하여 회피한 손실액의 2배에 상당하는 금액 이하의 과징금을 부과할 수 있다. 다만, 그 위반행위와 관련된 거래로 얻은 이익 또는 이로 인하여 회피한 손실액이 없거나 산정하기 곤란한 경우에는 40억원 이하의 과징금을 부과할 수 있다.

미공개중요정보 이용행위, 시세조종행위, 부정거래행위는 처벌 또는 과징금 양자의 부과가 가능하다. 동일한 구성요건적 행위에 대하여 두 종류의 제재가 가능하므로, 어떠한 행위가 처벌대상 또는 과징금 부과대상에 해당하는지 구분하는 것이 필요하다. 금융당국이 수사기관에 고발하기 위해서는 행위의 동기가 고의이면서 법규위반 결과 사회적 물의를 일으킨 사건일 것을 요구한다(조사업무규정 별표 4). 따라서 행위의 악성과 파급효과가 중대한 사건이 형사사건으로 처리된다.

검찰은 불공정거래 사건에 대한 우선적 처분권을 갖는다. 금융위원회는 원칙적으로 검찰로부터 수사결과를 통보받은 후 과징금 부과가 가능하다. 이로 인하여 금융위원회는 과징금 부과를 독립적으로 행사하지 못하는 한계가 있다.

I. 과징금 부과 대상

1. 고의 또는 과실

3대 불공정거래 과징금의 부과 여부 판단 시 법률상 고의 또는 과실 여부를 묻지 않는다. 그런데 3대 불공정거래는 요건상 중과실 또는 과실에 대해 과징금을 부과하기 어렵다. 예를 들어 미공개중요정보 이용행위의 요건상 미공개중요정보를 매매에 "이용"할 것을 요구하고, 시세조종은 "매매를 유인할 목적"을 요구하므로 고의를 전제로 과징금을 부과할 수밖에 없다. 다만 시세조종이나 부정거래를 수탁한 자(법 §10②4, §10③, §10④4)는 고의를 요구하지 않으므로 과실에 따른 과징금 부과가 가능할 것이다.

처벌과 과징금 요건상 차이가 없다면 과징금 규제가 기존 처벌대상을 잠식하는 것으로 볼 수도 있다. 그러나 호가관여율 등 제반 양태의 수준이 상대적으로 낮아 처벌수준에 미치지 못하는 행위는 과징금 제재가 가능하므로 규제대상의 확장성이 없다고 볼 것은 아니다.

2. 형사처분 또는 과징금 구분

금융당국은 불공정거래행위의 동기(고의, 중과실, 과실)와 위반 결과(사회적 물의야기, 중대, 경미)에 따라 수사기관 고발·통보 또는 과징금 부과 여부를 판단한다(조사업무규정 별표4 §2).

만약 고의로서 위반결과 사회적 물의 야기를 한 경우 수사기관 고발 대상이다. 위반결과를 판단할 때는 시장에 미치는 영향, 공정거래질서, 사회·경제 전반에 미치는 파급효과 및 관련 법규를 위반한 정도를 고려한다(조사업무규정 별표4 §2). 실무상으로는 부당이득금액, 행위자의 지위(예: 발행자 임원), 주문관여율, 가격변동률, 불공정거래 전력 여부에 따라 위반 결과의 경중을 구분한다.

Ⅱ. 조사결과의 처리

1. 先수사 後과징금 원칙

원칙적으로 금융위원회는 검찰로부터 과징금 부과 대상자에 대한 수사·처분 결과를 통보받은 후 과징금 부과가 가능하다. 다만 ⅰ) 금융위원회가 혐의를 통보한 후 검찰과 협의가 된 경우, ⅱ) 혐의 통보 후 1년

이 경과한 경우에는 수사·처분결과를 통보받기 전이라도 과징금의 부과가 가능하다(영 §22②). 다만, 1년이 경과하더라도 기소중지와 같이 기소까지 장기간 소요되는 경우에는 과징금 부과가 불가능하다. 이 절차는 자본시장법 시행령상 처리절차(§380①)를 그대로 반영한 것으로서 불공정거래의 효율적 제재와 과징금 처분 집중에 따른 형사처벌의 형해화 방지 목적이 있다. 그러나 이는 처벌과 행정처분의 상호독립성에 부합하지 않고, 신속한 제재를 통해 공정한 거래질서를 확립한다는 과징금 도입 취지와 상충하는 절차이다. 혐의 통보 후 1년을 기다리는 것보다는 사건의 경중에 따른 구분 처리 원칙을 정하고 시행령 제22조에 따라 검찰과 협의를 통해 과징금·형사사건을 조기에 구분 처리하는 것이 현실적인 방안으로 생각된다.

과징금 부과절차

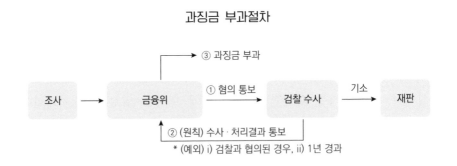

2. 수사자료 제공

제17조(불공정거래행위에 대한 과징금) ③ 검찰총장은 금융위원회가 제1항에 따라 과징금을 부과하기 위하여 수사 관련 자료를 요구하는 경우에는 필요하다고 인정되는 범위에서 이를 제공할 수 있다.

금융위원회는 과징금을 부과하기 위하여 수사 관련 자료를 요구할 때는 검찰총장이 이를 제공할 수 있다. 이는 금융위원회와 검찰 상호 간

불공정거래 사건 정보공유를 하기 위한 목적을 갖는다. 자본시장법 제 429의2조 제3항의 수사자료 제공 조항과 동일하다.

3. 가상자산사업자 등에 대한 행정제재

가상자산사업자 또는 가상자산 발행자 등 이해관계자가 3대 불공정거래 금지규정을 위반하면 금융위원회는 영업의 전부 또는 일부의 정지, 위법행위의 시정명령 조치 등을 할 수 있다(법 §15①). 가상자산사업자의 임직원에 대해서는 해임권고, 면직요구, 정직요구, 경고 또는 주의 등의 조치를 할 수 있다.

구체적으로는 불공정거래로 인하여 고발·통보되는 경우 임원은 문책경고 이상, 직원은 감봉요구 이상의 조치를 병과할 수 있다(조사업무규정 별표4 §4). 임직원에 대한 조치 수준은 주 행위자 여부나 부당이득 수준을 감안하는 것이 일반적이다.

3 절 **과징금 부과기준**

불공정거래 과징금 부과기준은 국가별로 차이가 있지만 대체로 부당이득을 과징금 산정을 위한 양정요소로 사용한다. 다만 부당이득과 과징금이 반드시 연동되는 것은 아니고 위반행위의 악질성에 따라 가산 또는 감산하는 것이 일반적이다. 우리나라와 일본은 자본시장법상 과징금 부과 시 대체로 외부 주가변동 요인은 반영하지 않은 단순차액방식으로 산정하였다. 다만 우리나라는 2023년 자본시장법 개정으로 부당이득 산정기준이 법제화되면서 제3의 주가변동 요인을 반영하여 부당이득을 산정하고 있고 가상자산법의 경우도 마찬가지이다.

Ⅰ. 개관

제17조(불공정거래행위에 대한 과징금) ① 금융위원회는 제10조제1항부터 제4항까지를 위반한 자에 대하여 그 위반행위로 얻은 이익(미실현 이익을 포함한다. 이하 이 조에서 같다) 또는 이로 인하여 회피한 손실액의 2배에 상당하는 금액 이하의 과징금을 부과할 수 있다. 다만, 그 위반행위와 관련된 거래로 얻은 이익 또는 이로 인하여 회피한 손실액이 없거나 산정하기 곤란한 경우에는 40억원 이하의 과징금을 부과할 수 있다.

---

1. 부당이득에 따른 과징금 부과

불공정거래 과징금은 부당이득을 기초로 부과한다. 다만 부당이득을 초과한 배수의 과징금 부과가 가능한데, 불공정거래 규모나 전력 여부에 따라 가중·감경된다. 부당이득이 없거나 산정이 곤란한 때에만 40억 원 이하의 과징금을 부과한다.

2. 고의·과실에 따른 과징금 부과

3대 불공정거래는 고의 또는 중과실뿐 아니라 과실의 경우도 과징금을 부과한다(조사업무규정 별표4 §2.나). 단순과실에 따른 위반에 대해서도 과징금의 부과가 가능하므로 과징금 부과대상의 폭이 넓다. 한편 제재 양정시 위반행위에 대한 고의 여부에 따라 과징금 부과시 상·하향조정이 가능하다. 다만 3대 불공정거래의 경우 주관적 구성요건요소(예: 미공개중요정보를 거래에 이용, 매매를 유인할 목적)상 고의를 요구하므로, 고의가 없는 행위에 대한 과징금 부과는 어렵다. 다만 시세조종 또는 부정거래를 수탁(법 §10②4, §10③, §10④4)한 경우 중과실 또는 과실에 따른 과징금 부과는 가능할 것이다.

Ⅱ. 과징금의 부과 원칙

1. 산정원칙

시행령은 과징금 부과 시 기본 원칙을 정하고 있다. 기본 원칙은 ⅰ) 부당이득, ⅱ) 위반행위가 시세 또는 가격에 미치는 영향. ⅲ) 위반행위가 1년 이상 지속되거나 5년내 3회 이상 반복적으로 이루어졌는지 여부, ⅳ) 위반행위의 동기·내용 및 기간을 종합적으로 고려하여 판단해야 한다(영 §22①2). 이러한 원칙에 따라 부당이득에 따른 기준금액을 산정하고, 정보의 지득 경위, 횟수, 거래량 등 양태에 따라 과징금액을 가중·감경하는 체계로 되어 있다.

세부적인 과징금 산정방법은 자본시장조사 업무규정 별표 2(과징금 부과기준)에서 정한다. 과징금액은 ⅰ) 기준금액(부당이득)을 산정하고, ⅱ) 이 기준금액에 사건의 중요도에 따른 부과비율을 곱하여 기본과징금을 산정한 후 ⅲ) 가중·감경사유가 있는 경우 이를 반영하여 최종적인 과징금액을 산출한다.[41]

2. 복수의 원인사실 반영

동일 또는 동종의 원인사실로 인하여 법 제10조 제1항부터 제4항에 해당하는 위반사항이 2회 이상 발생한 경우에는 각 위반행위에 대한 과징금을 산정하여 그중에서 가장 큰 금액을 부과한다(별표2 §2.다). 이종의 원인사실로 인하여 법 제10조 제1항부터 제4항에 해당하는 위반사항이 2회 이상 발생할 때는 각 위반행위에 대하여 과징금을 부과한다(별표2 §2.라).

---

[41] 조사업무규정 별표2(2. 통칙).

Ⅲ. 기준금액의 산정

기준금액은 부당이득으로 한다(별표2 §3.가). 다만 부당이득 산정이 곤란하거나, 부당이득이 없는 경우에는 별도의 기준금액 산정 방법을 정함으로써 기준금액 산출 자체가 안 되는 문제를 보완하고 있다.

부당이득이 없거나 5천만 원 이하면 기준금액은 5천만 원으로 한다(별표2 §3.나. 단서). 부당이득이 없거나 소액인 경우에도 일정한 과징금을 부과할 목적이다. 시세조종 결과 손실이 발생한 경우가 이에 해당한다.

부당이득을 산정하기 곤란한 경우에는 40억 원 이내에서 해당 거래금액의 1/20을 기준금액으로 한다(별표2 §3.나). 산정지표가 없음을 고려하여 행위 규모에 비례한 과징금을 부과하는 방법이다.

Ⅳ. 부과비율의 반영

기준금액이 산정되면 아래의 표와 같은 중요도 및 감안사유에 따른 부과비율을 곱하여 기본과징금을 산정한다(규정 별표2 §4). 3대 불공정거래는 부당이득의 2배까지 과징금의 부과가 가능하므로 과징금 부과비율 상한을 100분의 200으로 설정한다.

조사업무규정상 3대 불공정거래에 대한 과징금 부과비율

위반행위의 중요도 / 감안사유	상	중	하
상향조정사유 발생	100분의 200	100분의 150	100분의 125
해당사항 없음	100분의 125	100분의 100	100분의 75
하향조정사유 발생	100분의 100	100분의 75	100분의 50

1. 위반행위의 중요도

위반행위 중요도는 행위의 횟수나 가격변동률 등 객관적 지표에 따라 상·중·하로 구분하여 부당이득에 따른 과징금을 가중하는 지표이다. 각 행위 유형별로 중요도의 판단기준은 다를 수밖에 없으므로 위반 유형에 따라 별도의 중요도 지표를 사용한다(별표2 §4).

미공개중요정보 이용행위의 경우 정보를 알게 된 자(상), 정보를 받은 자(중) 여부에 따라 중요도를 구분한다. 시세조종은 위반횟수, 매매금액, 가격변동률에 따라, 부정거래행위의 경우 위반 횟수에 따라 중요도에 차등을 둔다.

2. 감안사유에 따른 상·하향 조정

(1) 상향조정

감안사유에 따른 상·하향 조정은 자료제출 협조여부, 전력여부 등을 감안하여 과징금을 상하향하는 것을 말한다(별표2 §4.다).

과징금의 상향조정사유는 ⅰ) 위반행위를 은폐 또는 축소하기 위하여 허위자료를 제출하거나 자료제출을 거부한 사실이 있는 경우, ⅱ) 위반 행위로 조치를 받은 이후 1년 이내에 위반행위를 한 경우, ⅲ) 3개 이상 종목에 관여하여 위반행위를 한 경우, ⅳ) 위반행위자가 가상자산 발행자 또는 그로부터 위임 받은 자, 임원·대리인인 경우이다.

(2) 하향조정

과징금의 하향조정사유는 ⅰ) 위반행위의 고의가 없는 경우 또는 위반행위를 감독기관이 인지하기 전에 자진 신고하거나, 조사 과정 등에 적극적으로 협조한 경우, ⅱ) 부도발생, 회생절차 개시, 채권금융기관 공동관리 등 기업구조조정 절차를 개시한 경우, 위반행위시의 최대주주 및 경영진이 실질적으로 교체되어 기업회생과정에 있고 과징금 부과로 인하여 소액주주의 피해가 예상되는 경우이다.

V. 과징금의 감면

1. 감면 원칙

제17조(불공정거래행위에 대한 과징금) ② 금융위원회는 제1항에 따라 과징금을 부과할 때 동일한 위반행위로 제19조에 따라 벌금을 부과받은 경우에는 제1항의 과징금 부과를 취소하거나 벌금에 상당하는 금액(몰수나 추징을 당한 경우 해당 금액을 포함한다)의 전부 또는 일부를 과징금에서 제외할 수 있다.

동일한 위반행위에 대하여 법원, 검찰 기타 다른 행정기관으로부터 형벌, 과태료, 과징금 등의 형태로 제재조치를 이미 받은 경우에는 제재금액 등을 고려하여 이 기준에 따른 과징금을 감면할 수 있다(별표2 §5.(2)).

법 제17조에 따른 과징금 부과사건에 대하여 3대 불공정거래 유죄 확정판결이 있는 경우에는 과징금 부과처분의 취소·변경사유에 해당하게 되며, 직권재심을 통하여 과징금 부과처분을 취소·변경할 수 있다(자본시장조사 업무규정 §40조3호). 반대로 불공정거래 관련 무혐의나 무죄의 확정판결을 받은 경우에도 직권재심할 수 있다(동 규정 §40조1호).

위반행위로 인한 투자자의 피해를 배상한 경우에는 그 배상액 범위 내에서 기본과징금을 감경한다(조사업무규정 별표 2 §5.(1)). 위반행위의 내용이나 정도에 비추어 과징금이 현저히 과도하다고 판단되는 경우로서 금융위가 인정하는 경우에는 해당 과징금을 감면할 수 있다(별표2 §5.(3)).

2. 정보전달자에 대한 부과방법

미공개중요정보 이용행위 관련 정보전달자에 대해서는 동 정보를 전달받아 이용한 자의 부당이득금액 또는 손실회피금액의 100분의 10에 해당하는 금액과 20억 원 중 적은 금액을 부과과징금으로 한다. 또한 정보전달자가 동 정보를 직접 이용한 경우 각 행위에 대한 과징금을 각각 산정하여 합산한다(조사업무규정 별표 2 §6). 정보전달자는 직접 해당 정보를 이용한 매매가 없었을 경우 구체적으로 얻은 이익이 없으므로 정보를 이용한 자의 이득금액의 10% 수준의 과징금을 부과한다는 것이다.

제 5 편
불공정거래에 대한
형사 및 민사책임

처벌 조항

3대 불공정거래와 자기발행 가상자산 거래의 처벌

제19조(벌칙) ① 다음 각 호의 어느 하나에 해당하는 자는 1년 이상의 유기징역 또는 그 위반행위로 얻은 이익 또는 회피한 손실액의 3배 이상 5배 이하에 상당하는 벌금에 처한다. 다만, 그 위반행위로 얻은 이익 또는 회피한 손실액이 없거나 산정하기 곤란한 경우 또는 그 위반행위로 얻은 이익 또는 회피한 손실액의 5배에 해당하는 금액이 5억원 이하인 경우에는 벌금의 상한액을 5억원으로 한다.

미공개중요정보 이용행위(법 §10①), 시세조종행위(§10② · ③), 부정거래행위(§10④) 금지 규정을 위반한 자는 1년 이상의 유기징역 또는 부당이득의 3배 이상 5배 이하의 벌금에 처한다. 다만 부당이득이 없거나 산정이 불가능한 경우에는 벌금의 상한을 5억 원으로 한다. 자본시장법 제443조의 불공정거래 벌칙 조항을 그대로 반영한 것이다.

가상자산사업자 본인 또는 특수관계인이 발행한 가상자산의 매매, 그 밖의 거래를 한 경우에는 10년 이하의 유기징역 또는 부당이득의 3배 이상 5배 이하의 벌금에 처한다(법 §19②).

제19조(벌칙) ⑤ 제1항부터 제4항까지에 따라 징역에 처하는 경우에는 10년 이하의 자격정지와 벌금을 병과(竝科)할 수 있다.

가상자산법상 처벌 조항은 징역형이 선고될 경우 임의적으로 벌금을 병과한다. 반면 자본시장법상 3대 불공정거래행위 처벌의 경우 징역형 부과시 필요적으로 벌금을 병과하고 있다(법 §447①). 징역형에 처하는 경우에는 10년 이하의 자격정지를 병과할 수 있다.

제19조(벌칙) ③ 제1항의 위반행위로 얻은 이익 또는 회피한 손실액이 5억원 이상인 경우에는 제1항의 징역을 다음 각 호의 구분에 따라 가중한다.
1. 이익 또는 회피한 손실액이 50억원 이상인 경우: 무기 또는 5년 이상의 징역
2. 이익 또는 회피한 손실액이 5억원 이상 50억원 미만인 경우: 3년 이상의 유기징역
④ 제2항의 위반행위로 얻은 이익 또는 회피한 손실액이 5억원 이상인 경우에는 제2항의 징역을 다음 각 호의 구분에 따라 가중한다.
1. 이익 또는 회피한 손실액이 50억원 이상인 경우: 3년 이상의 유기징역
2. 이익 또는 회피한 손실액이 5억원 이상 50억원 미만인 경우: 2년 이상의 유기징역

징역형은 부당이득액에 따라 가중된다. 3대 불공정거래에 따른 부당이득액이 5억 원 이상인 경우에는 최소 3년 이상의 유기징역에 처한다(자기발행 가상자산 거래는 2년 이상). 3대 불공정거래의 경우 자본시장법상 불공정거래 가중조항과 동일하다(자본시장법 §443②). 그 외에 이득액에 따

른 징역형을 가중하는 법률로는 「특정범죄 가중처벌 등에 관한 법률」상 수뢰액에 따라 징역형을 가중처벌하는 규정이 있다(§2①).

4 절 필요적 몰수 · 추징

제20조(몰수 · 추징) ① 제19조제1항 각 호 및 제2항 중 어느 하나에 해당하는 자가 해당 행위를 하여 취득한 재산은 몰수하며, 몰수할 수 없는 경우에는 그 가액을 추징한다.

② 제19조제1항제2호부터 제4호까지 및 제2항 중 어느 하나에 해당하는 자가 해당 행위를 위하여 제공하였거나 제공하려 한 재산은 몰수하며, 몰수할 수 없는 경우에는 그 가액을 추징한다.

Ⅰ. 의의

몰수는 범죄의 반복을 막거나 범죄로부터 이득을 얻지 못하게 할 목적으로 범행과 관련된 재산을 박탈하여 국고에 귀속시키는 형벌을 말한다(형법 §41). 추징은 몰수에 갈음하여 몰수할 물건 가액의 납부를 강제하는 처분에 해당한다(형법 §48). 몰수 · 추징은 위법행위에 따른 부당이득을 박탈함으로써 범인이 범죄로 인한 부당이득을 취득하지 못하게 하려는 목적이 있다.

이 조항은 자본시장법상 불공정거래에 대한 몰수 · 추징 조항(§447의2)을 반영한 것이다. 그 외에 필요적 몰수 · 추징을 하는 예로는 형법상 뇌물에 대한 몰수 · 추징(§134), 관세법상 몰수 · 추징 규정이 있다(§282).

Ⅱ. 요건

3대 불공정거래와 자기발행 가상자산 거래에 따라 취득한 재산 또는 그 가액은 필요적으로 몰수·추징한다. 임의적 몰수는 몰수 요건에 해당하더라도 몰수 여부가 법원의 재량에 맡겨져 있는 경우를 말하며, 필요적 몰수란 몰수요건에 해당하면 반드시 몰수해야 하는 경우를 의미한다.

시세조종, 부정거래행위 또는 자기발행 가상자산 거래행위를 위하여 제공된 재산 역시 필요적 몰수·추징 대상이다. 시세조종 등으로 인해 취득한 범죄수익뿐 아니라 제공된 재산(시드머니)까지 몰수하여 불법행위를 근원적으로 차단하기 위한 목적을 갖는다.

몰수·추징 대상이 되는 '해당 행위를 하여 취득한 재산'은 법 제19조에 따른 '위반행위로 얻은 이익(=부당이득)'과 동일한 의미로 본다. 따라서 몰수·추징의 대상이 되는 재산 위반행위로 인한 발생 위험과 인과관계가 있는 이익으로 한정된다.[1]

몰수·추징은 법원의 판결을 통해 이루어지나, 불공정거래에 따른 범죄수익의 가장·은닉행위가 있는 경우 「범죄수익은닉의 규제 및 처벌 등에 관한 법률」(이하 "범죄수익은닉규제법")의 적용 대상이 되며(§2), 동 법 제12조(마약류 불법거래 방지에 관한 특례법 준용)에 따라 법원의 판결 선고 또는 검찰의 기소 이전에 몰수·추징의 보전조치가 가능하다.

가상자산의 몰수·추징이 가능한가. 범죄수익은닉규제법 시행령은 은닉재산에 "그 밖에 재산적 가치가 있는 유형·무형의 재산을 말한다"라고 규정한다(§2②). 판례도 범죄수익은닉규제법에 정한 중대범죄에 의하여 취득한 비트코인을 몰수할 수 있다고 판단하였다.[2]

---

1) 서울남부지방검찰청, "자본시장법 벌칙해설", (2019), 523면.
2) 대법원 2018.5.30. 선고 2018도3619 판결.

> **제21조(양벌규정)** 법인(단체를 포함한다. 이하 이 조에서 같다)의 대표자나 법인 또는 개인의 대리인, 사용인, 그 밖의 종업원이 그 법인 또는 개인의 업무에 관하여 제19조의 위반행위를 하면 그 행위자를 벌하는 외에 그 법인 또는 개인에게도 해당 조문의 벌금형을 과(科)한다. 다만, 법인 또는 개인이 그 위반행위를 방지하기 위하여 해당 업무에 관하여 상당한 주의와 감독을 게을리하지 아니한 경우에는 그러하지 아니하다.

법인은 행위능력이 없어 범죄 구성요건의 행위주체가 될 수 없고 행위자인 자연인이 형사책임을 지며, 다만 입법목적 실현을 위하여 법인을 처벌한다는 것이 판례의 태도이다.[3] 다만 행위자의 모든 위반행위에 대해 법인의 책임을 물을 수 없을 것이다.

구 증권거래법은 "법인의 대리인·사용인 기타 종업원이 그 법인의 업무에 관하여 제208조의 위반행위를 한 때에는 그 법인에 대하여도 해당 조의 벌금형을 과한다"고 규정하고 있었다(§215). 그러나 이 조항에 대하여 헌법재판소는 구 증권거래법의 양벌규정이 종업원의 범죄에 대한 법인의 책임 유무를 묻지 않고 형벌을 부과하는 것은 책임주의원칙에 위배된다고 하여 위헌 결정을 내렸다.[4] 현행 자본시장법은 법인의 감독 책임 여부에 따라 처벌 여부가 결정된다(법 §448).

가상자산법 역시 법인의 대표자나 대리인, 사용인, 그 밖의 종업원이 그 법인 또는 개인의 업무에 관하여 불공정거래 금지규정의 위반행위를 하면 그 행위자뿐 아니라, 그 법인도 해당 조문의 벌금형을 과하도록 양벌규정을 정하고 있다. 다만, 당해 법인이 그 위반행위를 방지하기 위하여 해당 업무에 관하여 상당한 주의와 감독을 게을리하지 아니한 경우에

---

3)   대법원 1984.10.10. 선고 82도2595 판결.

4)   헌법재판소 2011.4.28. 자 2010헌가66 결정, 임재연, 「자본시장과 불공정거래」, 박영사(2021), 656면.

는 적용하지 않도록 규정함으로써 양벌규정에 따른 위헌문제를 해소하였다.

법인에 대하여 벌금을 부과할 경우 그 상한은 그 법인이 얻은 이익 또는 회피한 손실액을 기준으로 상한이 정해지며, 그 외에 대표가 개인적으로 얻은 이익은 포함하지 않는다.[5]

법인이 존속하지 아니하게 되었을 때는 공소기각 결정의 사유가 된다(형사소송법 §328). 만약 법인이 다른 법인에 흡수합병될 때는 어떠한가. 피흡수합병회사의 권리의무는 사법상의 관계나 공법상의 관계를 불문하고 존속회사에 포괄승계되는 것이 원칙이나,[6] 형사책임의 경우 그 성질상 승계를 허용하지 않으며[7] 공소기각의 사유가 된다.

---

5) 대법원 2003.12.12. 선고 2001도606 판결.

6) 대법원 1994.10.25. 선고 93누21231 판결.

7) 대법원 2007.8.23. 선고 2005도4471 판결.

불공정거래의 공범과 죄수

불공정거래의 공범

가상자산법상 불공정거래에 따른 형벌은 부당이득을 범죄구성요건의 일부로 삼아 그 가액에 따라 형벌을 가중한다(법 §19③). 또한 공범의 이익은 공범 전체가 취득한 이익을 합산하여 이를 기초로 형벌을 부과하므로,[8] 공범에 해당하는지 여부 또는 정범 여부에 따라 처벌수준에 큰 영향을 미친다.

불공정거래행위는 하나의 범죄를 한 사람이 단독으로 실행하는 경우도 있지만(단독정범), 시세조종행위나 부정거래행위의 경우 여러 사람이 범죄를 실행하는 경우가 일반적이다. 형법 총론상 공범 규정은 여러 사람이 범죄를 실행하는 형태에 대해 공동정범, 교사범, 종범 등으로 구분하고 있다(형법 §30~§34). 이러한 공범은 임의적 공범이라고도 불리는데 원래부터 1인이 범할 수 있는 범죄로서 여러 명이 협력하여 범할 수도 있기 때문이다. 예를 들어 살인죄, 절도죄나 가상자산법상 시세조종, 부정거래행위는 1인 또는 다수가 협력하여 범할 수 있는 임의적 공범에 해당한다.

반면 반드시 두 사람 이상의 공동 행위가 있어야 성립하는 범죄를 필요적 공범이라고 한다. 형법상 증뢰죄와 수뢰죄, 가상자산법상 타인에게

---

8) 대법원 2011.4.28. 선고 2010도7622 판결, 대법원 2011.7.14. 선고 2011도3180 판결.

미공개중요정보를 이용하도록 제공한 자에 대한 처벌이 이에 해당한다.

I. 공동정범

1. 공동정범

공동정범은 2인 이상이 공동으로 범죄를 실행하는 범죄를 말한다. 공동정범에 대하여는 각자를 그 죄의 정범으로 처벌한다(형법 §30). 공동정범이 성립되기 위해서는 주관적 요소로 2인 이상이 실행행위를 공동으로 한다는 공동실행의 의사('공동가공의 의사'라고도 한다)가 있어야 하고, 객관적 요소로 공동의 실행행위가 존재하여야 한다.

2. 공모공동정범

2인 이상의 자가 공모하여 공모자 가운데 일부가 공모에 따라 범죄를 실행하였을 때 직접 구성요건적 실행행위를 분담하지 아니한 공모자에게도 공동정범이 성립한다. 이를 공모공동정범이라 한다. 만약 범죄에 대한 본질적 기여를 통한 기능적 행위가 존재하는 것으로 인정된다면 공동정범에 해당한다.

예를 들어 행위자가 직접 시세조종행위를 하지 않은 경우라도 자기 명의의 계좌와 자금을 교부하였을 뿐 아니라 적극적으로 투자자 등을 유치·관리한 경우,[9] 시세조종 전문가를 소개한 경우, 물량통제를 위하여 계좌 비밀번호를 알려준 경우[10]에도 공동정범이 성립한다.

---

9) 대법원 2009.2.12. 선고 2008도6551 판결.
10) 서울중앙지방법원 2004.4.29. 선고 2004고합114 판결.

⚖ **계좌·자금공급 및 투자유치를 한 경우**

(대법원 2003.12.12. 선고 2001도606 판결)

> 위 피고인들은 공소외인등이 시세조종의 방법으로 주가조작을 하는 데 사용하도록 자신 및 지인들의 증권계좌와 자금을 교부하였을 뿐만 아니라, 적극적으로 투자자들을 유치하여 관리함으로써 그들 명의의 증권계좌와 자금이 공소외인등의 주가조작 범행에 사용되도록 한 사실을 알 수 있으므로, 위 피고인들이 미필적으로나마 공소외인등의 주가조작 범행을 인식하면서 그 범행에 공동가공하려는 의사를 가지고 투자자 유치 등의 행위를 분담함으로써 기능적 행위지배를 통한 범죄실행에 나아갔다고 할 것이다.
> 원심이 같은 취지에서 피고인들이 공소외인등과 공모하여 이 사건 주가조작 범행을 저질렀다는 공소사실을 유죄로 인정한 것은 정당하고, 거기에 상고이유로 주장하는 바와 같은 공모나 범의, 공모공동정범의 성립에 관한 법리오해나 채증법칙 위반 등의 위법이 없다.

3. 공모의 증명방법

행위자들의 공모여부는 주관적 의사의 영역이므로 행위자들의 진술이 없으면 이를 입증하기 어렵다. 판례는 시세조종행위와 관련성이 있는 간접 사실을 증명하는 방법에 따라 이를 입증할 수 있다고 보고 있다.[11]

Ⅱ. 종범(방조범)

종범은 타인의 범죄를 방조한 자를 말한다. 방조는 타인의 범죄를 도와주는 일체의 행위를 말한다. 공동정범과 비교할 때 공동의 실행의사와 공동 실행행위의 분담을 요구하지 않는다는 점에서 차이가 있다.[12] 종범의 형은 정범의 형보다 감경한다(형법 §32). 종범의 사례를 보면 사채업자가 시세조종 세력에게 자금을 대출해준 경우,[13] 증권계좌를 제공해준 경

---

11) 대법원 2003.12.12. 선고 2001도606 판결.
12) 공동정범은 공동의 의사로 특정한 범죄행위를 하기 위하여 일체가 되어 서로 다른 사람의 행위를 이용하여 자기의 의사를 실행에 옮기는 것을 내용으로 한다는 점에서 종범과 구분이 된다(행위지배설, 대법원 2006.3.9. 선고 2004도206 판결).
13) 서울지방법원 2003.4.10. 선고 2002고합1086 판결.

우14)가 있다.

⚖️ 증권계좌를 제공한 경우

(대법원 2007.3.30. 선고 2007도877 판결)

> 피고인 甲이 피고인 乙의 시세조종 사실을 알면서 6억원이 입금되어 있는 丙, 丁 명의의
> 증권계좌를 피고인 乙에게 전달하여 주고 피고인 甲이 위 증권계좌를 시세조종에 이용
> 한 사실은 인정된다. 그러나 나아가 피고인 甲이 피고인 乙과 구체적 범행 방법에 대하
> 여 공모하였다거나 피고인 乙의 구체적인 지시에 따라 시세조종 주문을 제출하는 등 구
> 체적인 실행행위를 분담하였다는 점을 인정할 아무런 증거가 없고, 피고인 乙과 사이에
> 시세조종을 통한 이득액을 분배받기로 약정하였다고 볼 자료도 없는 이상, 피고인 甲의
> 위와 같은 증권계좌 전달행위는 피고인 乙의 범행을 인식하면서 그 실행행위를 용이하
> 게 하는 방조행위에 불과하고 이를 피고인 乙과 일체가 되어 피고인 乙의 행위를 이용하
> 여 자신의 시세조종 의사를 실행에 옮긴 것이라고 평가할 수는 없다고 할 것이다. 그렇
> 다면 피고인 甲에게 공동가공의 의사가 있었다거나 공동가공의 의사에 기한 기능적 행
> 위지배를 통한 범죄의 실행행위가 있었다고 보기 어려우므로 공소사실에 포함되어 있
> 는 증권거래법 위반 방조죄가 유죄로 인정된다.

Ⅲ. 필요적 공범(대향범)

1. 의의

위에서 설명한 공동정범, 종범은 1인 또는 2인 이상의 공동행위로도
범죄가 성립하는 임의적 공범에 해당하나, 반드시 2인 이상의 공동 행위
가 있어야 성립하는 범죄가 있는데 이를 필요적 공범이라고 한다. 형법
이 정하는 필요적 공범은 ⅰ) 내란죄와 같이 행위의 목적이 동일한 경우
에 성립하는 집합범, ⅱ) 수뢰죄·증뢰죄, 공무상비밀누설죄, 미공개중요
정보 이용행위와 같이 상대방을 필요로 하는 범죄로서 서로 반대되는 방
향의 의사가 합치됨으로써 성립하는 대향범이 있다. 수뢰죄와 증뢰죄는
각각의 범죄에 대해 처벌하는데 이를 쌍방적 대향범이라고 한다. 반면

---

14) 대법원 2007.3.30. 선고 2007도877 판결.

공무상비밀누설죄의 누설자는 처벌하나 상대방인 비밀취득자는 처벌하지 아니하고, 가상자산법 제10조의 정보제공자(1차 정보수령자)는 처벌하나 2차 정보수령자는 처벌하지 않는데 이렇게 대향자 일방의 행위만 처벌하는 범죄를 편면적 대향범이라고 부른다.

2. 편면적 대향범의 문제

앞에서 설명한 공동정범, 종범과 같은 임의적 공범의 경우 형법총칙상 처벌 규정을 두고 있으나, 필요적 공범에 대해서는 형법 각칙 또는 가상자산법과 같은 개별 법률상 별도의 처벌규정을 두고 있다. 쌍방적 대향범의 경우 각자에게 적용될 형벌을 별도 규정하고 있고 형법 총칙의 특별법으로 보아 우선 적용될 수 있다는 것에 대해 별다른 이견은 없다. 그런데 예를 들어 미공개중요정보 이용행위와 같은 편면적 대향범의 경우 양자가 서로 공모, 교사할 때 불벌 대향자를 형법 총칙상 임의적 공범으로 양자를 처벌할 수 있는지 문제가 된다.

불벌설은 대향자 일방에 대해서만 처벌 규정을 별도로 정하고 있다는 점에서 입법자의 의도를 존중해야 하며 형법 총칙상 공범 조항을 적용할 수 없다는 견해로서 통설[15] 및 판례의 일관된 태도이다.[16] 처벌설은 불벌 대향자가 구성요건 실현에 통상 수반되는 정도를 초과하여 적극적인 조력자로서 타방의 구성요건 실현에 가공한 경우에는 공범으로 처벌되어야 한다고 본다.[17]

미공개중요정보 이용행위의 정보제공자와 정보수령자에 대한 판례는 일반적으로 불벌설에 입각하여 형법 총칙상 임의적 공범 규정을 적용할

---

15) 박상기, 「형법총론」, 박영사(2009), 377면; 신동운, 「형법총론」, 법문사(2008), 699면; 오영근, 「형법총론」, 박영사(2009), 549면, 이재상, 「형법총론」, 박영사(2011), 321면.

16) 불벌 대향자의 형법 총칙 적용을 부정한 판례: 대법원 2011.4.28. 선고 2009도3642 판결(공무상기밀누설죄의 누설 받은 자), 대법원 2014.1.16. 선고 2013도6969 판결(변호사법 제111조제1항의 금품향응을 제공한 자), 대법원 2011.10.13. 선고 2011도6287 판결(의료법상 위법한 처방전을 받은 자).

17) 김일수, 서보학, 「새로 쓴 형법총론」, 박영사(2006), 637면; 배종대, 「형법총론」, 홍문사(2013), 563면.

수 없다고 보고 있다.

3. 정보제공자와 정보수령자의 공범 해당 여부

(1) 임의적 공범을 인정하지 않은 경우

불벌설에 따른 판례를 보자. 신문기자인 형으로부터 상장회사의 호재성 정보를 들은 2차 정보수령자인 동생이 이를 거래에 이용한 사건에서 대법원은 2차 정보수령자 이후를 처벌범위에 넣지 않은 것은 처벌범위가 불명확하게 되거나 법적 안정성을 해치는 것을 막기 위한 것이라고 하면서 형법상 공모, 교사, 방조에 해당하더라도 입법 취지상 2차 정보수령자를 1차 정보수령자의 공범으로 처벌할 수 없다고 판시하였다.[18]

(2) 임의적 공범을 인정한 경우

2차 정보수령자가 1차 정보수령자에게 정보를 이용하여 매매수익을 분배하자고 제안하여 범행을 공모한 뒤 주식을 매매한 사건에서는 "1차 정보수령자가 1차로 정보를 받은 단계에서 그 정보를 거래에 바로 이용하는 행위에 2차 정보수령자가 공동 가담하였다면 그 2차 정보수령자를 1차 정보수령자의 공범으로 처벌할 수 있다"고 하여 정보제공자와 정보수령자간 공범관계를 인정하였다.[19]

이 사건의 경우 앞의 판례와 달리 1차 정보를 받은 단계에서 2차 정보수령자가 바로 공동 가담하여 범행을 공모하고 매수자금 제공 및 매매차익을 취득하는 등 미공개중요정보 이용행위에 기능적으로 가담했다는 점이 인정된 것이다.[20] 불벌 대향자는 행위자성의 결여가 불벌의 근거가 되는데, 단순한 정보제공 및 수령관계를 넘어서는 기능적 가담행위까지 형법총칙 적용을 배제할 이유는 없다고 본다. 다만 단순한 미공개중요정

---

18) 대법원 2002.1.25. 선고 2000도90 판결.

19) 대법원 2009.12.10. 선고 2008도6953 판결.

20) 김영기, "자본시장 불공정거래의 형사책임과 규제에 관한 연구", 연세대학교 박사학위 논문 (2017), 169면.

보의 제공 및 정보수령자의 관계에서는 임의적 공범관계가 인정되지 않는다는 기존의 판례는 유효하다.

　　형사 처벌조항의 구성요건은 행위자가 한 개의 행위로 하나의 구성요건을 실행했을 때를 전제로 적용된다. 그런데 예를 들어 행위자가 다수의 시세조종행위를 하여 같은 구성요건을 여러 번 충족하였거나, 시세조종행위와 부정거래행위의 구성요건 양자를 충족하는 경우 그 행위가 일죄인가 수죄인가를 결정하는 것은 형법 일반조항이나 해석을 통하여 해결해야 한다.

　　죄수론은 위 같은 경우 범죄의 수가 한 개인가 수개인가를 규명하는 이론을 말하는데, 죄수에 따라 범죄의 처단형이나 선고형이 달라진다. 불공정거래는 시세조종이 반복되거나, 부정거래행위와 시세조종이 결합되는 경우가 일반적이다. 이 행위들이 하나의 범죄로 보아야 하는지 복수의 범죄가 성립하는지를 살펴본다.

I. 일죄가 되는 경우

1. 한 개의 행위로 수개의 구성요건에 해당하는 경우(법조경합)

　　죄수에는 일죄와 수죄가 있다. 일죄는 하나의 범죄가 성립된 경우를 말하는데, 일죄에는 단순일죄와 포괄일죄가 있다.

　　단순일죄는 1개의 행위로 1개의 구성요건이 충족되는 경우이다. 그런데 단순일죄에는 1개의 행위가 수개의 범죄 구성요건에 해당하는 경우가 있다.21) 이 경우에는 이중평가금지원칙에 의하여 실질적으로 1개의 구성

---

21) 예를 들어 존속을 살해한 경우 존속살해죄와 살인죄의 구성요건을 모두 충족하지만, 존속살해

요건을 충족하고 1개의 죄만을 구성하는데 이를 법조경합이라고 한다. 법조경합은 한 개의 죄만 성립하므로 다른 죄는 양형에 반영하지 않는다.

불공정거래에서 법조경합은 포괄규정인 제10조제4항제1호와 여타 규정인 미공개정보이용행위, 시세조종행위와의 관계가 문제가 된다.

(1) 특별관계설

부정거래행위와 미공개중요정보 이용행위·시세조종은 각각 법조경합의 일반·특별관계로 규정으로 보는 견해이다. 부정거래행위(부정한 수단, 계획 또는 기교) 금지규정은 불공정거래의 일반조항으로서 특별조항인 여타 불공정거래 금지규정이 우선하여 적용된다고 한다. 다수설[22] 및 판례이다.[23]

특별관계가 인정되기 위해서는 특별형벌법규의 구성요건이 일반형벌법규의 구성요건을 충족하고 침해법익을 같이 할 것을 요구한다. 미공개중요정보 이용행위와 시세조종행위 금지규정이 포괄규정인 부정거래행위의 구성요건을 충족하고, 동일한 보호법익을 갖고 있으므로 특별관계로 보는 데 문제가 없다. 죄형법정주의의 명확성 원칙과의 조화 측면에서도 구체화된 여타 불공정거래 금지규정을 우선 적용하는 것이 부정거래 도입 취지에 부합한다. 불공정거래 조사 및 수사 실무상으로도 미공개중요정보 이용행위나 시세조종행위가 명백한 사안의 경우 부정거래행위를 적용하지 않는다.

죄가 적용된다.

22) 임재연, 앞의 책, 428면, 한국증권법학회, 「자본시장법 주석서(Ⅰ)」, (2015), 1157면, 김건식·정순섭, 「자본시장법」, (2023), 521면.

23) 대법원 2011.10.27. 선고 2011도8109 판결.

⚖️ **1개의 행위에 대하여 시세조종행위와 부정거래행위의 법조경합관계(특별관계)로 본 판결**

(서울고등법원 2011.6.9. 선고 2010노3160 판결)

> 자본시장법 제178조 제1항 제1호는 제176조에 열거된 시세조종행위와는 다르게 규제대상이 금융투자상품이므로 상장증권이나 장내파생상품으로 제한되지 않고, 거래 장소도 거래소 시장으로 제한되지 않으며, 매매 이외의 다양한 유형의 거래까지 규제대상으로 하고 있는 점, 위 각 죄의 보호법익은 모두 주식 등 거래의 공정성 및 유통의 원활성 확보라는 사회적 법익인 점 등을 고려하면 위 각 죄는 법조경합관계(특별관계)에 있다고 봄이 옳다.

(2) 독립관계설

부정거래행위 금지규정을 여타 규정과 병렬적으로 적용할 수 있는 독립적 규정으로 보는 견해는 시세조종, 미공개중요정보 이용행위 규정을 우선 적용해야 하는 것은 아니며, 부정거래행위 금지규정을 우선 적용할 수 있다고 한다.[24]

2. 수개의 행위가 하나의 구성요건에 해당하는 경우(포괄일죄)

포괄일죄는 수개의 행위가 포괄적으로 한 개의 구성요건에 해당하여 일죄만 구성하는 것을 말한다. 구성요건에 해당하는 수개의 행위가 동종의 행위로서 그 구성요건을 같이한다. 분류상 결합범, 계속범, 접속범, 연속범으로 나뉜다.[25] 포괄일죄는 한 개의 죄만 성립하며, 그 중 가장 중한 죄로 처벌한다. 불공정거래에는 ⅰ) 시세조종과 부정거래가 반복된 경우, ⅱ) 시세조종행위가 장기간 반복되는 경우에 포괄일죄 적용 여부

---

24) 안수현, "자본시장법 시행 이후 불공정거래 규제 변화와 과제", 「BFL」 제40호, (2010.3.), 83면.
25) 결합범(수개의 구성요건에 해당하는 범죄행위가 결합하여 1개의 범죄를 구성하는 경우로서 예를 들어 강도죄는 폭행, 협박, 절도의 결합범임), 계속범(구성요건을 충족한 상태가 계속되는 범죄로서 예를 들어 감금죄, 직무유기죄), 접속범(동일한 법익의 수개의 구성요건 행위가 시간, 공간적으로 불가분하게 접속하여 행하여지는 것), 연속범(연속된 수개의 행위가 동종의 범죄에 해당하나, 밀접한 시간·장소적 접속을 요구하지 않는 것)으로 나뉜다.

가 문제가 된다.

(1) 시세조종과 부정거래행위가 반복된 경우

부정거래행위 사건의 경우 상당수가 여러 불공정거래행위가 반복적으로 결합되어 발생한다. 예를 들어 시세조종행위와 허위사실 유포 등을 통해 가상자산 가격을 부양하고, 보유물량을 매도하여 차익을 실현한 경우에 어떤 규정을 적용할 수 있는가?

대법원 판례는 시세조종행위와 부정거래행위가 단일하고 계속된 범의 아래 일정기간 계속하여 반복된 경우 양 금지규정 위반의 포괄일죄가 성립한다고 보고 있다. 가상자산 가격 부양을 통한 차익실현이라는 단일하고 계속된 범의 하에 일정기간 계속하여 여러 종류의 불공정거래행위를 하였다면 포괄일죄가 성립한다.

⚖ 시세조종과 부정거래가 반복된 경우

(대법원 2011.10.27. 선고 2011도8109 판결)

> 시세조종행위와 부정거래행위 등의 금지를 규정하고 있는 자본시장과 금융투자업에 관한 법률(이하 '자본시장법'이라고 한다)제176조와 제178조의 보호법익은 주식 등 거래의 공정성 및 유통의 원활성 확보라는 사회적 법익이고 주식의 소유자 등 개개인의 재산적 법익은 직접적인 보호법익이 아니므로, 주식시세조종 등의 목적으로 자본시장법 제176조와 제178조에 해당하는 수개의 행위를 단일하고 계속된 범의 아래 일정기간 계속하여 반복한 경우, 자본시장법 제176조와 제178조 소정의 시세조종행위 및 부정거래행위 금지 위반의 포괄일죄가 성립한다.

(2) 시세조종이 반복된 경우

다수 종목의 시세조종행위를 하거나, 가장매매·통정매매·현실거래에 의한 시세조종이 혼합된 시세조종행위의 경우에 시세조종 목적으로 수개의 행위를 단일하고 계속된 범의 아래 일정 기간 계속 반복한 경우에는 포괄일죄가 성립한다.[26] 판례는 단일하고 계속된 범의 하에 일정기

---

26) 대법원 2011.1.13. 선고 2010도9927 판결.

간 계속한 다수 종목의 시세조종에 대해서도 포괄일죄가 성립된다고 보고 있다.[27]

(3) 포괄일죄에 따른 처벌

포괄일죄를 적용할 경우 불공정거래의 법정형이 동일하므로 적용 법조에 따른 차이는 발생하지 않는다. 다만 여러 불공정거래행위에 대하여 포괄일죄가 적용된다면 모든 행위에서 발생하는 부당이득을 합산하여 형벌이 부과된다. 불공정거래 처벌조항은 부당이득의 3배에서 5배까지 벌금이 부과되고, 징역형 역시 부당이익 수준에 연동된다. 예를 들어 가상자산 가격 부양을 목적으로 한 시세조종과 부정거래의 부당이득이 각각 2억 원, 3억 원이라면, 부당이득의 최대 5배까지의 벌금부과가 가능하므로 최대 25억 원의 벌금 부과가 되고, 부당이득이 5억 원 이상인 경우에는 3년 이상의 유기징역에 처할 수 있다.

Ⅱ. 수죄가 되는 경우

1. 다른 범의로 별개로 이루어진 경우(실체적 경합)

(1) 시세조종이 반복적으로 이루어진 경우

실체적 경합범은 수개의 행위로 수개의 죄를 범한 경우로서 그 행위가 수개로 평가되는 범죄를 말한다. 수개의 죄는 모두 판결이 확정되지 않았어야 한다. 그 행위가 다른 범의로 별개로 이루어진 경우에는 각 행위는 포괄일죄가 아닌 실체적 경합범의 관계로 본다.

---

27) 대법원 2002.6.14. 선고 2002도1256 판결.

⚖️ 여러 시세조종이 별도로 이루어진 경우

(서울지방법원 2002.10.30. 선고 2002노2509 판결)

> 증권거래법 제188조의4의 각 항과 각 호에서 정하고 있는 불공정거래행위에 해당하는 수 개의 행위를 단일하고 계속된 범의 하에서 일정기간 계속하여 반복하여 행하여 그 각 행위가 포괄하여 일죄를 이루는 경우, 그 시세조종행위로 얻은 이익은 그 기간 동안 행하여진 모든 거래를 통하여 산정을 하여야 할 것이고, 어느 기간 동안에 단일한 범의 하에서 시세조종행위를 한 후 그와 다른 범의 하에서 별도의 시세조종행위를 행하여 각 범행이 경합범의 관계에 있는 경우, 시세조종행위로 얻은 이익은 각 범행별로 따로 산정을 하여야 할 것이다.

(2) 불공정거래행위와 공시위반 등이 이루어진 경우

자본시장에서 무자본 M&A 과정 중 자금원천을 은폐하기 위해 타인자본이 아닌 자기자금으로 대량보유보고를 하는 경우 제178조 제1항 제2호에 따른 허위표시에 의한 부정거래행위와 제147조의 대량보유보고 위반행위가 성립한다. 대량보유보고에 대한 규제는 대량주식 매집에 대한 대책을 강구하는 취지를 갖고 있어 불공정거래행위 규제와 다른 보호법익을 갖고 있으므로 실체적 경합범으로 처벌된다.[28] 현재 가상자산법은 가상자산 발행자나 가상자산사업자에 대한 공시제도가 도입되지 않았으나, 향후 2차 입법이 이루어질 경우에는 사안에 따라 실체적 경합에 따른 처벌이 적용될 수 있다.

(3) 시세조종행위와 입출금 차단이 이루어진 경우

가상자산거래업자가 시세조종을 하는 과정 중 가두리 펌핑을 위하여 가상자산에 대한 입출금을 차단한 경우 법 제10조제2항에 따른 시세조종행위와 제11조제1항에 따른 입출금 차단 금지 위반행위가 성립한다. 입출금 차단 금지는 가상자산사업자가 정당한 사유 없이 이용자의 가상자산 입·출금을 차단하는 행위를 금지하여 이용자의 경제적 권리를 보호

---

28) 서울중앙지방법원 2009.1.22. 선고 2008고합569 판결; 서울남부지방검찰청, 「불공정거래 벌칙 해설」, (2019), 190면.

하기 위한 목적을 가지므로 시세조종행위 금지와 다른 보호법익을 갖고 있다고 보아야 한다.

2. 불공정거래의 경합범 처벌에 대한 논의

여러 시세조종이 다른 범의로 별개로 이루어진 것이라면 실체적 경합범으로 보아 가장 중한 죄에서 정한 형의 장기 또는 다액에 1/2까지 가중하되, 각 죄에서 정한 형의 장기 또는 다액을 합산한 형기 또는 액수를 초과할 수 없다(형법 §38①2).[29]

반면 포괄일죄는 법정형과 처단형이 동일해 불법성이 강한 범죄자를 우대하는 결과가 된다는 비판이 있고,[30] 불공정거래 개별행위마다 경합범으로 처벌함이 이론적으로나 형사정책적으로 타당하다는 견해가 있다.[31]

부정거래행위나 시세조종의 양태의 특성과 사회적 보호법익을 고려하면 단일한 범의로 지속된 경우에는 포괄일죄를 적용하는 것이 타당하다고 본다. 한편 불공정거래 처벌조항은 부당이득에 연동하여 형량이 가중되도록 하여 강력한 처벌을 강구한다는 특징을 주목할 필요가 있다. 포괄일죄를 적용할 경우 모든 불공정거래행위의 부당이득이 합산되어 형량에 반영되므로 포괄일죄로 인해 반드시 가혹한 양형의 회피가 이루어질 것으로 생각되지 않는다.

---

29) 각 범죄의 형을 병과할 경우 누진적 효과로 인해 발생하는 가혹한 형벌을 방지하기 위한 목적을 갖고 있다.
30) 김영기, 앞의 논문, 175면.
31) 박상기, "포괄일죄와 연속범 및 공동정범"「저스티스」제129호(2010), 343면.

제 3 장

부당이득의 산정

1절 부당이득의 의의

제19조(벌칙) ⑥ 제1항 및 제2항에 따른 위반행위로 얻은 이익(미실현 이익을 포함한다) 또는 회피한 손실액은 그 위반행위를 통하여 이루어진 거래로 발생한 총수입에서 그 거래를 위한 총비용을 공제한 차액을 말한다. 이 경우 각 위반행위의 유형별 구체적인 산정방식은 대통령령으로 정한다.

부당이득은 "위반행위로 얻은 이익"을 말한다. 부당이득은 형사처벌의 구성요건요소로서 그 규모에 따라 징역형 및 벌금이 가중된다. 법원은 형벌이 그 책임에 비례해야 한다는 책임주의 원칙에 따라 위반행위와 부당이득간 인과관계를 요구한다. 따라서 검사는 위반행위와 무관한 제3의 가격변동요인을 분리하여 부당이득을 입증할 책임을 진다.

자본시장법의 경우 부당이득에 대한 명확한 개념 및 구체적인 산정방법은 법령상 명시되지 않았다. 따라서 법원의 과거 판례에 의존하여 산정할 수밖에 없었다. 과거 법원은 거래로 얻은 총수입에서 총비용을 공제한 차액을 산정하는 '단순차액방식'의 입장에 있었고,[32] 금융당국 역시 현재까지 단순차액방식에 따라 부당이득을 산정하였다.

외부요인이 없는 단순 명확한 사건의 경우 현재도 단순차액방식이 적

---

32) 대법원 2002.6.14. 선고 2002도1256 판결.

용되지만, 법원은 위반행위와 관계없는 시장 요인에 의한 가격변동분은 제거하도록 하여, 위반행위와 부당이득 간 인과관계에 대한 엄격한 증명을 요구하였다. 특히 제3의 가격변동요인에 대한 명시적인 산정방법이 없다보니 부당이득 불상으로 처벌수준이 낮은 판결[33]이 나오게 됨에 따라 처벌제도의 유효성 문제가 제기되었다.

2023년 자본시장법 개정으로 부당이득 산정근거가 마련되고, 유형별 세부 산정방법은 시행령에 명시하였다. 가상자산법상 부당이득 산정 조항 역시 자본시장법의 체계를 그대로 따르고 있다. 가상자산법에 따른 불공정거래 벌칙과 과징금 부과 시 시행령이 정하는 방법에 따라 부당이득을 산정해야 한다.

2 절　부당이득 산정방식

Ⅰ. 부당이득 산정 원칙

1. 일반기준

부당이득은 실현이익, 미실현이익, 회피손실액을 합산하여 산정한다 (영 별표1 §1.가).

부당이득 산식

부당이득 = 실현이익 + 미실현이익 + 회피손실액 − 거래비용

---

(1) 실현이익

실현이익은 위반행위 개시시점부터 위반행위 효과가 직접 반영되는

---

33) 대법원 2009.7.9. 선고 2009도1374 판결, 대법원 2010.12.9. 선고 2009도6411 판결, 대법원 2011.10.27. 선고 2011도8109 판결, 헌법재판소 2011.2.24. 2009헌바29 결정.

기간의 종료 시점까지의 구체적 거래로 발생한 이익을 말한다. 예를 들어 정보 공개 이후 상승세에 있던 최종가격의 흐름이 멈춘 시점을 '정보의 공개로 인한 효과가 가격에 전부 반영된 시점'으로 볼 수 있다.[34]

(2) 미실현이익과 회피손실액

미실현이익은 위반행위 종료 시점 당시 처분하지 않은 가상자산의 평가이익을 말한다. 예를 들어 미공개중요정보(호재성)의 경우 정보공개 후 최초형성최고기준가격이 형성된 시점까지 미처분 잔량, 시세조종은 시세조종행위 종료 시점의 미처분 잔량의 평가이익을 말한다.

회피손실액은 최초형성최저기준가격까지 위반행위를 통하여 이루어진 거래로 회피한 손실액을 말한다(동 별표 §2.가.3)). 악재성 미공개중요정보를 이용하여 가격 하락 전 매도하는 경우에 산정한다.

(3) 거래비용

거래비용은 위반행위와 관련된 거래를 위해 지출한 매매수수료 및 그 밖에 위반행위와 관련된 거래를 위해 든 비용을 말한다(동 별표 비고 §5). 다만 양도소득세, 이자비용, 미실현이익 관련 예상되는 거래에 따른 비용은 제외한다. 자본시장법상 단기매매차익반환의 양도소득세 공제와 관련한 판례에 따르면 양도소득세는 양도차익에 과세하는 직접세로서 모든 주식 등의 거래에서 필연적으로 발생하는 거래비용으로 볼 수 없다는 점에서 거래비용에 포함하지 않는다고 판시하였다.[35]

2. 기타

(1) 위반행위의 동기, 목적이 되는 거래 등으로 얻은 이익

"위반행위의 동기 또는 목적이 되는 거래 등으로 얻은 이익"이 있는 경우 부당이득에 포함한다(동 별표 §1.나). "위반행위의 동기 또는 목적"은

---

34) 대법원 2021.9.30. 선고 2021도1143 판결.
35) 대법원 2016.3.24. 선고 2013다210374 판결.

불공정거래를 하게 된 계기를 말한다. 예를 들어 금융기관 대출 관련 가상자산 담보비율 하락 방어를 위해 시세조종을 한 경우 담보비율 하락 방어는 위반행위의 동기 또는 목적에 해당한다. 이 경우 위반행위를 통해 얻은 금융비용 절감액은 위반행위의 동기, 목적이 되는 거래 등으로 얻은 이익에 해당한다.

(2) 법인 등의 이익

법인의 대표자나 법인·개인의 대리인·사용인·그 밖의 종업원이 그 법인·개인의 업무에 관하여 형사처벌 대상 불공정거래를 한 경우 그 법인·개인의 이익도 부당이득에 포함한다(영 별표 1 §1.다). 예를 들어 대표자의 부당이득 산정 시 법인에 귀속된 부당이득도 합산한다.

(3) 포괄일죄

여러 개의 위반행위가 단일하고 반복적으로 계속된 범의 아래 일정기간 반복하여 이루어진 경우 전체 위반행위기간 동안 발생한 부당이득액은 모두 합산한다(동 별표 §1.라). 포괄일죄에 해당하는 경우를 말한다. 예를 들어 단일하고 계속된 범의 아래 다수 종목을 대상으로 반복적으로 이루어진 시세조종에 따른 부당이득은 모두 합산하고, 별개의 범의로 이루어진 시세조종에 따른 부당이득은 별도로 산정한다.[36)]

(4) 공범의 부당이득 산정

여러 사람이 공동으로 위반행위에 가담한 경우에는 해당 위반행위로 발생한 부당이득액을 위반행위자별 부당이득으로 한다(동 별표 §1.마). 예를 들어 공범인 甲, 乙이 얻은 이익이 각각 1억원인 경우, 합산액인 2억원이 공범 각각의 부당이득액이 된다. 다만 과징금 부과의 경우 甲, 乙이 각각 얻은 이익으로 부당이득을 한정한다.

---

36) 서울지방법원 2002.10.30. 선고 2002노2509 판결.

II. 외부요인 결합된 경우 산정방법

1. 개관

판례상 외부요인은 자신의 행위와 인과관계가 없는 정상적인 가격변동요인이나 행위자와 무관한 제3자가 야기한 시세변동요인을 말한다.[37] 시행령은 판례를 기초로 "위반행위자와 무관한 제3자의 개입 또는 이에 준하는 사실·행위로 인한 시세 변동이 결합되어 위반행위로 인한 시세 변동분을 확정하기 어려운 경우"로 정의하여 그 범위를 명확히 했다(동 별표 §1.바).

거래상대방과 손해액 특정이 용이한 사기죄 등과 달리 불공정거래는 외부요인을 반영하여 부당이득을 정확히 산정하는 것은 사실상 불가능에 가깝다. 이러한 문제를 감안하여 시행령은 외부요인에 의한 시세변동의 영향력에 따라 부당이득을 일부 반영하여 산정을 단순화하였다. 다만 시세변동의 영향력의 판단은 개별적 판단을 요한다.

2. 산정방법

외부요인으로 인한 시세변동이 결합되어 위반행위로 인한 시세 변동분을 확정하기 어려운 경우에는 다음과 같이 부당이득을 산정한다(동 별표 §1.바).

---

1) 외부요인에 의한 가상자산의 시세 변동이 위반행위로 인한 가상자산의 시세 변동을 완전히 상쇄했다고 인정되는 경우: 외부요인이 발생하기 직전까지의 시점을 기준으로 부당이득액을 산정
2) 외부요인에 의한 가상자산의 시세 변동이 위반행위로 인한 가상자산의 시세 변동을 초과했다고 인정되는 경우: 외부요인이 발생한 이후의 시세 변동분은 3분의 1을 반영하여 부당이득액을 산정

---

37) 헌법재판소 2011.2.24. 2009헌바29 결정.

3) 외부요인에 의한 가상자산의 시세 변동이 위반행위로 인한 가상자산의 시세 변동에 준한다고 인정되는 경우: 외부요인이 발생한 이후의 시세 변동분은 2분의 1을 반영하여 부당이득액을 산정

4) 외부요인에 의한 가상자산의 시세 변동이 위반행위로 인한 가상자산의 시세변동에 준하는 정도에 미치지 않는다고 인정되는 경우: 외부요인이 발생한 이후의 시세 변동분 전부를 반영하여 부당이득액을 산정. 다만, 금융위원회가 정하여 고시하는 특별한 사정이 있다고 인정되는 경우 외부요인이 발생한 이후의 시세 변동분은 3분의 2를 반영하여 부당이득액을 산정한다.

3. 외부요인 반영 제외사유

외부요인이 사회통념상 예견 가능하거나 위반행위자가 해당 외부요인을 위반행위에 이용하였다고 인정된 경우에는 반영하지 않는다(동 별표 §1.바 단서). 판례도 통상 예견할 수 있는 것에 지나지 않는다면 위반행위와 이익 사이의 인과관계를 인정한다.[38]

가상자산 지수에 의한 시세 변동의 경우도 반영하지 않는다(동 별표 §1.바 단서). 가상자산시장은 국내외 경제 상황, 정책발표 등 다양한 변수가 가상자산 가격에 영향을 미치는데, 이를 모두 반영하여 부당이득을 산정하는 것은 불가능하다는 점을 고려한 것이다.

---

38) 대법원 2017.5.17. 선고 2017도1616 판결.

I. 미공개중요정보 이용행위

1. 실현이익

| 실현이익 산식 |

실현이익 = (매도단가 - 매수단가) × 매매일치수량 - 거래비용

---

(1) 실현이익

실현이익은 미공개중요정보 이용행위 개시 시점부터 정보공개 후 가상자산시장에서 최초형성최고기준가격까지의 기간 중 실제 거래로 발생한 이익을 대상으로 산정한다(동 별표 §2.가.1)).[39] 이 기간 중 매도단가와 매수단가의 차액에 매매일치수량을 곱하여 실현이익을 산출한다.

(2) 최초형성최고기준가격

최초형성최고기준가격은 예를 들어 정보공개 후 시세가 지속적으로 상승하다 그 흐름이 최초로 멈추고 하락한 경우 하락 직전의 기준가격을 말한다(동 별표 §2.가.1)). 만약 하락 후 재상승한 경우에는 그 재상승은 당해 정보의 공개와 관련이 없는 것으로 보아 반영대상이 아니다. 최초형성최고기준가격까지 거래하여 얻은 이익을 대상으로 한 것은 정보의 공개로 인한 효과가 가격에 전부 반영된 시점의 가상자산 가격이 미공개중요정보이용행위와 인과관계가 인정되는 이익으로 볼 수 있기 때문이다.[40]

여기서 '기준가격'은 한국표준시를 기준으로 0시, 8시 및 16시의 가격을 말한다(동 별표 비고 §1). 증권시장의 경우 매일 장 종료에 따른 종가가

---

39) 대법원 2018.10.12. 선고 2018도8438 판결, 대법원 2021.9.30. 선고 2021도1143 판결.
40) 서울중앙지방법원 2011.4.7. 선고 2010고합775 판결.

형성되므로 종가를 기준가격으로 하나 가상자산시장은 24시간 거래되므로 일정한 시점의 가격을 기준가격으로 삼은 것이다.

(3) 매매일치수량

매매일치수량은 매수수량과 매도수량 중 작은 수량을 말한다(동 별표 비고 §4)). 실무상 매매일치수량은 매수의 경우 정보생성시점(정보지득시점이 확인되면 그 시점. 이하 같음)부터 정보공개시점 전까지 매수한 수량, 매도의 경우 정보생성시점부터 정보공개 이후 최초형성최고기준가격까지 매도된 수량 중 적은 수량을 매매일치수량으로 산정한다.[41]

(4) 매도 · 매수단가

매도단가와 매수단가는 가중평균단가(예: 매수단가 = 총매수금액/총매수수량)를 사용한다(동 별표 비고 §2 · 3).

(5) 입출금 시 반영 방법

만약 가상자산이 계정에서 입금 또는 출금된 경우에는 어떻게 반영하는가. 자본시장 조사 실무상으로는 관련 매매계약서와 자금 거래내역을 통해 실제 매매가격을 적용한다. 취득 · 처분가격의 확인이 어려운 경우에는 주식 입고 시엔 입고전일 종가를, 출고 시엔 출고일 종가를 사용한다. 따라서 가상자산의 입출금시에는 자본시장의 예에 비추어 입금전 기준가격이나 출금일 기준가격을 사용하는 것이 타당하다. 이러한 산정방식은 다른 유형의 불공정거래행위의 부당이득 산정에도 동일하게 적용된다.

2. 미실현이익

사례 **미실현이익 산정기준**

Q. 가상자산발행사 임원 甲은 시스템 업그레이드 공지전에 동 가상자산 59,000개를 매수하였는데, 공지 후 가격이 급상승하여 24.8.21 최고가인 12,000원

---

41) 정보공개전 매도수량도 포함된다는 점에 유의할 필요가 있다.

을 기록한 후 상승세를 멈췄고, 甲은 24.8.24 이후 동 가상자산을 분할매도
하여 5,700만 원의 차익이 발생했다. 이 경우 A의 부당이득은 얼마인가?

① 실제 매도하여 발생한 실현이익인 5,700만 원이다.

② 최고가인 24.8.21 당시의 미실현이익인 21,600만 원이다.

A. 정답 ②: 정보공개 효과가 가격에 반영된 시점의 가상자산의 평가이익으로 산
정한다. 그 시점 이후에 실제 매도된 경우에도 마찬가지이다.

미실현이익 산식

미실현이익 = (최초형성 최고기준가격 – 매수단가) × 보유수량 – 거래비용

미실현이익은 정보의 최초형성최고기준가격까지 처분하지 않은 가상
자산의 평가이익을 말한다.[42] 최초형성최고기준가격을 매도단가로 보아
동 매도단가에 매수단가를 차감하고 보유수량을 곱하여 산정한다(동 별표
§2. 나. 2)).

매도단가로 최초형성최고기준가격을 사용하는 것은 호재성 정보가 공
개되어 가격에 반영된다는 인과관계 측면에서 보면 최고가격을 사용하는
것이 합리적이기 때문이다.[43] 자본시장법 판례는 정보공개 후 최고가격
을 '정보공개로 인한 효과가 주가에 전부 반영된 시점의 주가'로 보아 최
고가격을 통한 미실현이익 산정을 인정한 바 있다.

보유수량은 정보공개 후 최초형성 최고기준가격까지 처분하지 않은
잔량을 사용한다.[44] 따라서 최고기준가격 이후에 실제 매도가 있더라도

---

42) 대법원 2018.10.12. 선고 2018도8438 판결, 대법원 2021.9.30. 선고 2021도1143 판결.
43) 김민정, "부당이득 산정기준 법제화 방안에 관한 연구", 한국증권법학회 공동학술대회 발표자
료(2019.7.19.), 19면.
44) [서울고등법원 2014.7.24. 선고 2014노1034 판결] 당해 정보 공개로 인한 효과가 주가에 직접
반영되는 기간 중 위반자의 주식처분행위가 있었다면 그 처분행위시를 기준으로, 위 기간 중
위반자의 주식처분행위가 없었다면 그 기간의 종기를 기준으로 하여 그 때까지 미공개정보를

최고기준가격을 사용하여 미실현이익에 반영한다.[45] 이는 행위자가 계속 가상자산을 보유하는 경우 해당 정보와 관련된 가격반영시점까지 가상자산을 처분할 수 있었을 것으로 보기 때문이다.

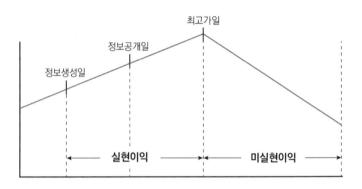

매도시점별 부당이득 산정구간

3. 악재성 정보의 손실회피액

손실회피액 산식

손실회피액 = (정보공개전 매도가상자산의 매도단가 – 정보공개후 최초로 형성된 최저기준가격) × 매도수량 – 거래비용

손실회피액은 악재성 미공개중요정보 이용행위에서 산정한다. 가격하락이 되는 악재성 정보 공개 전에 가상자산을 매도함으로써 정보 공개 후 가격 하락에 따른 손실을 회피할 수 있게 되므로, 그 손실회피액을 부당이득으로 보아 산정하게 되는 것이다.

손실회피액은 당해 위반행위로 인하여 행위자가 회피하게 된 손해액

이용한 구체적 거래로 인하여 발생한 이익(실현이익)과 미공개정보를 이용하여 매수하였다가 처분하지 않고 당시 보유 중인 대상 주식의 평가이익을 포함하여 산정함이 타당하다.

45) 대법원 2021.9.30. 선고 2021도1143 판결. 반면 피고인의 이익실현행위에 충실하게 최종 처분 행위시의 주가를 사용한 판례도 있다(대법원 2006.5.12. 선고 2004도491 판결 참고).

을 말한다. 손실회피액은 악재성 정보 공개전 처분액에서 정보공개후 최초형성최저기준가격을 차감하여 산정한다(동 별표 §2.가.3)).[46]

만약 최초형성최저기준가격 전에 매매거래가 정지된 경우에는 매매거래정지 직전의 최종가격의 70%에 해당하는 금액을 최초형성최저기준가격으로 사용하고, 거래지원 종료를 한 경우에는 최초형성최저기준가격은 0원으로 한다. 매매거래정지가 된 경우 정보공개로 인한 효과가 감쇄하여 거래재개시 가격이 하락이 완화되거나 상승하는 것이 일반적이다. 정보이용의사가 있음에도 매매거래정지라는 외부요인으로 인해 낮은 처벌을 받을 가능성을 차단하기 위한 목적이다.

4. 부당이득 산정 사례

가상자산 발행사 임원 甲은 내부정보를 이용해 가상자산을 매수하고, 정보공개후 일부 가상자산을 매도했다. 아래 매매내역을 보고 부당이득을 산출해보자. 동 사례를 파악하면 시세조종이나 부정거래의 산정도 무리 없이 가능하다.

내부자의 매매내역

---

① (24.8.5.) 개당 10,000원에 100개 매수
② (24.8.6.) 개당 9,000원에 50개 매수
③ (24.8.7. 07:00) 블록체인 네트워크 업그레이드 발표(호재)*
 * 정보공개시점은 시행령상 주지기간에 따라 발표후 6시간 뒤인 13:00
④ (24.8.7. 11:00) 12,000원에 50개 매수
⑤ (24.8.7. 14:00) 14,000원에 30개 매도
⑥ (24.8.7. 15:00) 15,000원에 20개 매도
⑦ (24.8.8. 13:00) 16,000원 최고가 기록(16시 기준가격 15,000원)
  - 미처분 잔량: 150개
⑧ (24.8.9. 12:00) 14,000원에 50개 매도(16시 기준가격 13,000원)
  - 미처분 잔량: 100개

---

46) 최초 형성 최저가일 종가로 산정한 손실회피액을 인정한 판결: 서울중앙지방법원 2007.5.30. 선고 2007노346 판결, 서울남부지방법원 2017.11.9. 선고 2017노1100 판결.

1) 실현이익

매수단가: 10,250원 = (10,000원×100개+9,000원×50개+12,000원×50개)/200개

①, ②, ④ 매수수량 200개를 가중평균하여 산출한다. 유의할 점은 공시 후 3시간 이내에 매수한 ④도 정보공개전 매수수량에 포함된다는 점이다.

매도단가: 14,400원 = (14,000원×30개+15,000원×20개)/50개

⑤, ⑥ 매도수량 50개를 가중평균하여 산출한다. 매도단가는 최초형성최고기준가격까지의 매도수량만을 반영한다.

실현이익: 207,500원 = (14,400원 – 10,250원) × 50개

2) 미실현이익

매도 간주가격은 정보공개 후 최초형성최고기준가격인 ⑦의 15,000원을 사용한다. 매수단가는 10,250원이다.

보유수량은 최초형성 최고기준가격까지 보유수량인 150개를 사용한다. 유의할 점은 최고기준가격 이후 ⑧ 매도분 역시 보유수량에 포함된다는 점이다.

미실현이익: 712,500원 = (15,000원 – 10,250원) × 150개

3) 부당이득

920,000원(부당이득) = 207,500원(실현이익) + 712,500원(미실현이익)
  * 수수료 등 제비용은 미포함

5. 외부요인이 개입된 경우

외부요인에 의한 시세변동이 위반행위로 인한 시세변동을 완전히 상쇄하였다고 인정되는 경우 외부요인이 발생하기 직전까지 시점을 기준으로 부당이득액을 산정한다(동 별표 §1.바.1)).

기존 판례를 살펴보자. 호재성 미공개정보 공개후 다른 호재성 언론기사가 발표되어 추가 상승한 경우 언론기사 발표일 전일 종가까지만 반영하고 추가 상승분은 반영하지 않았다. 이 사건은 언론기사 발표일 전일 종가를 미실현이익의 매도가격으로 사용하였다.[47]

하지만 같은 시기에 악재성 정보가 공개된 경우에는 위와 같은 방식의 부당이득 산정이 어렵다. 대선 테마주인 회사의 장 종료 후 적자공시가 있고 다음날 대선후보 관련 악재성 보도가 있던 사안에서 이에 대한 하락분을 분리·제외하지 않아 이익을 산정할 수 없는 경우에 해당한다고 판시한 바 있다. 다만 같은 시기에 정보가 공개되더라도 외부요인에 의한 시세변동이 위반행위로 인한 시세변동에 못 미친다고 인정되는 경우에는 시세변동분 전부를 부당이득액으로 산정할 수 있다(동 별표 §1.바.4)).[48]

---

47) 서울중앙지방법원 2007.7.20. 선고 2007고합159 판결(대법원 2010.5.13. 선고 2007도9769 판결로 확정); 대법원 2015.2.12. 선고 2014도10191 판결도 신규사업진출 진출 발표 후 피인수 공시가 있던 사안에서 피인수 공시 전 종가를 기준으로 부당이득을 산정.
48) 서울중앙지방법원 2014.8.29. 선고 2013고합1066판결.

Ⅱ. 시세조종행위

1. 시세를 상승시킨 경우

(1) 실현이익

┌─────────── 실현이익 산식 ───────────┐

실현이익 = (시세조종기간 중 매도단가 - 매수단가) × 매매일치수량 - 거래비용

1) 시세조종 기간

시세조종행위의 부당이득은 시세조종 기간(시세조종행위 개시시점부터 종료시점까지) 중 매수·매도한 수량을 대상으로 산정한다(동 별표 §2.다.1).가)). 판례도 동일하다.[49] 시세조종기간은 매집기에서 가격상승기, 매도기에 이르는 일련의 기간 전체를 말하고, 가격상승기에서 매도기에 이르는 이익실현기간만을 이르는 것은 아니다.[50] 시세조종기간을 정할 때에는 해당 가상자산의 가격 및 거래량의 동향, 전후의 거래상황, 거래의 경제적 합리성과 공정성, 시장관여율의 정도, 지속적인 종가관리 등 거래의 동기와 태양을 종합적으로 고려해야 한다.[51]

2) 시세조종기간 시점

시세조종기간의 시점은 시세관여행위의 최초의 거래시점으로 한다. 다만 시세조종을 예정하고 사전매집한 가상자산은 실제 매수가격 및 수량으로 매수단가에 반영한다(동 별표 §2.나.1).가).(1)).[52]

---

49) 대법원 2002.6.14. 선고 2002도1256 판결.

50) 서울중앙지방법원 2006.1.12. 선고 2005고합420 판결.

51) 서울고등법원 2014.6.19. 선고 2012노4058 판결. 원심은 피고인들이 10%의 시장지배력을 유지한 2008.8.28. 경을 시세조종기간의 종기로 보았으나, 항소심은 시장지배력 개념만으로 시세조종기간을 단정할 수 없고, 고가매수주문이 2008.9.19.까지 계속된 점, 2008.8.28.~9.17까지 상당한 주식을 단기간에 처분하여 주식의 시세 및 거래량이 인위적으로 변동될 가능성이 있다는 점 등을 근거로 원심을 배척하였다.

52) 대법원 2005.4.15. 선고 2005도632 판결, 서울중앙지방법원 2006.1.13. 선고 2005고합238 판결.

시세조종행위와 무관하게 보유한 가상자산은 시세조종 개시 시점의 가격을 매수단가에 반영한다(동 별표 §2.나.1).가).(2)).

3) 시세조종기간 종기

시세관여행위의 마지막 거래시점을 종기로 한다. 만약 시세조종행위 종료일부터 비교적 단기간 내에 매도가 이루어진 경우에는 이를 반영해야 하는가. 판례는 시세조종행위와 이익실현행위간 시간적 계속성과 상호연관성이 있는 경우 그 매도는 실현이익으로 반영한다.[53] 시행령상 이에 관한 명시적 근거는 없으나 구성요건적 행위가 유지된다는 점에서 이와 같은 적용은 타당하다. 시간적 계속성이 단절된 경우에는 아래에서 설명하는 미실현이익으로 산정해야 할 것이다.

(2) 미실현이익

미실현이익 산식

미실현이익 = (시세조종기간 종료시점의 가격 - 매수단가) × 보유수량 - 거래비용

미실현이익은 시세조종기간 종료시점까지 보유수량을 대상으로 산출한다. 시세조종기간 종료시점 가격을 매도단가로 하고 매수단가를 차감하여 산정한다(동 별표 §2.나.1)나)). 시세조종 종료시점 가격을 매도단가로 하는 것은 시세조종행위를 통하여 인위적으로 가격을 끌어올린 후 가상자산을 처분하지 아니하고 계속 보유하는 등의 사정으로 현실적인 이익실현이 이루어지지 않는 경우 시세조종행위가 종료되었을 때의 가격으로 처분할 수 있었다고 보아 시세조종행위 종료일 종가를 사용하는 것이다.[54]

---

53) 서울고등법원 2010.6.18. 선고 2010노514 판결.
54) 서울고등법원, 위의 판결.

2. 시세하락을 방어한 경우

시세하락을 방어한 시세조종의 경우 실현이익과 미실현이익의 산정시 시세조종기간 중 최저기준가격의 70%에 해당하는 금액을 매수단가로 사용한다(동 별표 §2.나.2)). 시세하락을 방어한 경우 방어 전후의 가격차이를 확인할 수 없으므로, 최저기준가격에서 30% 하락분을 차감한 가격을 방어 이전의 가격으로 보아 매수단가로 사용하는 것이다. 이는 자본시장법 시행령상 시세하락 방어시 산정방법을 차용한 것인데, 주식시장의 1일 하한가분이 30%라는 것을 근거로 한다.

산식

실현이익 = (시세조종기간 중 매도단가 - 시세조종기간 중 최저기준가격의 70% 가격) × 매매일치수량 - 거래비용
미실현이익 = (시세조종기간 종료시점의 가격 - 시세조종기간 중 최저기준가격의 70% 가격) × 보유수량 - 거래비용

---

3. 시세를 하락시킨 경우

시세를 하락시킨 시세조종의 경우 시세조종 자체로 발생한 부당이득은 없을 것이므로, 위반행위의 동기·목적이 되는 거래 등으로 얻은 이익의 산정방법을 준용한다(동 별표 §2.나.3)).

4. 외부요인이 개입된 경우

시세조종행위 기간 중 다른 가격변동요인이 결합된 경우 그 요인을 배제한 부당이득의 산정은 용이하지 않다. 시세조종행위는 비교적 장기간이고 그 기간 동안 다양한 가격변동요인이 있기 때문이다. 시세조종사건 중 상당수는 유죄로 인정하면서도 시세조종행위와 무관한 요인으로 인한 이익액이 분리되지 않아 부당이득액이 불상처리되는 경우가 많았다.[55]

---

55) 서울남부지방법원 2014.10.2. 선고 2014고단1821 판결, 서울북부지방법원 2014.9.26. 선고 2011

시세조종기간 중 테마주로 시세에 영향을 미친 사안에서 시세변동이 오로지 시세조종에 의하여 이루어졌다고 보기 어려워 매매차익 중 시세 조종행위로 인한 인과관계가 인정되는 부분만을 분리할 수 없으므로 금액불상의 부당이득을 취한 것으로 판시한 바 있다.[56] 그러나 시행령상 외부요인에 의한 시세변동의 영향력에 따라 그 변동분은 일정비율만 반영하거나 반영하지 않을 수 있으므로(영 별표 20의2 §1.바), 부당이득 불상의 사례는 줄어들 것으로 보인다.

Ⅲ. 부정거래행위

1. 실현이익

발행거래에서 부정거래행위를 한 경우에는 발행을 통해 타인으로부터 지급받은 거래대금 전액을 부당이득액으로 한다(동 별표 §2.다.1)). 가상자산의 ICO나 거래지원을 미끼로 가상자산 발행자금을 모집하는 경우를 예로 들 수 있다.

그 외의 가상자산의 매매, 그 밖의 거래를 한 경우에는 미공개중요정보 이용행위나 시세조종의 부당이득 산정방식을 준용한다(동 별표 §2.다.2)).

가상자산시장에서 거래되지 않는 가상자산의 매수단가는 부정거래 직전에 정상적 거래사례가 확인되는 경우 해당 거래사례의 매수단가를 사용하고, 거래사례가 확인되지 않는 경우 「상속세 및 증여세법」에 따른 평가금액을 매수단가로 사용한다(동 별표 §2.다.3))

2. 미실현이익

미실현이익 역시 미공개중요정보 이용행위 또는 시세조종행위의 산정방법을 준용한다(동 별표 §2.다.2)). 따라서 사안에 따라 달리 적용할 수 있다.

고합204 판결, 서울중앙지방법원 2015.5.29. 선고 2014고합329 판결도 동일한 취지.
56) 서울남부지방법원 2014.10.2. 선고 2014고단1821 판결.

Ⅳ. 공범의 이익 산정 등

1. 공범의 이익 산정

수인이 공동으로 위반행위에 가담한 경우 각 공범에게 발생한 이득액 전체를 합산하여 부당이득액으로 한다.[57] 따라서 공범의 이득을 합산하여 각 공범의 부당이득액을 적용한다. 다만 범행에 가담하지 않은 제3자에게 귀속되는 이익은 포함하지 아니한다.[58]

2. 승계적 공동정범

승계적 공동정범은 어떤 자가 이미 범죄 실행의 일부에 착수한 후에 다른 자가 공동의사하여 실행의 다른 부분에 가담하는 것을 말한다. 승계적 공동정범의 경우 가담 당시 이미 이루어진 종전의 범행을 알았다고 하더라도 가담 이후의 범행에 대해서만 공동정범으로서의 책임을 지므로, 가담 이후 발생한 부당이득에 대해서만 책임을 진다.[59]

3. 포괄일죄에서의 공범

행위자가 포괄일죄 관계에 있는 범행의 일부를 실행한 후 공범관계에서 이탈하였으나 다른 공범자에 의하여 나머지 범행이 이루어진 경우에는 행위자가 관여하지 않은 부분에 대해서도 공범의 책임을 부담한다.[60]

4. 범행에 가담하지 않은 제3자의 이익

부당이득은 위반행위로 인하여 행위자가 얻은 이익을 의미하므로, 범행에 가담하지 않은 제3자에게 귀속하는 이익은 포함하지 않는다.[61]

---

57) 대법원 2011.4.28. 선고 2010도7622 판결, 대법원 2011.7.14. 선고 2011도3180 판결.
58) 대법원 2011.7.14. 선고 2011도3180 판결.
59) 대법원 2005.1.28. 선고 2004도6805 판결.
60) 대법원 2002.8.27. 선고 2001도513 판결.

대법원은 피고인과 명의인들의 자금이 혼재되어 있는 타인 명의의 증권계좌를 이용한 시세조종행위의 이익의 경우 피고인의 귀속부분은 특정할 수 없어 무죄로 판단한 바 있다.[62]

구 분		내 용
SUMMARY 부당이득 산정방법		
산정원칙	**부당이득**	실현이익 + 미실현이익 + 회피손실액 − 거래비용
	거래비용	수수료 + 거래세 등 제반비용(양도소득세는 제외)
외부요인 결합 시 산정	**상쇄한 경우**	외부요인 발생 직전까지의 부당이득만 반영
	초과한 경우	외부요인 발생후 시세변동분은 1/3만 반영
	준한 경우	외부요인 발생후 시세변동분은 1/2만 반영
	미치지 못한 경우	외부요인 고려 없이 시세변동분 전부 반영(특별한 사정이 인정되는 경우 외부요인 발생후 시세변동분은 2/3만 반영)
미공개정보	**실현이익**	(매도단가 − 매수단가) × 매매일치수량
	미실현이익	(정보공개후 최초형성최고기준가격 − 매수단가) × 보유수량 − 거래비용
	손실회피액	(정보공개전 매도단가 − 정보공개후 최초형성최저기준가격) × 매도수량 − 거래비용
시세조종	**실현이익**	(시세조종기간 중 매도단가−매수단가) × 매매일치수량 − 거래비용
	미실현이익	(시세조종기간 종료일 종가 − 매수단가) × 잔여수량
부정거래	**실현이익**	미공개 또는 시세조종 산정방법 준용
	미실현이익	

61) 서울남부지방검찰청, 「자본시장법 벌칙해설」, (2019), 202면.
62) 대법원 2011.2.24. 선고 2010도7404 판결.

제 4 장

불공정거래 손해배상책임

　가상자산법은 3대 불공정거래 또는 자기발행 가상자산 매매 금지규정 위반에 따른 이용자의 손해배상책임을 정하고 있다. 자본시장법상 3대 불공정거래에 대한 손해배상책임 규정을 모델로 한다(§175 · 177 · 179). 민법상 불법행위책임 규정도 있으나(§750), 불특정다수가 거래하는 가상자산시장 특성상 가해행위와 손해 사이의 모든 인과관계를 입증하기 어려움을 감안하여 마련한 특칙이다.[63] 가상자산법상 손해배상 청구권과 민법상 손해배상 청구권은 청구권 경합의 관계이므로 청구권자는 둘 중 어느 것을 선택하여 주장하여도 무방하다.

제10조(불공정거래행위 등 금지) ⑥ 제1항부터 제5항까지를 위반한 자는 그 위반행위로 인하여 이용자가 그 가상자산의 매매, 그 밖의 거래와 관련하여 입은 손해를 배상할 책임이 있다.

---

63) 서울지방법원 남부지원 1994.5.6. 선고 92가합11689 판결.

Ⅰ. 손해배상책임의 주체

손해배상책임의 주체는 법 제10조 제1항부터 제5항까지의 불공정거래 행위 금지규정을 위반한 자이다.

Ⅱ. 손해배상 청구권자

그 가상자산의 매매, 그 밖의 거래와 관련하여 손해를 입은 이용자이다. "그 가상자산"이므로 종목이 다른 가상자산을 거래한 경우에는 손해배상 청구권이 없다. "매매"는 매매계약의 체결을 의미하며, 매매의 위탁만으로는 성립하지 않는다. "그 밖의 거래"는 매매 이외의 가상자산이 신규로 발행되는 경우나,[64] 담보설정계약[65]과 같이 향후 가상자산의 소유권 이전이 수반될 수 있는 거래를 포함한다. 손해청구권자의 범위는 불공정거래 행위자와 직접 매매 등을 한 자로 한정하지 않고, 동일한 시기에 매매등을 한 자를 포함한다. 직접 거래한 자로 한정하면 불특정다수가 거래하는 가상자산시장의 특성상 적용될 여지가 없기 때문이다.[66]

Ⅲ. 손해의 입증방법

1. 증명의 방법

미공개중요정보 이용행위는 내부자등이 거래한 동일한 시기에 반대방향의 거래를 하였다는 사실과 손해액 및 손해인과관계를 증명하면 된다. 시세조종행위, 부정거래행위 및 자기발행 가상자산 발행의 경우 시세조종이나 부정거래행위로 인하여 형성된 가격에 의하여 매매를 한 사실,

---

64) 서울중앙지방법원 2008.2.1. 선고 2007고합71, 2006고합1272(병합) 판결. 서울중앙지방법원 2004.4.9. 선고 2004고합267 판결.

65) 임재연, 「자본시장법」, 박영사(2018), 843면.

66) 서울지방법원 남부지원 1994.5.6. 선고92가합11689 판결.

손해액과 손해인과관계의 증명이 요구된다. 손해배상책임 주체의 구성요건적 행위가 있었다는 사실이 전제됨은 물론이다.

2. 인과관계

입증책임을 완화하는 규정의 취지상 인과관계의 입증은 완화된다. 피해자는 위반행위 자체를 신뢰하는 것이 아니고 위반행위로 인하여 형성된 가격을 신뢰하여 거래한 것이다. 따라서 피해자는 위반행위로 인하여 거래를 하였다는 거래인과관계를 증명할 필요가 없다.[67] 예를 들어 중요사항의 거짓 기재와 타인의 오해 사이의 인과관계 여부를 증명할 필요는 없다.[68] 다만 위반행위와 관련하여 입은 손해라는 사실인 상당인과관계의 증명은 요구된다. 예를 들어 시세조종이 없었을 경우 정상가격과 시세조종행위로 형성된 가격으로서 실제로 거래한 가격의 차액을 손해로 본다.[69] 가상자산법상 부당이득산정과 같은 단순차액 산정방식에 해당한다.

Ⅳ. 소멸시효

자본시장법은 손해배상청구권의 소멸시효를 별도로 정하지만, 가상자산법상 3대 불공정거래와 자기발행 가상자산 매매에 대해서는 소멸시효를 정하고 있지 않다. 따라서 민법상 손해 및 가해자를 안 날로부터 3년간 또는 불법행위를 안 날로부터 10년을 경과한 때까지 이를 행사하지 아니하면 시효로 인해 소멸한다(민법 §766① · ②).

---

67) 임재연, 「자본시장과 불공정거래」, 박영사(2021), 516면.
68) 대법원 2006.4.14. 선고 2003도6759 판결.
69) 대법원 2004.5.27. 선고 2003다55486 판결.

제11조(가상자산에 관한 임의적 입·출금 차단 금지) ③ 제1항을 위반한 자는 그 위반 행위로 인하여 형성된 가격에 의하여 해당 가상자산에 관한 거래를 하거나 그 위탁을 한 자가 그 거래 또는 위탁으로 인하여 입은 손해에 대하여 배상할 책임을 진다.

④ 제3항에 따른 손해배상청구권은 청구권자가 제1항을 위반한 행위가 있었던 사실을 안 때부터 2년간 또는 그 행위가 있었던 때부터 5년간 이를 행사하지 아니한 경우에는 시효로 인하여 소멸한다.

Ⅰ. 손해배상책임의 주체

손해배상책임의 주체는 법 제11조 제1항에 따른 이용자의 가상자산에 관한 입금 또는 출금을 정당한 사유 없이 차단한 가상자산사업자이다.

Ⅱ. 손해배상 청구권자

손해배상청구권자는 위반행위로 인하여 형성된 가격에 해당 가상자산에 관한 거래를 하거나 그 위탁을 하여 손해를 입은 이용자이다. 자본시장법상 시세조종의 배상책임(§177①)과 유사하게 위탁으로 인한 손해를 포함한다. 위탁만하고 거래가 이루어지지 않은 경우에는 손해가 없을 것이므로 실제 손해배상 청구가 가능한 경우는 없을 것이다.[70] 그보다는 제3자 위탁으로 매매를 한 실질적 거래자를 의미한다고 보는 견해가 타당하다.[71]

---

70) 임재연, 앞의 책, 524면.
71) 윤종수·이정명, "가상자산법의 법적 쟁점 4", 「BFL」 제122호(2023.11.), 92면.

Ⅲ. 손해의 입증방법

가상자산사업자가 정당한 사유 없이 가상자산의 입출금을 차단한 행위로 인하여 형성된 가격에 해당 가상자산을 거래했다는 사실과 손해액 및 손해인과관계를 증명하면 된다. '정당한 사유'는 시행령에 별도로 정하고 있으나, 가상자산사업자가 다른 정당한 사유가 있었음을 주장할 경우 이를 인정할지가 문제된다. 자본시장법상 단기매매차익 반환의무에 대한 판례를 보면 시행령상 반환의 예외에서 명시적으로 정한 바 없다 하더라도, 내부자거래가 아님이 명백한 경우에는 반환의무 조항이 적용되지 않는다고 한 바 있다.[72]

Ⅳ. 소멸시효

손해배상청구권은 위반행위가 있었던 사실을 안 때부터 2년간 또는 그 행위가 있었던 때부터 5년간 이를 행사하지 않으면 시효로 인하여 소멸한다. 민법상 소멸시효는 이 보다 장기이므로(민법 §766① · ②), 가상자산법상 소멸시효가 완성된 경우 민법상 손해배상책임을 물어야 한다.

---

72) 대법원 2004.2.12. 선고 2002다69327 판결, 헌법재판소 2002.12.18. 99헌바105 결정.

저자 약력

- 전남대학교 법학과 졸업(1999), 성균관대학교 법학전문대학원(법학박사, 2017)
- 한국거래소 입사(2000), 기획부, 홍보부, 코스닥 상장심사부, 금융위원회(파견),
  서울남부지방검찰청 증권범죄합동수사단(파견), 기획감시팀장, 코스닥 상장심사팀장,
  심리총괄팀장, 시장감시제도팀장, 증권·파생상품 연구실장
- 現 한국거래소 감리부장, 한국증권법학회 이사

주요 저서 및 논문

- 「자본시장 불공정거래」(박영사, 제2판 2024)
- 가상자산시장 불공정거래의 규제 「금융소비자연구」(2022)
- 한국형 기업인수목적회사(SPAC) 규제체계의 특징과 개선과제 「증권법연구」(2020)
- 자본시장법상 내부자거래의 정보이용요건에 관한 연구 「형사법의 신동향」(2019)
- 자본시장법상 불공정거래행위 과징금 제도에 대한 고찰과 개선과제 「증권법연구」
  (2018)

가상자산법

초판발행	2024년 10월 25일
지은이	안현수
펴낸이	안종만 · 안상준
편 집	이수연
기획/마케팅	조성호
표지디자인	Ben Story
제 작	고철민 · 김원표
펴낸곳	(주) **박영사**
	서울특별시 금천구 가산디지털2로 53, 210호(가산동, 한라시그마밸리)
	등록 1959. 3. 11. 제300-1959-1호(倫)
전 화	02)733-6771
f a x	02)736-4818
e-mail	pys@pybook.co.kr
homepage	www.pybook.co.kr
ISBN	979-11-303-3842-2 93360

* 파본은 구입하신 곳에서 교환해 드립니다. 본서의 무단복제행위를 금합니다.

정 가   20,000원